| 조지 뮬러의 설교 시리즈 |

# 하나님이 응답하시는 기도

### 하나님이 응답하시는 기도

**발행** 2019년 4월 11일

**지은이** 조지 뮬러
**옮긴이** 유경동, 이승현, 박우영, 김성희
**발행인** 윤상문
**디자인** 표소영, 박진경
**발행처** 킹덤북스
**등록** 제2009-29호(2009년 10월 19일)
**주소** 경기도 용인시 기흥구 동백동 622-2
**문의** 전화 031-275-0196  팩스 031-275-0296

ISBN 979-11-5886-139-1 (03230)

Copyright ⓒ 2019 조지 뮬러
이 책은 저작권법에 따라 보호받는 저작물이므로 무단전재와 복제를 금지하며,
이 책의 내용의 전부 또는 일부를 이용하려면 반드시 저작권자와 킹덤북스의
서면 동의를 받아야 합니다.

※ 잘못된 책은 구입하신 곳에서 교환하여 드립니다.
※ 책 가격은 표지 뒷면에 있습니다.

킹덤북스(Kingdom Books)는 문서사역을 통해 하나님의 나라를 확장하고,
한국 교회와 세계 교회를 섬기고자 설립된 출판사입니다.

01

조지 뮬러의
설교 시리즈

| 조지 뮬러의 설교 시리즈 |

# 하나님이 응답하시는 기도

**조지 뮬러** 지음
유경동, 이승현, 박우영, 김성희 옮김

# 추천사

조지 뮬러가 경험하고 누렸던 하나님과의 친밀한 관계를 그의 설교문을 통해서 확인하는 것은 저에게 너무나 감사하고 행복한 시간이었습니다. 우리 모두가 조지 뮬러가 얼마나 많은 기도 응답의 사건을 경험했는지 쉽게 초점을 맞출 수 있지만, 그보다 더 중요한 것은 그가 하나님만을 신뢰하고 의지하였던 관계 그 자체임을 보게 됩니다. 그가 가졌던 신앙의 뿌리가 무엇인지, 그리고 그가 어떠한 믿음의 내용을 붙잡고 달려갔는지 그의 설교를 통해 더욱 정확하게 알게 될수록 그것은 저에게 큰 감동이었습니다.

그동안 조지 뮬러의 전기집이나 기도에 관한 글들은 여러 차례 국내에 소개되었지만, 사실 그가 그토록 전하고 외쳤던 복음의 내용이 무엇인지 구체적으로 전해 줄 설교집은 쉽게 접할 수가 없었습니다. 그런데 킹덤북스를 통해 이제 그의 설교의 정수를 맛보게 되어 기쁘게 생각합니다. 그의 설교는 그가 복음의 증인으로 어떠한 사상과 삶의 흔적을 가지고 있었는지 고스란히 드러내주고, 또한 앞으로 믿음의 길을 계속 걸어갈 주 안에서 형제자매된 우리 모두에게 분명한 길을 제시해 주고 있다고 생각합니다.

아무쪼록 조지 뮬러의 설교집이 이 시대를 살아가는 그리스도인들 모두가 살아계신 하나님과 누리는 실제적 관계에 눈이 열리는데 큰 도움이 되기를 간절히 바랍니다. 특히 한국 교회의 현장에서 오직 예수 그리스도를 바라보는 삶, 그렇기에 주 안에서 변화된 삶을 삶의 한복판에서 매일 살아가는 사건이 일어나길 기도합니다.

유기성 목사(선학목자교회 담임 목사)

많은 설교자들은 교인들에게 설교를 통해 큰 감동을 주고 싶어 합니다. 그리고 그 감동으로 결단하고 믿음의 삶으로 변화되기를 기대합니다. 그래서 설교자들은 교인들의 주변 상황이나 삶의 문제들을 살피며 어떠한 말씀이 필요한지 관심을 갖고 설교를 준비합니다. 그러나 조지 뮬러 목사님의 설교는 설교를 듣는 사람들이 우선순위가 아니었습니다. 그의 관심은 하나님의 뜻과 성령의 인도하심이 우선이었습니다. 설교의 주제와 본문을 선택할 때에도 항상 하나님께 엎드려 기도했습니다. 따라서 조지 뮬러 목사님의 설교는 기도와 묵상을 통해서 시작되고 만들어졌습니다.

조지 뮬러 목사님은 말씀에 기록된 하나님의 약속을 굳게 믿었고, 이 믿음으로 하나님께 간구하여 응답을 받았습니다. 하나님과의 깊은 대화를 통해서 만들어진 목사님의 설교는 기도와 말씀을 통해서 삶의 현장에서 어떻게 증거 되고 나타났는지를 보여줍니다. 이 책을 읽어나가면 수많은 기도 응답과 놀라운 기적의 역사 앞에 놀라게 되지만 조금만 더 깊게 묵상하면 기도 응답 그 너머에 계신 하나님을 더욱 가까이서 알게 되고, 그리고 자신의 자녀들을 어떻게 대해주시는지를 감동적으로 발견하게 해줍니다. 따라서 한국 최초로 소개되는 그의 설교집은 기도라는 관점으로만 알아왔던 조지 뮬러 목사님에 대해, 설교자로서, 그리고 목회자로서의 모습을 새롭게 발견하게 해줍니다. 그리고 수많은 기도 응답의 체험이 어디서부터 왔는지를 이해하고 살피는데도 많은 도움을 줍니다.

킹덤북스(Kingdom Books) 대표 윤상문 목사님은 우리로 하여금 신앙의 거장의 또 다른 모습을 소개해 주심으로 한국 교회 강단을 더욱 풍성하게 해주었습니다. 조지 뮬러 목사님의 기도로 만들어진 설교를 통해 그 시대의 영혼들을 풍성하게 만들었던 것처럼 이 책을 통해 오늘 이 시대 위기의 한국 교회를 풍성하게 할 은혜를 기대해봅니다.

**김형준 목사**(동안교회 담임 목사)

고아들의 아버지요, 5만 번 이상의 기도 응답을 받은 기도의 사람인 조지 뮬러의 생애에 대해선 잘 알려져 있지만, 그의 설교문이나 설교에 관한 글은 쉽게 접하기 어려운 게 사실입니다. 조지 뮬러는 1859년의 대각성 부흥운동이 일어났던 시기에 위대한 설교가 디엘 무디와 찰스 스펄전과 동역하였고, 위대한 중국 선교사 허드슨 테일러의 소위 '믿음 선교'에도 큰 영향을 주었습니다. 노년에는 40여 개국을 여행하며 설교하였으며, 1896년 3월 9일 수요일에 그의 교회에서 저녁 기도회를 인도한 후 그 다음날 아침에 조용히 하나님의 나라로 가시는 순간까지도 설교하셨던 탁월한 설교가였습니다.

그렇게 조지 뮬러는 생전에 만 번의 설교를 하셨지만, 그의 설교집이나 설교문이 알려지지 않은 것은 안타까운 일입니다. 그런데 이번에 그의 설교집이 한국에서 출판되어 위기의 시대를 살아가고 있는 우리들에게는 무척 다행한 일이며, 위대한 기도의 사람이며 믿음의 실천가인 그의 설교를 오늘날 다시 들을 수 있어 참으로 감사할 일입니다.

저 또한 예배와 설교를 중요하게 여기며, CBS 파워특강을 진행하고 있는 설교가로서 조지 뮬러의 설교집에 기대가 컸습니다. 그는 설교를 듣는 사람들에게 가장 좋은 설교가 무엇인지를 생각하기보다는 주님께 먼저 자신이 가르쳐야 할 주제와 설명해야 할 하나님의 말씀을 가르쳐달라고 간구하였습니다. 주님께 물어보기 전에 마음속에 어떤 주제나 구절이 떠오르는 때도 먼저 기도한 후 여전히 그 주제에 대해 설교해야 되겠다고 생각되면 그 주제에 대해 공부하기 시작했다고 합니다. 그는 설교를 위해 언제나 무릎을 꿇고 인도하실 성령의 음성에 귀를 기울인 하나님의 사람이었습니다.

그렇게 조지 뮬러가 기도와 성령을 따라 준비했던 그 위대한 설교, 수많은 사람들을 살리고 세웠던 그 귀한 설교들이 『하나님이 응답하시는 기도』에 잘 담긴 듯합니다. 그의 설교는 철저히 성경을 중심으로 하나님의 말씀을 선포하고 있습니다. 그 메시지는 깊은 묵상과 기도, 성령의 인도를 따라 잉태되었기에 단순 명료하면서도 강력했습니다. 그리스도인으로서 어떻게 행복한 삶을 살 수 있는지, 그리고 어떻게 하나님이 기뻐하시는 삶을 살 수 있는지를 아주 선명하게 보여주는 복음입니다. 그 속에는 거역할 수 없는 하나님의 명령과 권유, 그리고 따듯한 위로와 격려가 포함되어 있습니다.

무엇보다 하나님의 은혜가 아니면 살 수 없었다는 그의 고백과 오직 하나님만을 의지하며 기도로 달려왔던 그의 생애가 이 안에 녹아 있는 듯합니다. 특히 기도의 달인답게 철저하게 하나님께 구하고, 오직 성령의 이끌림을 따라 살았던 그의 신앙의 위대한 여정이 주는 감동과 도전이 이 책에 고스란히 담겨 있습니다.

이 책은 오늘날 행복하기를 꿈꾸지만 참다운 행복의 길을 찾지 못하고, 그 방법을 알지 못하는 현대인들에게 쉽고도 분명한 길을 알려줄 것이라 확신합니다. 조지 뮬러가 90여 년 동안 하나님과의 사귐 속에서 체험했던 수많은 하나님의 은혜들을 통해 쉽게 용기 내게 되고, 분명한 하나님의 위로와 용서, 크신 사랑을 느끼게 될 것이라 확신합니다. 따라서 이 귀한 책을 여러분 모두에게 기쁨으로 추천합니다.

류영모 목사(한소망교회 담임 목사)

# 목차

추천사      4
역자 서문      10

01   기도를 들으시는 하나님      13
02   그러나 저는 주 안에서 기뻐할 것입니다      31
03   믿음      43
04   입을 크게 열라, 그러면 내가 채우리라      55
05   보라, 어떠한 사랑을 베푸셨는지를      75
06   주님을 신뢰하십시오!      93
07   그의 사랑하는 자를 의지하고      115
08   용서하시는 하나님      121
09   하나님께 응답받는 탁월한 기도를 드리는 비결      143
10   모든 은혜의 하나님께서 여러분을 완벽하게 하시고, 여러분을 세워주십니다      159

| | | |
|---|---|---|
| 11 | 하나님께 만족하는 삶 | 171 |
| 12 | 신실한 하나님의 말씀(딤전 1:15-16) | 191 |
| 13 | 전능하신 하나님(시 122:7; 사 9:6; 요 16:33) | 201 |
| 14 | 믿음의 선한 싸움(딤후 4:7-8) | 209 |
| 15 | 영원하신 팔이 아래에 있도다(신 33:26-29) | 219 |
| 16 | 염려로부터의 자유 | 229 |
| 17 | 청년들을 향한 설교 | 233 |
| 18 | 광야에서 구원받은 자들 | 255 |
| 19 | 여수룬의 하나님 | 267 |
| 20 | 시편 23편 | 287 |
| 21 | 행복한 삶을 사는 법 | 303 |
| 22 | 하나님을 영화롭게 하기 위해 어떻게 살 것인가? | 313 |
| 23 | 실패하지 않는 신뢰 | 319 |

## 역자 서문

조지 뮬러 목사님은 "고아들의 아버지" 혹은 "기도의 아버지"로 우리에게 잘 알려져 있습니다. 그는 90여 년 동안 하나님과 동행하면서 10,000여 명 이상의 고아들을 돌보았습니다. 그럼에도 불구하고 그의 고백에서 확인할 수 있듯이, 단 하루도 그가 돌보던 고아들이 굶은 적이 없었다고 증언합니다. 뮬러 목사님이 돈이 많아서 그랬을까요? 아닙니다. 그는 매일 기도로 하나님께 나아갔고, 자신의 기도 제목들을 일기장에 자세히 기록하며 응답을 구했습니다. 목사님이 노년에 자신의 기록에 적힌 응답된 기도의 제목들을 직접 세어 보니, 수십만 번 이상의 기도 제목들이 응답되었다는 사실을 발견합니다. 또한 그는 40여 개국 이상에서 하나님의 말씀을 전하였고, 자신의 사역에 축복하신 하나님의 은혜에 대해서 증거하였습니다. 여기서 우리는 질문하지 않을 수 없습니다. 우리와 성정이 같은 뮬러 목사님에게 주어진 이처럼 엄청난 하나님의 축복의 비결은 무엇이었을까요?

뮬러 목사님은 자신의 설교들에서 믿음의 기도의 중요성에 대해서 반복해서 강조합니다. 하나님은 자신의 자녀들을 향하여 놀라운 계획들을 가지고 계시고, 그에게 간구하는 자신의 자녀들이 입을 크게 열고 넘치도록 풍성한 은혜를 부어주실 그분에게 구하기를 기대하신다고 고백합니다. 그는 자신이 다른 성도들보다 더 특별해서 하나님의 큰 축복을 경험한 것이 아니라고 반복해서 말합니다. 단지 자신은 말씀에 기록된 하나님의 약속을 굳게 믿었고, 그 약속을 따라 자신의 필요에 대해서 반복해서 믿음으로 간구했다고 말합니다. 뮬러 목사님은 그의 설교를 읽는 우리 모두가 다 그처럼 하나님의 풍성한 은혜를 경험할 수 있다고 강조합니다. 그가 제시하는 축복의 근원은 하나님을 향한 우리의 끊임없는 간구와 우리가 간구할 때 표현해야 할 전능하신 하나님 아버지에 대한 확고한 믿음입니다.

이 책에 번역된 설교들은 뮬러 목사님이 생전에 기도와 믿음에 대해서 설교한 것들을 간추려 놓은 것입니다. 뮬러 목사님은 구약과 신약에 기록된 간구와 믿음에 대한 다양한 본문들을 해석하고, 그 본문들이 자신의 삶과 사역에서 어떻게 실현되었는지에 대해서 생생하게 간증합니다. 따라서 그의 설교들은 단순히 성경 말씀에 대한 추상적인 분석이 아니라, 실제로 그의 삶과 사역에서 확증된 약속의 말씀들에 대한 다양한 증거들로 가득 채워져 있습니다. 오늘 수많은 도전들 앞에 선 한국 교회의 성도들이 그가 제시하는 믿음의 기도에 대한 영적인 교훈들에 대해서 이해하고, 그 교훈들을 근거로 뮬러 목사님과 동일한 하나님의 축복을 경험하게 되기를 간절히 기원합니다.

대표 역자
이승현

하나님이
응답하시는
기도

# 01  기도를 들으시는 하나님

"구하라 그리하면 너희에게 주실 것이요 찾으라 그리하면 찾아낼 것이요 문을 두드리라 그리하면 너희에게 열릴 것이니 구하는 이마다 받을 것이요 찾는 이는 찾아낼 것이요 두드리는 이에게는 열릴 것이니라."(마 7:7-8)

하늘에 계신 우리 아버지께서는 그의 모든 자녀들을 무한한 사랑으로 사랑합니다. 그는 가장 약하고 보잘 것 없는 그의 자녀들까지 다 포함하여, 모든 이들을 그의 독생자를 사랑하는 동일한 사랑으로 사랑하십니다. 인생의 눈물의 계곡을 건너가면서 그들은 얼마나 많은, 거대한, 헤아릴 수 없는, 그리고 다양한 시련들과, 어려움들과, 고난들과, 유혹들을 경험하는지 모릅니다. 그러나 그의 무한한 사랑 때문에 하나님은 그의 은혜 안에서 기도에 관하여 가장 가치 있고 힘이 되는 풍성한 약속들을 허락하셨습니다. 따라서 만약 하나님의 자녀들이 자신들의 시련과 어려움들과 고난들과 유혹들을 하늘에 계신 아버지께 가지고 가면, 그리고 그의 힘과 지혜와 인도를 구하면서 성경에 주어진 사랑의 지혜와 충고를 따라 행하면("모든 너의 염려를 그에게 맡기라"), 현재 하나님의 자녀들이 경험하고 있는 대부분의 상황들이 현재와 판이하게 달라질 것입니다.

그리고 우리의 고귀하신 주 예수 그리스도도 우리를 아버지께서 그를 사랑하시는 그 사랑으로 우리를 사랑하십니다. 우리는 모두 그 사실을 믿습니까?

방금 앞에서 말씀드린 하나님 아버지께서 그의 자녀들을 그의 독생자를 사랑한 그 사랑으로 사랑한다는 사실과 지금 제가 말한, 즉 주 예수 그리스도께서도 동일하게 무한한 사랑으로 우리를 사랑한다는 사실, 그리고 그 사랑으로 당신의 자녀들 가운데 가장 연약하고 힘없는 자들까지도 사랑한다는 사실이 여러분들에게 이상하게 들릴지 모르겠습니다. 그러나 이 선포는 요한복음 15:9와 17:23에 기록되어 있습니다. 그런 무한한 사랑으로 우리를 사랑하신 우리의 고귀하신 주 예수 그리스도는 이 땅에 거하시는 동안 우리와 동일하게 어려움들과, 고난들과, 유혹들을 경험하였습니다. 그는 모멸을 당하였고, 무시를 당하였으며, 그의 머리를 둘 곳조차 찾지 못하였습니다. 그러나 고귀하신 예수는 이 땅에 있는 동안 모든 면에서 우리처럼 시험을 받으셨지만, 다만 죄는 없으셨습니다. 이 땅에 사는 그의 제자들의 상황을 잘 아시기에, 그는 기도의 주제에 관하여 우리가 방금 읽은 그 고귀한 약속을 우리에게 주었습니다. 이 약속의 말씀을 잘 사용한다면, 우리는 그를 우리의 슬픔과 약함, 그리고 고난의 때에 즉각적으로 우리를 도와주실 "도움을 주시는 분"으로 삼을 수 있습니다. 한마디로 말하면, 우리가 이 땅에서 육체를 입고 살면서 처할 수 있는 모든 다양한 상황들과 환경들에서 그를 우리의 조력자로 삼을 수 있습니다.

만약에 기도에 관한 약속들을 우리들 스스로가 만들도록 허용되었다면, "구하라 그러면 받을 것이다"라고 말하는 것 그 이상을 여러분과 제가 말할 수 있을지도 모르겠습니다. 그렇지만 기도에 관한 위의 약속이 너무 완전하고, 너무 심오하며, 너무 방대하고, 모든 면에서 너무 고귀한 반면에, 여기서 우리는 하나님의 말씀의 다른 모든 부분들과 마찬가지로 성경을 성경과 비교해 보아야 합니다. 왜냐하면 성경의 다른 부분들에서 추가적인 가르침들이 더해지거나 조건들이 제공되기 때문입니다. 만약 우리가 이 추가적인 가르침과 조건들을 무시한다면, 기도의 완전한 축복을 경험하는 것이 방해받을 것입니다. 제 생각으로 우리는 요한일서 5:13-15를 위의 기도에 대한 약속과 함께 생각해 보아야 합니다:

" 내가 하나님의 아들의 이름을 믿는 너희에게 이것을 쓰는 것은 너희로 하여금 너희에게 영생이 있음을 알게 하려 함이라. 그를 향하여 우리가 가진 바 담대함이 이것이니 그의 뜻대로 무엇을 구하면 들으심이라. 우리가 무엇이든지 구하는 바를 들으시는 줄을 안즉 우리가 그에게 구한 그것을 얻은 줄을 또한 아느니라."

여기 기도에 관하여 깨달아야 할 첫 번째 가르침이 있습니다. "만약 우리가 그의 뜻을 따라 무엇을 구하면, 그가 들으십니다. 또 우리가 그가 우리를 들으시는 줄을 알면, 우리가 무엇을 구하던지 간에 그가 들으실 것을 우리가 압니다." 그러므로 만약 우리가 기도하고 우리의 간구가 응답 받기를 소망한다면, 우리는 먼저 우리가 그의 마음과 뜻을 따라 구하고 있는지 살펴보아야 합니다. 왜냐하면 우리의 축복과 행복은 하나님의 거룩함과 긴밀하게 연결되어 있기 때문입니다. 브리스톨 시에 오랫동안 사업을 하는 어떤 사람이 살고 있다고 가정해 봅시다. 그는 그를 잘 아는 사람들에 의하여 게으르고 일하는 것을 싫어하는 자로 알려져 있다고 가정해 봅시다. 혹은, 그는 가능하면 일을 하지 않고 쉽게 살려고 한다고 가정해 봅시다. 만약 이 사람이 기도에 관한 약속들에 대해서 들었고 이렇게 말한다고 칩시다: "이제 저는 이것들이 사실인지 시험해 보고자 합니다. 저는 하나님께 100억을 달라고 기도할 것입니다. 그 후에 저는 아주 쉬운 인생을 살 것입니다. 저는 여행이나 다니면서 인생을 즐길 것입니다." 이 친구가 그 큰돈을 위해서 날마다 기도한다고 가정해 봅시다. 그가 그 기도한 것을 받을까요? 당연히 아닙니다. 왜 그럴까요? 그는 그가 가난한 자들을 풍성하게 도울 수 있기를 위해서 그 돈을 간구하지 않았기 때문입니다. 또 그는 하나님의 일을 위해서 관대하게 기부할 수 있기를 위해서 간구하지도 않았기 때문입니다. 그는 단지 자신의 게으름 속에서 자신의 인생을 허비하고, 세상의 쾌락을 즐기기 위해서 간구하고 있습니다. 그는 하나님의 마음을 따라 간구하지 않고 있으므로, 그가 얼마나 오래 간절히 기도하던지 간에 상관없이, 그는 자신이 구한 것에 대한 응답을 받지 못할 것입니다. 우리의 기도들이 반드시 응답될 것이라는 약속은 우리가 하나님의 마음을 따라 구할 때에만 적용되는 약속입니다.

우리가 깨달아야 할 두 번째 가르침은 우리의 간구가 우리 자신들의 선함이나 공적에 근거하여 행해지지 않는다는 것입니다. 성경에서 분명하게 약속되었듯이, 오직 주 예수 그리스도의 이름을 근거로만 우리의 간구들이 이루어집니다. 여기서 저는 요한복음 14:13-14를 언급

하고 싶습니다:

> "너희가 내 이름으로 무엇을 구하든지 내가 행하리니 이는 아버지로 하여금 아들로 말미암아 영광을 받으시게 하려 함이라. 내 이름으로 무엇이든지 내게 구하면 내가 행하리라."

이 점을 강조하기 위하여 "내 이름으로"라는 표현이 두 번이나 사용되고 있습니다. 하나님의 말씀에서 어떤 표현이 두 번이나 사용될 때, 우리는 우리 앞에 굉장히 중요하고 중대한 주제가 다루어지고 있다는 것을 압니다. 그렇다면 주 예수 그리스도에 의하여 두 번씩이나 언급된 이 표현이 의미하는 바가 무엇일까요? 만약 우리가 천국에 가기를 소망한다면, 우리는 어떻게 그곳에 도달할 수 있을까요? 우리 자신들의 선함과 공적, 혹은 가치 때문일까요? 우리가 다른 이들처럼 그렇게 악한 자들이 아니라서요? 우리가 예배당에 규칙적으로 가기 때문일까요? 우리가 가난한 자들에게 적선을 베풀기 때문일까요? 이런 식으로는 누구도 천국에 갈 수 없습니다. 예배당에 가는 것은 옳은 일입니다. 하나님께서 우리에게 주신 풍성한 은혜들 중 일부를 가난한 자들에게 기부하는 것도 옳습니다. 우리의 윤리적인 가치에 따라 행동하는 것도 옳습니다. 그러나 이런 행위를 한다고 해서 비참한 죄인이 천국에 갈 수는 없습니다. 우리는 우리 자신들의 잃어버린 바 되고 황폐해져버린 본성의 악함을 보고, 우리는 하나님의 심판 이외에는 어떤 것도 받을 자격이 없는 자들임을 깨달아야 합니다. 이 자리에 모인 회중 가운데, 이 도시 가운데, 이 국가 가운데, 혹은 이 세상 가운데서 그 어떤 최고의 사람도 처벌 받아야 할 죄인에 불과합니다. 아담의 타락 이후로 그 누구도 자신의 선함에 의해서 천국을 상급으로 받을 자는 존재하지 않습니다.

구약 시대에는 메시야를 기대해야 할 필요가 있었습니다. 그러나 구약 시대가 끝난 이후에는 메시야를 되돌아보아야 합니다. 그는 우리 때문에 우리를 대신하여 십자가에 달려서 보혈을 흘리시는 형벌의 고통을 당하신 분입니다. 우리의 모든 죄악이 그에게 전가되었습니다. 그렇게 해서 그의 의로움이 우리에게 전가되어야 했습니다. 이제 죄인은, 비록 그가 가장 오래되고 흉악한 악당이라 할지라도, 주 예수 그리스도에게 그의 믿음을 두면, 그는 용서 받고 깨끗해지며 의로워진 후에 천국을 상속받을 것입니다. 의로워진다는 것은 그의 영혼의 구원을 위하여 주 예수 그리스도에게 향한 그의 믿음으로 인하여 의롭고 온전하다고 하나님에 의하여 간주되는 것입니다. 이런 식으로, 즉 그의 영혼의 구원을 위하여 주 예수를 믿음으로써, 죄인은 천국에 이르게 됩니다.

마지막 날에 주 예수 그리스도에 대한 믿음을 통해서 우리가 하나님 앞에 서듯이, 현재 우리는 그에 대한 믿음을 통해서 기도로 하나님께 나아갑니다. 만약 우리가 우리의 간구들이 응답 받기를 원한다면, 우리는 하나님께 나아갈 때에 우리 자신들의 이름으로가 아니라 예수를 믿는 죄인으로 나아가야 합니다. 우리는 그의 이름을 향한 믿음을 통해서 복되신 부활하신 주님과 연합되기 때문입니다. 그를 믿고 신뢰함으로써 우리는 머리되신 예수의 몸의 지체들이 되었습니다. 우리 중에 아무도 자신들이 충분히 선하다고 믿지 않기를 바랍니다. 저는 지옥 이외의 어떤 것도 받을 자격이 없습니다. 54년 9개월 동안 저는 하나님의 은혜로 하나님을 향한 두려움 속에서 행하고, 그의 은혜로 저는 아무도 저에게 외식하는 자라고 손가락질을 하거나 죄로 송사하지 않는 그런 삶을 살았습니다. 그럼에도 불구하고 만약 제가 마땅히 받아야 할 것을 받아야 한다면, 저는 지옥 이외에는 아무 것도 기대할 수 없습니다. 다시 한 번 말합니다. 저는 지옥 이외에는 아무 것도 기대할 수 없습니다. 이 땅에서 발견할 수 있는 가장 고상하고 선하고 거룩한 여러분들도 마찬가집니다. 그러므로 우리 자신들의 선함을 근거로 해서는 우리는 우리의 기도들이 응답 받을 수 있다고 기대할 수 없습니다. 그러나 예수는 고귀하십니다. 예수님 때문에 우리는 우리의 기도의 응답을 기대할 수 있습니다. 하나님께서 그에게 주시기에 너무 비싸거나, 너무 위대하거나, 너무 가치 있는 것은 존재하지 않습니다. 예수는 하나님으로부터 모든 것을 받기에 합당하신 분입니다. 그는 흠 없는 거룩한 하나님의 자녀이고, 어떤 상황에서도 하나님의 마음을 따라 행하신 분입니다. 만약 우리가 그를 신뢰하고, 그 안에 숨는다면, 그를 우리 앞에 내세우고 우리는 그의 뒤에 숨는다면, 그를 의지하고 그의 이름으로 간청한다면, 우리는 우리의 기도들이 응답 받는 것을 기대할 수 있습니다. 혹자는 말할 수 있습니다: "저는 저의 믿지 않는 자녀들을 위하여 아주 오랫동안 기도해 왔습니다. 그러나 아직 그 아이들은 회심하지 않았습니다." 이것은 잘못입니다. 기도에 관한 약속들은 특별히 약하고, 힘없는, 무지하고, 도움이 간절히 필요한 자들을 위한 것입니다. 예수 그리스도를 위해서 간구하는 자들은 그들의 기도들이 응답 받을 것이 보증됩니다.

그러나 만약 어떤 이가 "죄 가운데 살면서, 습관적으로 악행을 일삼는다면," 그의 기도는 결코 응답될 수 없습니다. 왜냐하면 시편 66편이 말하는 것처럼, "만약 내가 내 마음에 죄악을 고려한다면, 주께서 내 기도를 듣지 않을 것이기 때문입니다." 만약 내가 죄 가운데 살고, 하나님이 증오할 만한 습관 속에 행한다면, 저는 저의 기도들이 응답 받을 것을 기대할 수 없습니다.

기도의 응답에 관한 세 번째 조건은 우리가 우리의 기도들을 응답하시고자 하시는 하나님의 능력과 자발성을 향한 믿음을 행사하는 것입니다. 이것은 심각하게 중요합니다. 마가복음 21:24에서 우리는 다음과 같이 읽습니다:

"그러므로 내가 너희에게 말하노니 무엇이든지 기도하고 구하는 것은 받은 줄로 믿으라. 그리하면 너희에게 그대로 되리라."

무엇을 구하든지 간에, 우리는 그것을 응답으로 받고 소유하게 될 줄을 믿어야 합니다. 성도로 산 54년 9개월 동안에 저는 제가 믿기만 하면, 기도한 것들을 하나님의 시간에 반드시 얻는다는 것을 무수하게 경험하였습니다. 저는 당신의 간구들을 응답하기를 기뻐하시는 하나님의 자발성과 능력에 대한 믿음을 행사할 것을 여러분의 마음판에 새기기를 원합니다. 우리는 하나님이 원하시고 능력이 있으신 분임을 믿어야 합니다. 그가 능력이 있다는 것을 알기 위해서는 주 예수 그리스도를 부활시킨 사건을 보십시오. 그를 죽은 자들로부터 부활시키기 위해서 하나님께서는 전능하신 능력을 소유하셔야 했습니다. 하나님의 사랑에 대해서는 그리스도의 십자가를 보십시오. 그리고 죽음에 그의 독생자를 아끼지 않고 내어주신 하나님의 사랑을 보십시오. 이러한 하나님의 능력과 사랑에 대한 증거들 때문에, 우리가 믿기만 하면 우리는 분명히 우리의 기도의 응답들을 받을 것입니다. 우리는 우리가 간구한 것들을 반드시 받게 될 것입니다.

이제 우리가 하나님의 마음을 따라서 구할 것들을 요청한다고 가정해 봅시다. 첫 번째로, 오직 하나님의 마음에 합당한 것들만이 우리에게 유익합니다. 두 번째로, 주 예수 그리스도의 이름으로 간구함으로써 그의 공적과 의로움을 근거로 해서 우리는 하나님으로부터의 응답을 기대할 수 있습니다. 그리고 세 번째로, 우리는 우리의 간구가 응답되도록 우리의 하늘의 아버지의 능력과 자발성에 대한 믿음을 행사할 수 있습니다. 마지막으로, 우리는 우리가 구하는 축복이 주어질 때까지 인내를 가지고 하나님을 기다려야 합니다. 왜냐하면 본문에서 잘 보여지듯이, 언제 어떤 상황하에서 우리의 기도가 응답될지에 대해서는 아무런 언급이 없기 때문입니다: "구하라, 그러면 너희에게 주어질 것이다." 여기에는 긍정적인 약속이 있지만, 응답의 시기에 대해서는 아무런 언급이 없습니다. "찾으라, 그러면 너희가 찾을 것이다. 두드리라, 그러면 너희를 위하여 열릴 것이다." 여기에도 응답의 시기에 대한 약속이 없습니다. 그러므로 우리는 응답의 축복이 주어질 때까지 인내를 가지고 조용히 하나님을 기다려야 합니다. 어떤 분은 이렇게 말할 수 있습니다: "제가 그 문제를 하나님 앞에 두 번, 세 번, 다섯 번, 혹은 스무 번 가지고 나가야 합니까? 하나님께 한 번만 그 문제에 대해서 간구하는 것은 충분하지 않은가요?" 우리는 사실 하나님께 한 번도 말씀 드리지 않아도 될지 모릅니다. 왜냐하면 그는 우리의 필요가 무엇인지 미리 아시기 때문입니다. 그러나 하나님은 우리가 그를 향하여 담대함을 가지고 있고, 또 창조주 하나님을 향하여 피조물로서의 우리의 위치를 잘 지키고 있다는 것을 증명하기를 원하십니다.

　뿐만 아니라, 우리는 우리의 기도가 한 번에 응답되지 않은 데에는 특별한 이유들이 있을 수 있다는 사실을 잊어서는 안 됩니다. 응답되지 않은 기도에 대한 하나의 이유는 우리의 믿음을 실행해 볼 필요 때문입니다. 믿음은 실행을 통해서 더 강해집니다. 우리는 만약 우리의 믿음이 결코 실천되지 않는다면, 우리의 믿음이 처음과 같이 그대로 머물러 있을 것이라는 것을 잘 알고 있습니다. 시도를 통해서 믿음은 강해집니다. 다른 이유는 인내를 보임으로써 우리가 하나님을 영화롭게 할 수 있다는 것입니다. 이것을 통해서 하나님은 위대하게 높임을 받으십니다. 우리의 인내의 증거는 하나님을 영화롭게 합니다. 물론 또 다른 이유가 있을 수 있습니다. 우리의 마음은 아직 우리 기도에 대한 응답에 대해서 준비가 되어 있지 않을 수 있습니다. 제가 예를 하나 들어보겠습니다. 이렇게 한 번 가정해 봅시다. 3주 전에 16살 먹은 청년 하나가 주 예수 그리스도를 믿게 되었다고 칩시다. 그는 주를 향한 온전한 사랑으로 주를 위하여 무엇인가를 하기 원한다고 가정합시다. 그리고 그는 주일학교 담당 부장님에게 가서 말합니다: "제게 주일학교 공과 반 하나를 주셔서 제가 가르칠 수 있게 해 주시겠어요?" 그래서 아홉 명의 아이들이 그에게 맡겨집니다. 그리고 이제 주를 향한 사랑으로 충만한 청년은 하나님께서 이 아홉 명의 어린이들을 회심시켜 주시기를 위해서 하나님께 기도합니다. 그는 은밀한 곳에서 기도하고, 또 그 아이들 앞에서 공적으로 기도하면서, 아이들에게 하나님을 추구할 것을 간청합니다. 공과를 마치고 집으로 돌아간 후에도 그는 여전히 하나님께서 이 아홉 명의 아이들을 회심시켜 주실 것을 위해서 또 간절히 기도합니다. 월요일 날 그는 하나님 앞에서 자신의 간청을 다시 반복합니다. 또한 날마다, 그리고 주일날에도 다시 기도합니다. 그런 후 그는 자신의 공과반으로 가서 이 아홉 명의 아이들이 회심되어 있기를 기대합니다. 그러나 이 청년은 아이들이 여전히 회심하지 않은 것을 발견하고, 이들이 그 전과 전혀 다르지 않은 상태 가운데 머물러 있음을 발견합니다. 이에 청년은 다시 복음을 그들에게 제시하고, 간청하고 격려하고 울면서 아이들을 위해 하나님께 매달립니다. 2주 째에 그의 기도는 더 간절해집니다. 그러나 다음 주일날 그는 여전히 아홉 명의 아이들이 회심하지 않은 상태에 있는 것을 발견합니다. 이 사실이 하나님께서 그의 기도를 응답하지 않을 것이라는 것을 의미합니까? 이것은 이 불쌍한 청년이 계속해서 기도해야 하고, 하나님께서 그 기도를 고려하지 않으실 것을 의미하지 않습니다. 그렇지만 응답되지 않은 이유는 아직 이 청년의 마음이 기도의 축복에 대해서 준비되지 않았기 때문입니다. 만약 이 어린이들이 기도한 첫 주에 다 회심하였다면, 그는 이 회심을 자신의 공덕으로 돌릴 것입니다. 아마도 그는 자신의 기도를 통해서 아이들이 회심했다고 믿고, 하나님의 성령님 대신에 자신이 회심을 가능하게 했다고 생각할 것입니다. 그는 자신이 알지 못하는 사이에 자신에게 아이들의 회심에 대한 공덕을 돌릴 것입니다. 그러나 하나님은 그가 계속해서 인내하며 기도하게 하시고, 그의 마음이 응답의 축복에 준비되었을 바로 그때에 응답의 축복을 허락하실 것입니다. 그러므로 하나님의 자녀는 기다릴 줄 알아야 합니다. 그러나 그의 마음이 기도의 응답에 준비되면, 틀림없이 응답이 주어질 것입니다. 하나님의 많은 자녀들이 기도가 한 번에 응답되지 않았기 때문에 충격을 받고 휘청거립니다. 그들의 기도가 몇 주, 몇 달, 혹은 몇 년 동안 응답되지 않았기 때문에, 그들은 하나님께 간청하기를 중단합니다. 그래서 그들이 인내했더라면 틀림없이 받았을 응답의 축복을 잃어버립니다.

여기서 우리가 특별히 더 주목할 점은 하나님의 모든 자녀들이 하나님의 길로 행하고 기도 중에 그를 기다린다면, 좀 더 자주 기도의 응답을 받을 것이라는 것입니다. 이것을 한 번 설명해 드리겠습니다. 모든 면에서 하나님 앞에서 행하는 자들은 하루가 끝날 때 하나님께서 베풀어주신 자비로 인하여 그에게 감사하고, 밤중에도 보호해주실 것을 위해 자신들을 하나님께 의탁할 것입니다. 아침에 그들은 어떤 화재도 발생하지 않았음을 발견하고, 어떤 악인들의 손길도 자신들을 건드리지 않았음을 발견할 것입니다. 여기에 응답이 있습니다. 그래서 우리는 그것으로 인하여 하나님께 감사해야 합니다. 우리가 이런 것들을 더 많이 발견할수록, 우리는 우리의 기도들이 더 빈번하게 응답받는다는 것을 발견할 것입니다. 수면을 이루지 못했던 많은 사람들이 종종 기도에 대한 응답으로 상쾌한 수면을 이루기도 합니다. 그리고 다음날 아침 하나님께 그 숙면으로 인하여 감사합니다.

반면에, 모든 이들은 기도의 응답을 기다리면서 인내할 줄 알아야 합니다. 하나님의 고귀한 모든 자녀들은 자신들의 자녀들의 회심을 위해서 인내하며 기다려야 합니다. 어떤 이들은 응답의 축복을 곧 경험하는 반면에, 다른 이들은 수년을 기다려야 합니다. 저는 기도에 대한 즉각적인 응답을 경험했는데, 수만 개는 될 정도로 많습니다. 제가 지난 54년 9개월 동안의 믿음 생활 중에 3만 개의 기도에 대한 응답들을 받았는데, 기도들이 드려진 동일한 시간 혹은 동일한 날에 응답 받은 경우도 허다합니다. 종종 저는 아침에 제 방을 떠나기 전에 그날 아침에 드려진 기도의 응답을 받으면, 하루 중에는 대 여섯 개의 응답들을 받았음을 발견하게 됩니다. 그래서 최소한 3만 여 개의 기도들이 기도가 드려진 동일한 시간에 혹은 동일한 날에 응답을 받았습니다. 그러나 저의 모든 기도들이 즉각적으로 응답 받은 것은 아닙니다. 때로 저는 수주를, 수개월을, 혹은 수년을 기다려야 했습니다. 지금 이 자리에서 하나님이 응답해주신 3만 여 개의 기도에 대해서 간증하는 저도 많은 기도의 응답들을 위해서 오랫동안 기다려야 했습니다. 1866년의 처음 6주 동안에 저는 제가 오랫동안 기도해온 여섯 분의 회심에 대해서 들었습니다. 한 사람은 제가 2-3년 정도 기도한 사람이고, 다른 한 사람은 3-4년 정도, 그리고 또 다른 한 사람은 제가 15년 정도 기도한 사람이고, 다른 분은 한 20년 정도 기도한 사람입니다. 한 번은 제가 분명히 하나님의 뜻에 따라 하나님께 한 가지를 요청했습니다. 저는 그 문제를 날마다 하나님께 가지고 나가 하루에도 여러 번씩 기도했습니다. 응답을 받기 전에 수백 번 감사를 드릴 정도로 큰 확신을 가지고 말입니다. 그러나 저는 그 기도의 응답을 위해서 3년 10개월을 기다려야 했습니다. 다른 경우에 저는 6년을 기다려야 했고, 또 다른 경우에는 11년 반을 기다려야 했습니다. 이 마지막 기도의 경우 저는 하나님께 그 문제를 놓고 2만여 번 기도했습니다. 물론 반드시 응답 받는다는 완전한 믿음의 확신을 가졌지만, 그 응답이 주어지기 전에 11년 반이 흘러갔습니다.

한 번은 제 믿음이 이보다도 더 심하게 테스트 당했습니다. 1844년 11월, 저는 다섯 분의 회심을 위해서 기도했습니다. 저는 아플 때나 건강할 때나, 육지에서나 바다에서나, 그리고 제가 담당하고 있는 책임의 무게가 얼마나 무거운지에 상관없이, 하루도 빠지지 않고 날마다 이들을 위해서 기도했습니다. 이 다섯 분들 중 첫 번째 사람이 회심하는데 18개월이 걸렸습니다. 저는 하나님께 감사드리고, 다른 이들을 위해서 기도했습니다. 5년이 흘렀습니다. 두 번째 사람이 회심했습니다. 이 사람을 위해서 하나님께 감사드리고, 다른 세 명을 위해서 계속 기도했습니다. 날마다 기도하였지만 세 번째 사람이 회심하는데 6년이 흘렀습니다. 저는 하나님께 이 세 번째 사람의 회심으로 인하여 감사드리고 다른 두 분을 위해서 기도하고 있습니다. 그러나 아직 그 두 분은 회심하지 않았습니다. 하나님께서 그의 은혜의 풍성함 속에서 수만 가지의 기도를 응답해 주신 저조차도, 일부는 기도를 드린 바로 그 시간에 혹은 그 날에 응답 받았음에도 불구하고, 여전히 이 두 분의 회심을 위하여 거의 36년 동안 날마다 기도하고 있습니다. 그러나 여전히 이 두 분은 회심하지 않은 상태입니다. 다음 11월이 되면 제가 그들의 회심을 위하여 기도한지 딱 36년째 됩니다. 그러나 저는 하나님께 소망을 두고 계속 기도를 하면서, 그들의 회심에 대한 하나님의 응답을 기다립니다.[1]

그러므로 사랑하는 형제자매 여러분, 계속해서 하나님께 기도하고 계속해서 기다립시다. 오직 여러분은 하나님의 마음을 따라 구하는 것을 확실하게 하십시오. 죄인들의 회심은 하나님의 마음을 따르는 기도에 달려 있습니다. 왜냐하면 그는 죄인들의 사망을 원치 않으시기 때문입니다. 이 사실은 하나님께서 스스로에 대해서 계시하신 것입니다. "아무도 멸망하지 아니하고 다 회개하기에 이르기를 원하시느니라."(

---

[1] 이 둘 중의 한 분은 조지 뮬러가 죽기 직전에 회심하였고, 또 다른 한 분은 뮬러가 죽은 후에 분명한 회심의 증거를 보였습니다.

벧후 3:9) 그러므로 계속해서 기도하십시오. 응답을 기대하시면서 응답을 추구하십시오. 그리고 응답을 받은 후에는 그것으로 인하여 반드시 하나님을 찬양하십시오.

특별히 우리 형제자매들의 마음에 각인시키기를 원하는 마지막 요점이 있습니다. 그것은 연합 기도입니다. 마태복음 18:19에서 주 예수 그리스도는 이렇게 말씀하십니다.

> "진실로 다시 너희에게 이르노니 너희 중의 두 사람이 땅에서 합심하여 무엇이든지 구하면 하늘에 계신 내 아버지께서 그들을 위하여 이루게 하시리라."

그러므로 만약 그리스도에게 속한 형제자매들 중에 믿지 않는 친척들이 있다면, 그들 중 두셋이 연합하여 그들의 자녀들의 회심을 놓고 하나님께 간구한다면, 어떻게 응답의 축복이 오지 않을 수가 있겠습니까? 그들은 주 앞에서 이 약속을 간청하고, 만날 때마다 이 본문을 손으로 가리키면서 크게 소리 내어 읽어야 합니다. 만약 그들이 1주일에 한번 30분씩 모이거나, 혹은 2주일에 한번, 혹은 시간이 허락되는 데로 모여 주 앞에서 이 약속을 간청한다면, 머지않아 한 아버지는 말해야 합니다. "내 마음을 부쉈던 내 아들이 회심했습니다." 그리고 한 어머니는 고백해야 합니다. "제가 15년 전 집을 떠나 죄 가운데 살던 제 딸로부터 한 통의 편지를 받았습니다. 그녀가 마침내 주 예수 그리스도를 만났다고 합니다."

이러한 연합 기도와 간증들을 통해서 그들의 믿음이 얼마나 강건하게 세워지겠습니까? 머지않아 이렇게 믿음이 강건케 세워진 그들은 마음을 모아 연합하여 그들의 목사들을 위해서 기도할 것입니다. 하나님께서 죄인들의 회심을 위한, 그리고 교회의 축복을 위한 그의 수고를 넘치도록 축복해 달라고 말입니다. 그들의 기도가 더욱 확장됨에 따라, 그들의 기도는 선교와 성경의 보급에까지 미칠 것입니다. 그들은 기도의 능력과 축복을 더욱더 풍성하게 경험하게 될 것이고, 하나님께 그리스도의 몸된 교회에게 힘 있는 부흥을 허락해 달라고 다시 한 번 기도하면서 하나님을 간절히 기다릴 것입니다.

만약 연합 기도에 관한 비밀이 이러하다면, 목회자들이 어떤 능력으로 복음의 진리를 선포하고, 어떤 축복들이 주일학교와 성경 진리의 보급과 설교와 기독교 사역들에 임하겠습니까? 하나님께서 우리가 더욱더 기도에 우리 자신들을 헌신할 것을 허락해주시기를 간청합니다.

저는 하나님께서 제게 은혜롭게 허락하신 기도의 응답들을 기억 속에 소중하게 보존하는 것이 큰 축복인 것을 발견했습니다. 저는 작은 기록 책을 만들어 보관할 것을 추천합니다. 왼쪽 편에는 간구의 내용들과 그 간구를 시작한 날을 적으십시오. 그리고 오른쪽 편에는 각 경우들마다 응답들을 기록할 수 있도록 공백으로 남겨 두십시오. 그러면 여러분은 곧 얼마나 많은 응답들을 여러분이 받았는지를 알게 될 것입니다. 그리하여 여러분의 믿음이 강건하게 세워질 것입니다. 여러분은 하나님께서 얼마나 사랑스러우시고 풍성하시고 은혜로우신 분인지를 발견하게 될 것입니다. 여러분의 마음은 하나님을 향한 사랑으로 더욱더 풍성하게 될 것이고, 이렇게 고백할 것입니다. "하늘에 계신 아버지는 제게 너무 친절 하십니다. 저는 그를 신뢰하고 굳게 믿습니다."

만약 이 자리에 모인 여러분들 중에 혹시 하나님을 알지 못하는 분이 계시다면, 오늘 밤 여러분이 이 자리를 떠나기 전에 자신의 첫 번째 기도를 다음과 같이 올리십시오, "제가 죄인임을 보여주십시오." 당신이 죄인인 것을 보게 된다면, 주께 간청하십시오, "제 신뢰와 믿음을 주 예수 그리스도께 둘 수 있게 해 주십시오." 당신은 하나님께서 얼마나 즉각적으로 이 축복을 허락할 준비가 되어 있으신 지를 경험할 것입니다. 하나님의 백성된 저희 모두가 축복을 받고, 우리의 친구들과 동료 죄인들이 하나님을 찾을 만한 때에 그를 찾을 것을 간절히 기원합니다. 예수님의 이름으로 하나님께서 이 축복을 우리에게 허락해 주실 것을 하나님께 간청합니다.

하나님이
응답하시는
기도

# 02 그러나 저는 주 안에서 기뻐할 것입니다[2]

"비록 무화과나무가 무성하지 못하며 포도나무에 열매가 없으며 감람나무에 소출이 없으며 밭에 먹을 것이 없으며 우리에 양이 없으며 외양간에 소가 없을지라도, 나는 여호와로 말미암아 즐거워하며 나의 구원의 하나님으로 말미암아 기뻐하리로다. 주 여호와는 나의 힘이시라 나의 발을 사슴과 같게 하사 나를 나의 높은 곳으로 다니게 하시리로다."(합 3:17-19)

우리가 지금 읽고 있는 본문의 첫 번째 구절은 단순히 이것 하나, 혹은 저것 하나를 잃어버린 것이 아니라, 모든 것을 잃어버린 한 유대인에 대한 관찰을 담고 있습니다. 당시 그를 포함한 유대인들은 농경 사회에서 농업에 종사하고 있었습니다. 선지자 하박국은 스스로에 관하여 다음과 같이 말합니다:

"비록 무화과나무가 무성하지 못하고 포도나무에 열매가 없으며 감람나무에 소출이 없으며 밭에 먹을 것이 없고 우리에 양이 없으며 외양간에 소가 없을지라도, 저는 여호와로 인하여 즐거워할 것입니다. 저는

---

2 이 설교는 1897년 6월 13일 브리스톨의 Great George Street의 벳세다 채플에서 조지 뮬러에 의하여 행해졌습니다.

구원의 하나님으로 말미암아 기뻐할 것입니다."

여기 위대하고 심각한 중요한 질문이 하나 있습니다: "이 하나님의 사람으로 하여금 자신이 비록 모든 것을 잃어버리고 극도의 가난과 어려움과 질고의 상황에 처한다 할지라도, 그는 여호와로 인하여 즐거워 할 것이라는 결정에 도달하게 만든 것은 무엇이었을까요?" 무엇이 그로 하여금 이러한 결정에 도달하게 하였을까요? 이 질문에 대한 답은 하나님께서 자신을 그의 자녀들 모두에게 그들의 기업으로 주셨다는 것에서 발견됩니다. 하나님은 자신을 그의 자녀들 모두에게 주셨기 때문에, 그들이 이생과 연관하여 무엇을 잃어버리든지 간에 상관없이 하나님은 영원히 그들의 기업으로 남습니다. 다시 말하면, 그들의 "모든 것들"이 그들에게 남겨진다는 것입니다. 하나님의 자녀들은 지극히 작은 자일지라도 잃어버린 자가 아니고, 그렇게 될 수도 없습니다. 왜냐하면 하나님이 그들에게 기업으로 남아 있기 때문입니다.

하나님은 그의 자녀들 모두에게, 가장 연약한 자들, 가장 작은 자들, 그리고 그들 가운데 가장 어리석은 자들에게까지, 자신을 그들의 유업으로 주십니다. 그러므로 하나님을 소유함으로써 그들은 자신들이 소망하는 모든 것을 가지게 됩니다. 하나님이 그들에게 남아 있기 때문입니다. 그가 자신을 자신의 자녀들에게 단 한 번에 주십니다. 그들은 단 한 번에 자신들을 행복하게 해 줄 축복을 소유하게 됩니다. 그들은 단 한 번에 이 땅에서의 순례와 영생을 살기에 충분한 친절과 자비, 그리고 은혜를 축복으로 받습니다. 그리스도 안에서 사랑 받은 자들이여, 그리고 그리스도 안에서 아직 신자가 되지 않은 사랑 받은 자들이여,

우리 모두 진실로 참되게 하나님을 소유하고, 하나님이 자신을 우리에게 주시는 것이 무엇인지를 알고자 노력합시다. 시편 73편의 두 절과 다른 많은 부분들이 참조할 만하지만, 특별히 이 두 구절의 말씀만으로도 충분합니다.

> "하늘에서는 주 외에 누가 내게 있으리오. 땅에서는 주 밖에 내가 사모할 이 없나이다. 내 육체와 마음은 쇠약하나 하나님은 내 마음의 반석이시요 영원한 분깃이시라"(25-26절).

시편 기자는 자신이 이 땅에서의 순례의 마지막 점, 곧 죽음의 길목에 서 있다고 생각합니다. "내 육체와 마음은 쇠약하나 하나님은 내 마음의 반석이시오 영원한 분깃이시라." 하나님이 그의 생명의 분깃이었고, 이제 그는 시간을 지나 영원으로 들어가고 있습니다. 하나님은 단지 몇 년 동안만 그의 분깃이 아니라, 혹은 몇 백 년 동안만 그의 분깃이 아니라, 영원토록 그의 백성들에게 진실한 분깃이 되십니다. 만약 우리가 이러한 상태에 처하게 된다면, 우리는 얼마나 행복한 사람들이 되겠습니까? 이를 우리가 믿음으로 붙잡고 깨닫게 된다면, 우리는 성령 안에서 참 평안과 기쁨을 소유할 수 있을 것입니다. 단지 지금과 그때, 혹은 단지 여러 번만이 아니라, 습관적으로 우리는 이 사실로 말미암아 평안과 기쁨을 소유해야 합니다. 이 축복이 얼마나 귀한 것인지요. 하나님은 자신의 자녀들 중 가장 약하고 연약한 자들에게 그 자신과 그가 소유한 모든 것들을 허락하십니다. 이것은 얼마나 고귀하고, 또 가치 있는 축복인지 모릅니다.

선지자 하박국은 이러한 축복에 들어갔습니다. 그리고 이 축복의 상태는 그로 하여금 행복하게 만들어 주었습니다. 비록 그는 이 세상이 줄 수 있는 모든 것을 잃어버려야 했지만, 그는 여호와로 인하여 기뻐할 것입니다. "그러나 저는 주 안에서 기뻐할 것입니다. 저는 저의 구원의 하나님으로 인하여 기뻐할 것입니다." 이제 잠깐 동안 우리가 이 땅에서 가지고 있는 작은 것들, 곧 우리가 불쌍한 죄인들로서 주 예수 그리스도를 신뢰함으로써 하나님으로부터 받는 것들에 대해서 생각해 봅시다. 그리고 다른 불쌍한 죄인들이 예수 그리스도를 통해서 그에게 오는 자들에게 주려고 하나님이 준비하신 것들을 알고자 할 때, 그들이 소유할 수 있는 것들에 대해서 생각해 봅시다. 첫 번째로, 하나님은 우리의 눈을 여시고 우리의 본질적으로 잃어버린 바 되고 황폐화된 상황을 보여주십니다. 그는 우리의 완전한 영적인 어두움과 무지를 명백하게 드러내십니다. 그는 더 나아가 우리가 우리 자신들을 구원할 수 없다는 것과 구원은 전적으로 그의 독생자의 선물을 통하여 그에게 달려 있다는 것을 우리에게 알려 주십니다. 하나님은 독생자의 완전한 죽음에의 순종을 우리를 위하여 받아들이십니다. 이것들이 우리에게 먼저 보이고 깨달아지며 믿음으로 붙잡아져야 합니다. 그래야 우리의 눈이 열리고 평화와 기쁨을 누리며 살 수 있습니다. 우리의 현재 인생에 관하여 말하면, 우리는 주 예수에 대한 믿음으로 단번에 우리의 허다한 죄악들에 대한 완전한 용서를 받게 됩니다. 비록 우리는 의롭지 못한 자들이고 불의한 자들이지만 예수 그리스도에게 속한 사랑받은 자들로 용납되고, 의로운 자들로 간주됩니다. 그렇게 사랑 받은 자들로 용납되고 의로운 자들로 간주된 후에, 우리는 용서받은 자들로 간주됩니다. 우리를 대적하는 어떠한 죄악도 더 이상 언급되지 않을 것입니다. 우리의 모든 죄들이 다 용서 받습니다. 이 축복으로 들어가는 경험은 우리의 영혼에 어떠한 평안을 가져다주는지요. 우리가 이 축복으로 더 들어갈수록, 이 축복은 우리에게 하나님 안에서의 기쁨을 더 풍성히 가져다줍니다. 우리의 마음은 하나님이 예수 그리스도 안에서 우리를 위하여 해주신 것들로 인하여 그를 향한 감사로 채워지게 됩니다.

그러나 제가 위에서 언급한 것들이 전부가 아닙니다. 우리는 영적으로 다시 태어나고 새롭게 된 후에 영적인 생명을 얻습니다. 전에 우리는 다 우리의 죄와 범죄 안에서 죽었습니다. 그러나 이제 주 예수 그리스도를 향한 믿음으로 말미암아 우리는 영적인 생명을 얻었습니다. 그 생명은 영원합니다. 이 영원한 생명의 시작은 우리가 예수를 믿을 때 이루어지고, 우리의 자연적인 생명이 끝나고 영원으로 이동할 때도 계속해서 지속됩니다. 이것은 또 다른 축복입니다. 따라서 우리는 이제 주 예수 그리스도를 향한 믿음을 통해서 단순히 명목상으로만이 아니라, 실제적으로 하나님의 자녀들이 됩니다. 우리가 영적인 생명을 얻었기 때문입니다. 우리는 하나님의 성령의 능력으로 거듭납니다. 우리는 실질적으로, 그리고 진실로 하나님의 자녀들이고, 하나님의 기업을 무를 상속자들, 즉 예수 그리스도와 함께 그의 기업을 무를 상속자들입니다. 그러므로 우리는 우리가 소망하는 모든 것을 가질 수 있습니다. 우리는 하나님의 자녀들로서, 그리고 예수 그리스도와 함께 하나님의 기업을 무를 상속자들로서 무한하게 부유합니다. 왜냐하면 우리는 주님의 이 땅에서의 중재의 사역에 대한 보상으로 아버지께서 그에게 주신 모든 것들에 주님과 함께 동참하기 때문입니다. 우리는 단지 무한하게 부유할 뿐만 아니라, 무한하게 높임을 받습니다. 우리는 주님의 위대한 사역에 대한 보상으로써 아버지께서 자신의 독생자에게 허락하신 영광도 공유하기 때문입니다. 아, 그러므로 우리는 여호와 주 하나님을 인하여 기뻐해야 할 얼마나 많은 이유들을 가지고 있습니까? 정말 이루 말로 표현할 수 없습니다.

이런 복된 상황 가운데 우리가 처해 있기에, 우리는 어떠한 어려움을, 시련을, 그리고 필요를 가지고 있든지 간에 하나님으로부터 오는 도움을 받을 수 있습니다. 우리는 하나님께서 영원히 변치 않는 사랑을 가지고 사랑하시는 자녀들이기 때문입니다. 우리는 그의 마음에 너무도 고귀한 자녀들이기에 그가 보시기에 너무도 고귀하고, 그가 자신의 독생자를 사랑하듯이 우리를 그렇게 사랑하십니다. 우리가 그리스도에게 속하였으므로, 우리는 그를 머리로 하는 신비한 몸의 지체들입니다. 그러므로 우리가 구하지 못할 것이 어디에 있겠습니까? 예수 그리스도 안에서 우리의 아버지 하나님은 가장 연약하고 미약한 자들을 포함한 당신의 모든 자녀들에게 진실로 축복이 될 만한 모든 것을- 그들에게 유익하고 이익이 될 만한 모든 것들, 즉 하나님께 영광이 되는 모든 것들을- 기꺼이 주시기를 원하십니다. 시련과 유혹, 고통스러운 미혹과 사탄의 거대한 공격들 가운데서도, 우리는 우리의 지극히 연약함과 무기력함, 그리고 아무것도 아님에도 불구하고, 하나님께 나아갈 수 있습니다. 우리는 하나님께서 우리를 위하여 우리의 싸움을 대신 싸워주시고, 우리 편에 서시며, 악한 자를 꾸짖어 우리로부터 떠날 것을 위하여 간구할 수 있습니다. 하나님께서는 이 모든 것들을 해주시기를 기뻐하십니다. 왜냐하면 그는 우리를 너무도 간절히 사랑하시기 때문입니다. 그는 우리를 영원히 변치 않는 사랑으로 사랑하십니다. 그는 자신의 독생자를 사랑하듯이 우리를 사랑하십니다. 아, 이 얼마나 고귀한 사랑입니까.

이제 하나님께 주어진 호칭에 대해서 알아봅시다. 18절에서 하나님은 "나의 구원의 하나님"이라고 불립니다. 하나님은 구원의 하나님입니다. 그러나 이 선언에서 정말 가치 있는 점은 우리가 하나님이 정말로 우리에게 그러하다는 것을 증명하고, "나의 구원의 하나님"이라고 고백할 수 있는 것입니다. 이 고백은 내 마음의 언어를 담고 있습니다. 우리 중 누가 이러한 고백을 할 수 있습니까? 제가 말하는 요점은 "그는 나의 구원의 하나님이시다"라는 것입니다. 저는 이 사실로 인하여 영광을 돌리고 이 사실로 인하여 기뻐합니다. 왜냐하면 하나님의 은혜로 저는 제가 지금 이미 하나님 나라에 있듯이 천국으로 갈 것을 확신하기 때문입니다. 그러므로 저는 고백합니다. "그는 저의 구원의 하나님이십니다." 여기 계신 분들 중 많은 분들이 저처럼 "그는 나의 구원의 하나님이시다"라고 고백하며 찬양할 것입니다. 그러나 만약 여러분들 중 이 고백을 할 수 없는 분이 여기 계시다면, 그 고백을 할 수 있을 때까지 쉬지 마십시오. 우선 그런 분은 자신이 구원을 필요로 하는 죄인임을 깨달아야 합니다. 만약 당신이 그 사실을 볼 수 없다면, 그것을 당신에게 보여 달라고 하나님께 간구하십시오. 그리고 그 사실을 깨닫기 위하여 바울의 로마서 처음 세 장과 에베소서의 두 번째 장을 서너 번 읽으십시오. 자신에게 적용하면서 이 본문들을 읽어 보십시오. 만약 여전히 당신이 구주가 필요한 죄인임을 알 수 없다면, 하나님께 당신의 눈을 열어 볼 수 있게 해 달라고 간구하십시오. 그리하여 그 본문들 안에 담겨 있는 진리의 내용들을 보게 될 때, 구원을 위하여 예수께 당신의 믿음을 둘 수 있도록 도와 달라고 하나님께 간구하십시오. 왜냐하면 예수는 우리를 대신하여 하나님의 법을 완성하여 우리를 자유하게 해 주셨기 때문입니다. 그는 우리를 대신하여 우리가 받아야 할 형벌을 대신 받았습니다.

이 사실을 깨닫게 되면, 우리는 더 이상 하나님을 싫어하지 않게 됩니다. 우리는 더 이상 하나님을 두려워하지 않고 그를 우리의 아버지로, 우리의 친구로, 그리고 예수 그리스도 안에서 우리를 사랑하시는 우리의 조력자로 그를 보게 될 것입니다. 그러나 만약 여전히 우리가 우리 영혼 안에서 평화를 누리지 못하고 있다면, 우리가 그의 성령의 능력으로 그리스도의 사역을 더 진실하게 느낄 수 있도록 하나님께 계속해서 기도합시다. 그리고 하나님께서 그의 자녀들 모두에게 주시기를 기뻐하시는 완전한 평화와 기쁨을 소유하는 상태에 들어갈 수 있도록 간절히 기도합시다.

"비록 무화과나무가 무성하지 못하며 포도나무에 열매가 없으며 감람나무에 소출이 없으며 밭에 먹을 것이 없으며 우리에 양이 없으며 외양간에 소가 없을지라도, 나는 여호와로 말미암아 즐거워하며 나의 구원의 하나님으로 말미암아 기뻐하리로다."

아, 만약 여러분 중 누가 이 사실을 깨닫고 있다면, 당신은 얼마나 축복 받은 사람인가요? 아, 여기 있는 모든 사람들이 하나님 안에서 아직 이 평화와 기쁨을 소유하지 못한 죄인들에게 이 사실이 얼마나 큰 위로가 되는지를 알 수 있도록 한다면 얼마나 축복받은 사람인가요?

이제 마지막 절을 한 번 살펴보도록 합시다. "주 여호와는 나의 힘이 시라 나의 발을 사슴과 같게 하사 나를 나의 높은 곳으로 다니게 하시리로다." "주 여호와는 나의 힘이시라"에서 여호와는 바로 주이신 하나님입니다. 하박국이 육체적으로 연약한 상태에 있었나요? 그러면 하나님께서 그를 강하게 해 주셨을 것입니다. 왜냐하면 하나님은 그의 힘이기 때문입니다. 하박국이 다양하고 거대한, 그리고 지속되는 유혹들 가운데서 영적으로 연약했나요? 여호와가 그의 힘인데 그가 무엇이 부족하겠습니까? 그가 어떤 형태로든지 가난했나요? 그가 현재의 삶에서 뭔가를 필요로 하고 있었나요? 아니면 그 자신, 혹은 그의 가족, 혹은 어떤 이유로든지 그가 하나님의 영광을 위하여 그 무엇을 필요로 하고 있었나요? 하나님은 능력이 있으셨고, 또 기꺼이 그에게 그가 필요로 하는 것들을 주시고자 했습니다. 우리가 굳게 붙잡아야 할 사실은 여호와는 그의 자녀들에게 영적인, 정신적인, 그리고 육체적인 힘이시라는 것입니다. 이 사실은 과거와 현재뿐만 아니라, 어떤 상황에서든지 항상 진리입니다. 우리의 영적인 대적들의 능력이 얼마나 강하던지, 우리를 정복하기 위하여 그들이 얼마나 무섭게 우리를 공격하던지 간에 "하나님은 저의 힘이고, 그는 저의 발을 사슴과 같게 하사 저를 높은 곳으로 다니게 하실 것입니다." 이 말은 제 발을 힘 있게 달리는 야생동물 사슴의 발과 같게 만드신다는 것입니다. 그리하여 우리로 하여금 하나님의 마음을 따라 다니게 하실 것입니다. 제 판단으로 이 표현 뒤에는 위와 같은 의미가 있는 것 같습니다. 우리 자신들의 목적을 이루거나 우리 자신들을 즐기는 것이 아니라, 하나님의 마음을 따라 우리로 다니게 한다는 것입니다. 우리에게 즉각적으로, 그리고 최고로 민첩하게 제시되고 행해진 하나님의 뜻 말입니다. 그러므로 사슴의 발이라는 표현은 어떠한 지연도 없이 즉각적으로 하나님의 뜻이 실행된다는 의미입니다.

또 다른 은혜의 말씀은 "그가 나로 하여금 나의 높은 곳으로 다니게 하신다"는 것입니다. 하박국 선지자의 마음은 하늘에 있었기에, 그는 자신이 처한 상황을, 즉 여기 아래에 있는 것들을 위로부터 내려다보았습니다. 아, 우리가 비록 죄인이지만, 우리가 지금 하늘에서 그리스도와 함께 앉은 바 되었다는 사실을 깨닫게 되기를 바랍니다. 그러므로 우리는 모든 인간적인 문제들을 예수 그리스도와 함께 하늘에 앉힌 바 된 자들로서 보고, 이 땅에 있는 가난하고, 약하고, 연약하고, 세상적인 문제들을 하늘의 관점으로 내려다보아야 합니다. 무엇보다 이미 영광 중에 존재하는, 이미 하늘에 거하는 자들로서 그 문제들을 판단하고 평가해야 합니다.

만약 어떤 이들이 "그러나 저는 여전히 육체 안에 있습니다. 그래서 제가 그렇게 생각하고, 판단하고, 행하는 것은 무척 어렵습니다"라고 말한다면, 제 대답은 이러합니다. "저도 그렇습니다. 그러나 하나님의 은혜는 우리를 그러한 상태로 인도할 수 있습니다."

"그는 나로 하여금 나의 높은 곳들로 다니게 하실 것입니다." 여기서 언급된 높은 곳들은 그[하박국]의 마음이 고정된 곳들입니다. 이곳은 우리가 개인적으로 소유해야 하는 천국의 마음입니다. 육체 가운데 거하는 동안 우리는 이 땅에서의 생명의 일들에 관심을 기울여야 합니다. 하나님은 이 땅에서의 우리의 직업들과 연관된 어려움들 때문에 우리가 세상 직업들을 포기하기를 원치 않으십니다. 우리는 대신 하나님이 우리를 보내신 그 직업 가운데 머무른 상태로 우리에게 주어진 영적인 생명으로 들어가야 합니다. 여기서 우리는 그 영적인 생명이 영원하며, 그 생명이 더욱더 개발될 것이며, 마침내 그 생명이 완전히 꽃피우는 지점에 도달하여 우리가 거룩해질 것을 기억해야 합니다. 마치 주 예수 그리스도가 이 땅에 거하시는 동안 거룩하셨고, 그가 하늘로 올라간 이후로도 계속해서 거룩하셨듯이 말입니다. 우리는 동시에 주 예수 그리스도께서 죽은 자들로부터 부활했을 때 소유하셨던 영광스러운 몸처럼 우리도 동일한 영광스러운 몸을 소유할 것을 기억해야 합니다. 이것들이 바로 가장 약하고 연약한 하나님의 자녀에게 축복으로 주어질 것들입니다.

아, 하나님께서 예수 그리스도 안에서 우리에게 어떤 고귀한 축복을 허락하셨는지요. 아, 우리 비참하고 보잘 것 없는 죄인들이 그를 향한 믿음을 통하여 무엇에 도달하였는지요. 그러므로 우리가 돌아보아야 할 가장 위대한 일은 하나님께서 그의 아들을 통하여 우리에게 허락하신 모든 놀라운 축복들을 어린아이와 같은 단순함으로 묵상하는 것이어야 합니다. 우리는 주 예수 그리스도 안에서 우리 믿는 자들을 위하여 선포하신 모든 것들을 어린아이와 같은 단순함으로 믿어야 합니다. 그리고 이 모든 약속들이 완전히 이루어질 날, 우리가 더 이상 믿음으로 걷지 않고 이 모든 축복들 하나하나를 다 실질적으로 소유하게 되는 것을 보게 될 날을 기쁨에 찬 기대를 가지고 소망해야 합니다. 이제 한 마디만 더 하도록 합시다. 오늘 여기 계신 분들 중에 이제까지 하나님의 일들에 대해서 아무런 생각도 주의도 기울이지 않은 채 사셨던 분이 계십니까? 만약 그런 분이 계시다면, 제가 여러분께 간절히 애원하고 부탁합니다. 더 이상 그런 상태에 머물러 있지 마십시오. 왜냐하면 당신 영혼의 구원과 이 땅에서 행복, 그리고 영생은 당신이 그리스도를 영접하는 것에 달려 있기 때문입니다. 구원은 예수를 향한 믿음으로 인하여 소유하는 것입니다. 하나님은 어떤 크고도 많은 죄악에도 불구하고 모든 삶들에게 축복을 부여하기를 원하십니다. 단지 자신들이 처벌받아야 할 죄인들임을 인정하고, 예수를 믿고 신뢰하십시오. 그러면 하나님의 축복이 영원히 여러분의 것이 될 것입니다.

# 03 믿음

"믿음은 바라는 것들의 실상이요 보이지 않는 것들의 증거니 선진들이 이로써 증거를 얻었느니라. 믿음으로 모든 세계가 하나님의 말씀으로 지어진 줄을 우리가 아나니 보이는 것은 나타난 것으로 말미암아 된 것이 아니니라."(히 11:1-3)

오늘 저녁 우리 묵상의 주제는 "믿음이란 무엇인가?" 입니다. 어떻게 믿음은 커지는 것일까요? 저는 하나님의 말씀에 계시된 그의 약속들에 대한 믿음을 행사하는 중에 하나님의 은혜로 깨닫게 된 제 자신의 경험들을 근거로 믿음의 성장에 대해서 설명해보고자 합니다.

첫 번째, 믿음이란 무엇인가요? 제가 생각할 수 있는 가장 단순한 방식으로 믿음을 표현 하자면, 믿음은 하나님께서 자신의 말씀으로 약속하신 것들이 사실이고, 하나님께서 그 말씀을 통해서 약속하신 것들을 따라 행하신다는 것에 대한 확신입니다. 이 확신, 즉 하나님의 말씀에 대한 의존, 혹은 신뢰가 바로 믿음입니다.

믿음에 관한 어떤 인상 혹은 느낌에 대해서 생각하지 마십시오. 느낌은 믿음과 아무런 상관이 없습니다. 믿음은 하나님의 말씀과 관계 있습니다. 믿음은 어떤 차이를 만들어 내는 강한, 혹은 약한 느낌이 아닙니다. 우리는 믿음을 생각할 때, 기록된 말씀을 먼저 고려해야 합니다. 우리는 우리 자신이나 우리 자신들의 느낌이 아니라, 하나님의 기록된 말씀에 의존해야 합니다.

믿음에 관한 가능성들도 고려되지 않아야 합니다. 많은 사람들은 자신들에게 가능성이 있어 보이는 그런 것들을 믿고자 합니다. 그러나 믿음은 가능성이 중단되고 시각과 감각이 실패하는 곳에서 시작됩니다. 수많은 하나님의 자녀들은 낙심하고 자신들이 믿음 없음으로 인하여 슬퍼합니다. 그들은 제게 편지하며 고백합니다. 자신들이 어떤 인상도 느낌도 없다고요. 그들은 그들이 소망하는 것들이 이루어질 것에 대해서 어떠한 가능성도 보지 못합니다(눅 18:27). 눈에 보이는 현상이 고려되어서도 안 됩니다. 믿음에 관해서는 느낌, 인상, 그리고 가능성들이 고려되지 않아야 합니다. 그들이 소망하는 것에 대한 믿음에 대해서 가장 중요한 고려 사항은 하나님께서 그것을 그의 말씀으로 말씀하셨는가 입니다.

사랑하는 믿음의 형제자매들이여, 제가 여러분의 마음에다 대고 전하고자 하는 가장 기본적인 메시지는 이것입니다. 우리는 종종 위에서 언급된 것들, 즉 느낌, 인상, 그리고 가능성들에 대해서 너무도 의존하기에, 우리 가운데 형통하다라는 의식이 너무도 적습니다. 이 모든 것들은 잠시 제쳐 놓아야 합니다. 순수한 하나님의 말씀만이 우리가 의존해야 할 것입니다. 우리에게는 이것으로 충분합니다.

사랑하는 믿음의 친구들이여, 이제 여러분들은 스스로에게 질문해 보아야 합니다. 여러분은 영혼 가장 깊은 곳에서 하나님께서 말씀하신 것을 신뢰하고 있습니까? 여러분은 여러분이 원하는 것이 하나님께서 그의 말씀으로 약속하신 것들과 부합하는지에 대해서 간절하게 질문하고 있습니까? 만약 그렇다면, 당신이 구한 것이 반드시 이루어질 것이라는 것은 당신이 하나님을 신뢰하는 것만큼 확실합니다.

두 번째, 어떻게 믿음이 성장할 수 있을까요? 하나님은 자신의 자녀들의 믿음을 성장시켜주시기를 기뻐하십니다. 이렇게 해서 하나님은 불의한 세상과 어두움의 권세들 앞에서 영광을 받으시기 때문입니다. 시련, 좌절, 고통, 그리고 슬픔의 때에 하나님의 자녀들의 믿음은 다른 성도들에게 큰 위로를 가져다줍니다. 하나님은 그의 자녀들을 통해서 다른 사람들에게 선한 일을 하는 것을 즐거워하시고, 그들이 자신들의 믿음의 실행을 통해서 그 믿음이 성장하기를 바랍니다. 비록 우리가 어려움들, 희생들, 깨어짐들, 장애물들, 헤어짐들, 그리고 잃어버림들로부터 도망치지만, 때로는 과도할 정도로 도망치지만, 하나님은 이러한 것들을 통해서 우리를 더 성장시키기를 원하십니다. 마치 어린아이들의 연약한 육체의 부분들이 날마다 조금씩 자라나 성인의 힘에 이르기까지 자라가는 것처럼 말입니다. 저는 약한 아기가 한 순간에 성인이 되는 것이 가능하지 않은 것처럼, 우리도 강한 믿음을 한 순간에 성취할 수 있다고 생각하지 않습니다. 우리의 믿음은 약하고 연약한 상태로 시작하지만, 그 믿음의 사용을 통해서 더욱더 발전되고 강해집니다.

우리는 승리를 목전에 두고 시련을 원하지 않거나 인내의 연습을 게

을리 하는 대신에, 믿음의 성장을 위한 수단으로 하나님의 손으로부터 이것들을 기꺼이 받아들여야 합니다. 저는 의도적으로 강조해서 말합니다. 시련, 어려움, 장애물, 사별, 그리고 필요들은 믿음을 성장시키기 위한 영양분입니다. 저는 수많은 하나님의 사랑하는 자녀들로부터 다음과 같은 편지들을 받습니다: "친애하는 뮬러씨, 저는 지금 이 편지를 씁니다. 왜냐하면 제가 믿음이 너무 약하고 연약하기 때문입니다." 우리는 우리의 믿음이 강해지기를 원하는 만큼, 그 믿음을 강하게 하기 위한 수단들로 여러 가지 어려움들을 하나님의 손으로부터 기꺼이 받아들여야 합니다. 우리는 하나님께서 시련들과 죽음과 문제들을 통해서 우리를 교육하시도록 허락해야 합니다. 왜냐하면 오직 시련을 통해서 우리의 믿음이 실행되고 더욱더 자라가기 때문입니다. 하나님은 사랑하는 마음을 가지고 우리에게 어려움들을 허락하십니다. 그가 우리의 믿음을 계발시켜 성장시키기를 원하시기 때문입니다. 이러한 믿음의 성장을 위하여 우리는 어려움들로부터 도망치지 말아야 합니다. 만약 그가 우리에게 슬픔과 장애물과 고난과 사별을 주시면, 우리는 그것들을 우리를 향한 그의 사랑의 증거로 받아들여야 합니다. 하나님께서 우리 안에서 강하게 만들기를 원하시는 그 믿음을 우리 안에서 더욱더 자라가게 하시고자 하는 그의 사랑의 표현으로 받아들여야 합니다.

다시 한 번 말씀드리지만, 우리는 하나님께서 성경을 통하여 자신을 계시하신 대로 하나님에 대해서 알아가는 것을 추구해야 합니다. 우리는 사람들이 하나님에 관해서 가지고 있는 생각들로 만족하지 말고, 그가 자신에 관하여 계시한 것들을 알아가는 일에 부지런히 힘써야 합니다. 또한 교회나 많은 신앙을 가진 성도들이 하나님에 관하여 가지고 있는 개념들을 받아들이는데 그쳐서도 안 됩니다. 왜냐하면 제가 조심스럽게 말씀드리지만, 교회들이, 그리고 성도들이 하나님에 대하여 가지고 있는 개념들 그 자체가 진리가 아니고, 주께서 자신이 기록한 말씀에 허락하신 자신에 대한 계시가 바로 하나님에 관한 진리의 근원이기 때문입니다. 우리는 성경을 읽으면서 한걸음씩 우리 하나님의 능력과 무한한 지혜, 공의, 그리고 거룩함에 대해서 배워야 합니다. 뿐만 아니라, 우리는 그의 친절함, 경건함, 아름다움, 그리고 풍성함에 대해서 알아가야 합니다. 우리가 하나님의 말씀을 통하여 자신에 대하여 계시하신 하나님에 대해서 읽고 깨달을 때, 우리는 말씀에 담긴 그의 계시로부터 하나님이 정말로 사랑스러운 분이심을 더욱더 깨닫게 됩니다. 하나님은 진실로 진실로 사랑스러운 분이십니다. 제가 한 마디 더 하기 전에 잠시 멈추고 여러분에게 묻습니다. 이 사실에 대한 여러분의 영혼의 가장 깊은 곳에서 나오는 대답은 무엇입니까? 당신에게 하나님은 진실로 사랑스러운 분이십니까? 만약 아니라면, 당신은 하나님을 알지 못합니다. 당신은 여전히 하나님이 가장 사랑스러운 분이시다라는 사실을 발견해야 합니다. 그 발견의 결과는 당신으로 하여금 언제 어느 때나, 그리고 어떤 상황하에서도 하나님을 주저하지 않고 신뢰하게 할 것입니다. 비록 그가 당신을 친다 할지라도, 당신은 그를 믿고 신뢰할 것입니다. 돌아가 시편 9편을 읽으십시오. 당신 자신의 눈으로 9-10절을 읽어 보십시오:

> "여호와는 압제를 당하는 자의 요새이시요 환난 때의 요새이시로다. 여호와여 주의 이름을 아는 자는 주를 의지하리니 이는 주를 찾는 자들을 버리지 아니하심이니이다."

하나님을 그의 말씀에 계시된 그대로 알게 되면 우리는 하나님에 대해서 진정으로 만족하게 되고, 그가 우리를 다루시는 그 다루심 속에서 모든 것이 우리의 선을 위하여 역사함을 알게 될 것입니다. 따라서 우리 자신들을 위하여, 그리고 우리의 믿음의 진보를 위하여 우리가 그의 말씀에 담긴 진리의 원천으로부터 하나님에 관한 정확한 생각들을 얻는 것이 굉장히 중요합니다. 우리가 믿음을 행사하고 그의 말씀에 담긴 하나님에 관해서 배워갈 때, 우리의 믿음은 성장하게 됩니다. 제가 이것을 아주 심각하게, 그리고 심사숙고하여 말씀 드립니다. 하나님에 의하여 연단 받은 수많은 그의 자녀들이 제가 한 말과 동일한 말을 고백할 것입니다.

때로 교회는 하나님을 스스로 아름답고 사랑스러운 분으로 보도록 격려되지 않기에, 성도들은 아주 작은 행복도 소유하지 못할 때가 있습니다. 아, 그리스도 안에서 사랑하는 형제자매들이여, 여러분 자신들을 위하여 이 사실을 배우도록 수고하십시오. 저는 이 깨달음에서 오는 행복감에 대해서 충분히 설명할 수 없습니다. 가장 괴로운 때에 저는 그를 신뢰할 수 있습니다. 왜냐하면 저는 하나님이 얼마나 아름답고, 친절하며, 신실하시고, 또 사랑스러운 분이신지 잘 알기 때문입니다. 만약 우리를 불타는 용광로에 던지시는 것이 그분의 뜻이라면, 그렇게 하도록 내버려 두십시오. 그리하여 하나님이 자신을 계시하시는 대로 그분에 대해서 알아갑시다. 우리가 하나님에 대해서 더 잘 알아감에 따라, 우리는 그가 가장 사랑스러운 분이시라는 결론에 도달할 것입니다. 그리고 그로 인하여 만족하면서, 우리는 이렇게 고백할 것입니다. "그는 나의 아버지시다. 그로 하여금 마음에 기쁘신대로 행하시게 하자."

제가 처음 말씀에 기록된 데로 하나님을 의지하고 그가 저를 다루시기를 원하시는 데로 저 자신을 내어 맡겼을 때, 제가 51년 전에 저 자신과, 제 가족과, 세금 문제와, 여행 비용과, 그 외에 다른 모든 필요들을 위하여 하나님을 의지하기 시작했을 때, 저는 성경에 기록된 하나님의 단순한 약속들을 의지했습니다. 저는 마태복음 6장에서 한 본문을 발견했습니다.

> "그러므로 내가 너희에게 이르노니 목숨을 위하여 무엇을 먹을까 무엇을 마실까 몸을 위하여 무엇을 입을까 염려하지 말라. 목숨이 음식보다 중하지 아니하며 몸이 의복보다 중하지 아니하냐. 공중의 새를 보라 심지도 않고 거두지도 않고 창고에 모아들이지도 아니하되 너희 하늘 아버지께서 기르시나니 너희는 이것들보다 귀하지 아니하냐. 너희 중에 누가 염려함으로 그 키를 한 자라도 더할 수 있겠느냐? 또 너희가 어찌 의복을 위하여 염려하느냐? 들의 백합화가 어떻게 자라는가 생각하여 보라 수고도 아니 하고 길쌈도 아니 하느니라. 그러나 내가 너희에게 말하노니 솔로몬의 모든 영광으로도 입은 것이 이 꽃 하나만 같지 못하였느니라. 오늘 있다가 내일 아궁이에 던져지는 들풀도 하나님이 이렇게 입히시거든 하물며 너희일까 보냐 믿음이 작은 자들아."[3]

어떤 사람도 수고와 염려함으로 백합을 자라게 할 수 없습니다. 꽃 한 송이를 현미경 아래 놓아 보십시오. 그러면 그 꽃을 장식하신 분이 살아계신 하나님이심을 알게 될 것입니다.

---

3  마태복음 6:26-30.

"그러므로 염려하여 이르기를 무엇을 먹을까 무엇을 마실까 무엇을 입을까 하지 말라. 이는 다 이방인들이 구하는 것이라 너희 하늘 아버지께서 이 모든 것이 너희에게 있어야 할 줄을 아시느니라. 그런즉 너희는 먼저 그의 나라와 그의 의를 구하라 그리하면 이 모든 것을 너희에게 더하시리라. 그러므로 내일 일을 위하여 염려하지 말라 내일 일은 내일이 염려할 것이요 한 날의 괴로움은 그 날로 족하니라."[4]

저는 이 말씀을 기록된 그대로 믿었습니다. 그리고 이 말씀을 의지하여 말씀대로 살았습니다. 저는 하나님을 그의 말씀 그대로 받아들였습니다. 영국에 사는 외국인으로서 저는 일곱 가지 언어들을 말할 줄 압니다. 아마도 저는 그 언어들을 통해서 좋은 직업을 가질 수도 있었을 것입니다. 그러나 저는 주를 위한 수고를 위하여 저 자신을 헌신했습니다. 저는 약속의 하나님을 신뢰했고, 하나님은 자신의 말씀을 따라 제게 행하셨습니다. 제게는 부족한 것이 하나도 없었습니다. 물론 저도 많은 시련과 어려움, 그리고 비어 있는 지갑을 경험했습니다. 그러나 제가 가지고 있는 영수증들을 합산해 보니 수백억이 넘습니다. 지난 51년간의 사역이 진행되는 동안 저도 수많은 어려움들과 시련들, 그리고 당황스런 경험들을 많이 했습니다. 우리 앞에 앞으로도 많은 어려움들과 시련들이 항상 존재할 것입니다. 그러나 하나님은 저를 그 시련들 가운데서 보존하셨고, 어려움들 가운데서 건져내셨고, 하나님의 사역이 계속되게 해 주셨습니다.

---

4  마태복음 6:31-34.

이러한 축복은, 어떤 사람들이 말하듯이, 제가 위대한 정신적인 능력의 소유자이기 때문도 아니고, 힘과 인내로 무장된 사람이기 때문도 아닙니다. 이것들이 제 축복의 원인들이 아닙니다. 제가 축복을 받은 원인은 제가 하나님을 신뢰했기 때문입니다. 제가 하나님을 찾았고, 하나님께서는 제가 지난번에 여러분들에게 말씀드린 117개의 학교를 운영하는 기관과 부서들을 자신의 인도 아래서 돌보셨기 때문입니다. 이런 사역을 하는데 따른 어려움들은 상상을 초월하는 것이었습니다. 그러나 저는 주를 신뢰하는 자들은 부끄러움을 당하지 않을 것이라는 말씀을 읽었습니다. 대략 20여 년 전에 미국으로부터 온 한 형제가 저를 보러 왔습니다. 그는 제가 힘없고 노쇠한 늙은이일 걸로 기대했습니다. 그러나 그는 제가 별로 늙어 보이지 않는 것에 대해서 의아해 했습니다. 그는 말하기를, "어떻게 이런 일이? 어떻게 당신은 당신이 수행하는 그 큰 짐 아래서도 이렇게 젊을 수가 있지요?"

저는 말했습니다. "나의 사랑하는 형제여, 저는 항상 제 짐을 주님께 의탁했습니다. 저는 제 짐의 백분의 일도 거들지 않았습니다. 짐이 제게 오면, 저는 그 짐을 주님께 맡겼습니다." 저는 제 짐을 스스로 지지 않습니다. 그래서 저는 지금 76살이지만, 여전히 과거 라틴어 시험을 준비하며 공부하던 대학 시절 젊은 때만큼의 강한 정신력과 육체의 강건함을 소유하고 있습니다. 저는 그때처럼 지금도 강건합니다.

어떻게 이것이 가능할까요? 그 이유는 지난 50년 동안 제가 어린아이처럼 단순하게 하나님을 의지할 수 있었기 때문입니다. 저도 저의 시련의 때가 있었지만, 하나님을 굳게 붙들었습니다. 그 결과로 저는 보존되었습니다. 하나님은 우리가 그에게 우리의 모든 짐을 넘길 것을 허락하신 것이 아니라, 넘기라고 명령하셨습니다. 그리스도 안에서 사랑하는 형제자매들이여, 명령대로 순종합시다. 당신의 짐을 주께 내어 맡기십시오. 그러면 그가 당신을 보존하실 것입니다. 저는 날마다 그렇게 합니다. 오늘 아침에 저는 제가 시무하는 교회의 여섯 가지 문제들을 주 앞에 가지고 나갔습니다. 사실 저는 날마다, 해마다, 그리고 40년 넘게 그렇게 했습니다. 그러니 나의 사랑하는 형제자매들이여, 이제 당신의 짐들을 가지고 하나님께 나오십시오. 당신 사업의 짐들, 직업의 짐들, 당신의 시련들과 어려움들을 가지고 하나님께 나오십시오. 그러면 당신은 주 앞에서 도움을 발견할 것입니다.

많은 분들은 제가 돈 문제에 대해서만 주를 신뢰한다고 생각합니다. 제가 돈과 관련된 문제들을 주님 앞으로 가져가는 것은 사실입니다. 그러나 돈의 문제는 제가 하나님께 가져가 도움을 간구하는 여러 가지 문제들 중 하나에 불과합니다. 저는 종종 제가 제공하는 위치들에 적합한 능력 있는 사람을 찾는데 어려움을 겪곤 합니다. 때론 여러 주가, 혹은 여러 달들이 흘러갑니다. 그러나 저는 날마다 그 문제를 주님 앞으로 가져갑니다. 그리고 주님은 변함없이 저를 도와주십니다. 사람들의 회심의 문제도 마찬가지입니다. 머지않아 기도는 찬송으로 변합니다. 잠시 후에 하나님은 우리를 도와주십니다. 우리의 계약서들, 책들, 그리고 선교적 노력을 쏟는 일들에 있어서, 우리 사역에 필요한 문제들도 마찬가지입니다. 우리가 결코 도움을 얻지 못하거나, 당황스럽게 되는 일은 없습니다.

그러나 완전한 믿음을 단 한 순간에 성취할 수 있으리라 기대하진 마십시오. 한 순간에 대박나는 그런 종류의 것을 저는 신뢰하지 않습니다. 저는 그렇게 믿지 않습니다. 저는 결코 그것을 믿지 않습니다. 제가 그렇게 믿지 않는다는 것을 여러분들이 분명하게 알아주셨으면 합니다. 믿음에 관한한 모든 일들은 자연스러운 방식으로 흘러갑니다. 제가 얻은 믿음에 관한 작은 확신을 저는 한 순간에 획득하지 않았습니다. 저는 이 점을 특별히 강조해서 말하기를 원합니다. 왜냐하면 자신들의 믿음을 강하게 세우고자 하시는 많은 분들이 제게 편지를 보내어 이 문제에 대해서 질문하기 때문입니다. 다시 한 번 말씀드리지만, 당신의 영혼을 하나님의 말씀 안에 머물게 하십시오. 그러면 여러분은 믿음을 행사할 때에 당신의 믿음이 성장하는 것을 발견하게 될 것입니다.

하나만 더 말씀 드리겠습니다. 어떤 이들은 말합니다. "아, 저는 뮬러 씨가 가진 그런 믿음의 은사를 결코 소유하지 못할 것입니다. 그는 믿음의 은사를 가졌습니다." 이 말씀은 큰 착각입니다. 사실 큰 실수입니다. 그분의 말씀에는 어떠한 진실도 담겨 있지 않습니다. 제가 소유한 믿음은 하나님의 모든 자녀들이 소유한 것과 동일한 종류의 믿음입니다. 제 믿음은 과거 시몬 베드로가 소유했고, 또 모든 성도들이 소유할 수 있는 그런 종류의 믿음입니다. 비록 제 믿음이 믿음의 행사를 통해서 그들의 믿음보다도 좀 더 발전된 형태의 믿음인지는 몰라도, 제 믿음은 본질적으로 그들의 믿음과 동일합니다. 그들의 믿음은 저의 믿음과 정확하게 동일합니다. 단지 정도의 문제에 있어서만 약간 차이가 있을 뿐입니다. 그들의 믿음에 비해서 저의 믿음은 좀 더 강하게 행사되었습니다.

제가 소유하고 있는 적은 믿음은 선물이 아니라, 은혜입니다. 그러나 믿음의 은혜를 소유한 자는 항상 자선이라고 불리는 사랑을 그 믿음과 함께 소유할 것입니다. 믿음의 선물은 명령할 수 있습니다. 심지어는 마귀들조차도 명령할 수 있습니다. 믿음의 은혜는 기록된 주의 말씀과 아주 깊은 연관이 있습니다.

이제 저의 믿음의 형제자매들이여, 당신의 믿음에 관하여 아주 작게라도 시작하십시오. 처음에 저는 5kg 정도 주를 신뢰할 수 있었고, 다음에는 50kg 정도 신뢰할 수 있었고, 그 다음에는 500kg 정도를, 그 다음에는 50톤 정도를 신뢰할 수 있었습니다. 그러나 이제는 어떤 상황에서든지 아주 쉽게 주를 한 수백만 톤 정도 신뢰할 수 있습니다. 그러나 이를 위해서 저는 먼저 조용히, 조심스럽게, 그리고 신중하게 제가 신뢰하고 있는 것이 그의 기록된 말씀에 담긴 그의 약속들과 일치하는지에 대해서 살피며 조사합니다. 만약 저의 신뢰가 하나님의 말씀에 담긴 약속들과 일치한다면, 저의 힘든 상황에 담긴 어려움의 정도는 하나님을 향한 저의 신뢰에 조금도 걸림돌이 되지 못합니다. 지난 51년 동안 하나님은 한 번도 저를 실망시키지 않으셨습니다. 당신 자신을 위해서 하나님을 신뢰하고, 얼마나 그가 자신의 말씀에 신실한지 믿고 경험해 보십시오.

하나님의 가장 부요하고 고귀한 축복들이 이제 지금부터 그리스도에게 자신들의 모든 신뢰를 두도록 격려 받는 여러분들 위에 머물기를 기원합니다. 그러면 평화, 찬란한 태양, 그리고 행복이 항상 사랑과 연합된 믿음의 은혜로운 행사의 시작과 함께 시작될 것입니다.

# 입을 크게 열라, 그러면 내가 채우리라[5]

"나는 너를 애굽 땅에서 인도하여 낸 여호와 네 하나님이니 네 입을 크게 열라 내가 채우리라."(시 81:10)

이 표현은 우리가 이미 잘 알고 있는 표현입니다: "네 입을 크게 열라, 내가 채우리라." 이 표현의 의미는 "나로부터 임할 위대한 축복을, 굉장히 위대한 축복들을 구하라. 나는 그것들을 허락할 준비가 되어 있다"입니다. 아, 새해의 시작에 우리처럼 약하고 보잘 것 없는 자들을 위한 얼마나 고귀하고 영광스러운 약속입니까? 여기서 가장 중요한 것은 이 약속을 우리의 다양한 형편들과 우리가 처한 상황들에 적용하는 것입니다.

우리는 종종 우리 기도의 응답에 대한 장애물이 우리 자신들에게 있음을 발견합니다. 왜냐하면 우리의 마음이 기도 응답의 축복에 미처 준

---

[5] 1897년 1월 10일 주일 오전에 브리스톨의 성 니콜라스 도로에 위치한 복음의 전당에서 뮬러가 전한 설교.

비되지 않았기 때문입니다. 이제 이 본문 말씀과 연관하여, 사랑하는 성도들을 위로하고 격려하기 위해서 제가 하고 있는 고아원 활동과 관련된 제 자신의 경험에 대해서 말하고자 합니다. 제가 제 경험을 언급하고자 하는 이유는 여러분들 모두가 하나님의 손에서 위대한 것들을 기대하도록 위로 받고 격려 받기를 바라기 때문입니다. 68년 전 제가 수많은 어린이들이 부모를 잃고, 그들을 돌봐줄 관심을 가진 자들이 아무도 없는 것을 보게 되었을 때, 제 마음은 큰 고통에 빠졌고 심하게 시련을 겪는 듯 했습니다.

길 거리에 남겨진 고아들을 보면서 제 마음이 너무도 깊이 움직였기에, 저는 제 자신에게 반복해서 말했습니다. "아, 내게 저 아이들을 수용할 수 있는 작은 고아원 하나만 있다면 얼마나 좋을까." 그러나 그 갈망은 여러 해 동안 단지 갈망에 머물고 말았습니다. 제가 그 문제와 연관하여 많이 기도했음에도 불구하고 말입니다. 그러나 1835년 11월에 불쌍한 고아들을 위해서 뭔가 해줄 수 있는 방법을 알게 된 특별한 상황이 발생했습니다. 저는 과거에 기도했던 것보다도 더 간절하게 기도하면서, 하나님께서 제가 작은 고아원을 시작할 수 있게 인도해 달라고 간청했습니다. 그렇게 저는 여러 달을 기도했고, 마침내 저는 이를 위하여 뭔가를 해야겠다는 결론에 도달했습니다. 비록 그 시작이 아주 미미할지라도, 저는 일단 시작하기로 결정했습니다.

이런 결론에 도달한 후, 저는 성경을 읽으면서 한 저녁을 보내고 있었습니다. 1835년 11월 5일입니다. 저는 1829년 7월 이후로 성경을 연속적으로 읽는 습관을 계속 해오고 있었습니다. 이 습관은 성경 여기저기서 조금씩 뽑아서 읽거나, 반 장만 읽고 다른 곳으로 가는 것이 아니라, 구약과 신약 전체를 처음부터 끝까지 계속 읽는 것입니다. 성경 일독을 끝내면 다시 처음으로 돌아가 계속해서 전체를 다 읽는 방법입니다. 저는 1829년 7월 이후로 성경을 이렇게 읽어 오고 있습니다. 이런 방식으로 저는 일 년에 전체 성경을 4번 정도 읽으면서, 기도하고 묵상합니다. 특별히 저 자신과 연관하여 묵상하곤 합니다. 이 사실이 여러분들에게 어떤 위로가 됩니까? 여러분들에게 어떤 교훈이 됩니까? 혹은 경고나 자책의 메시지라도 주는지요? 이런 식으로 저는 제 자신과 연관하여 성경을 읽습니다.

그때도 이런 식으로 성경을 읽던 중, 저는 시편 81:10에 도달하게 되었습니다. "나는 너를 애굽 땅에서 인도하여 낸 여호와 네 하나님이니 네 입을 크게 열라 내가 채우리라." 제가 이 구절을 읽다가 성경을 닫고, 제 방문을 걸어 잠갔습니다. 그리고 마루에 엎드려 기도하기 시작했습니다. 저는 하늘에 계신 저의 아버지께 말했습니다.

"하늘에 계신 아버지여, 저는 당신께 제가 고아원 사역을 시작해야 할지 말지에 대해서 가르쳐 달라고 당신께 기도했습니다. 당신께서 그것을 제게 명백하게 알려주시기를 원하시고 기뻐하셨습니다. 이제 "제가 제 입을 크게 열겠습니다." "크게 채워 주십시오." 하늘의 아버지시여 제게 그 일을 시작할 적당한 집을 주시고, 고아들을 돌아볼 적절한 일꾼들을 보내어 주십시오. 그리고 제게 그 일을 시작할 수 있도록 일억 원의 재물을 주십시오."

그때 제게 일억 원은 엄청난 돈이었습니다. 물론 지금은 아주 적은 금액입니다. 현재 저는 종종 하루에 일억이 아니라, 이억 삼억을 쓰기도 하고, 때론 오 육억을 쓰기도 하기 때문입니다. 그러나 그 당시에 일억은 제게 엄청난 돈이었습니다. 그럼에도 불구하고 저는 어떻게 얻을지는 몰랐지만 그 금액을 받게 될 것을 기대했습니다. 저는 위의 약속을 근거로 저의 하늘의 아버지로부터 그 금액을 받을 것을 기대했습니다. 다음날 저는 제 집에 머물고 있던 독일인 선교사로부터 만원을 받았습니다. 여섯 명의 선교사 형제자매들이 저와 함께 육 개월 동안 제 집에 머물고 있었는데, 그중의 한 형제가 제게 천원을 주었습니다. 다른 독일인 선교사 한 명이 제게 또 천원을 주었습니다. 이것이 제가 기도한 일억 원에 대해서 받은 첫 번째 응답의 돈입니다.

여러분 모두가 말할 것입니다. "정말 작은 시작이었군요." 그러나 그것은 시작에 불과했습니다. 그날 제가 두 번째 선물을 받았는데요, 그것은 불쌍한 고아들을 위해서 제가 공개하기로 한 집에서 사용될 큰 옷장이었습니다. 저는 계속 기도했습니다. 조금씩 조금씩 저는 기도의 응답을 받기 시작했습니다. 그리고 머지않아 제 기도에 대한 엄청난 응답이 왔습니다. 저희와 교제하던 한 재봉사 자매가 있었습니다. 그녀는 재봉일로 오백 원, 삼천 원, 혹은 오천 원을 벌었습니다. 가장 많이 번 것이 한 만원 정도일 것입니다. 결코 그 이상은 벌지 못했습니다. 그런데 이 연약하고 보잘 것 없는 재봉사 자매가 고아원 사역을 위해서 제게 천만 원을 보냈습니다. 저는 받을 수가 없었습니다. 저는 겨우 푼돈을 버는 이 연약하고 불쌍한 재봉사 자매가 어떻게 제게 천만 원을 보내게 되었는지에 대해서 잘 알지 못하였습니다.

그래서 제가 사람을 보내 그녀를 불러 인터뷰를 했습니다. 저는 그녀의 할아버지가 최근에 돌아가시면서, 그의 자녀들과 손주들에게 남긴 유언에 따라 이 돈이 그녀에게 주어진 것을 알게 되었습니다. 오천 만 원이 그녀의 몫이었는데, 그녀는 거기서 천만 원을 고아원 사역을 위해서 내어 놓았습니다. 제가 그녀를 보았을 때, 저는 그녀에게 말했습니다. "저는 당신의 천만 원을 받을 수 없습니다. 아마도 당신이 너무 서둘러서 이 결정을 했을 수도 있기 때문입니다. 나중에 당신이 후회한다면, 그것은 슬픈 일이 될 것입니다. 저는 이 돈을 받을 수 없습니다." 그러나 그녀는 말했습니다. "저는 이 결정을 성급하게 하지 않았습니다. 충분히 시간을 두고 생각한 결정입니다. 이 문제를 두고 오랫동안 기도했습니다. 저는 당신이 이 돈을 받기를 원합니다. 제 형제자매들은 유산으로 받은 것 중에서 제 어머니에게 각각 오백 만원씩 드렸습니다. 그러나 저는 주 예수 그리스도를 믿는 신앙인입니다. 그래서 저는 어머니에게 천만 원을 드렸습니다. 그러자 저의 형제자매들이 제 아버지가 돌아가실 때, 그의 빚을 다 갚기로 결정했습니다. 그들이 그렇게 할 의무가 없는데도 말입니다. 그러나 제 형제자매들은 술을 좋아하셔서 빚을 지신 제 아버지를 대신해서 그의 집을 압류하고 있는 빚쟁이들에게 얼마의 빚을 갚기로 결정했습니다. 그러나 그는 저의 아버지입니다. 저는 하나님의 자녀입니다. 비록 제 아버지가 올바르게 살지 못했지만, 저는 제 아버지를 경외해야 합니다. 그래서 저는 빚쟁이들에게 제 형제자매들이 지불하지 못한 나머지 빚도 다 지불하겠다고 약속했습니다. 그리고 가서 빚을 다 정리했습니다. 그러니 이제 이 천만 원을 받으십시오. 저는 당신이 시작하려고 하는 작은 고아원에 굉장히 관심이 많습니다. 그러니 일이 그르쳐지기 전에 얼른 이 돈 전부를 받으십시오. 제가 많이 생각한 후에 한 결정인 것을 강조하고 싶습니다. 여기 천만 원과, 또 당신이 가난한 자들에게 나누어주기를 원하는 오십 만원이 더 있습니다. 이 추가로 드리는 오십만 원은 제가 기쁨 마음으로 충분히 고려한 후에 이 일을 한다는 것에 대한 증거입니다."

이 대화를 통하여 그녀가 처한 상황들에 대해서 알게 된 저는 이 경건한 여인이 얼마나 이 문제를 심사숙고하여 결정했는지에 대해서 보게 되었습니다. 그래서 저는 하나님의 계획의 일부로 알고 그 천만 원을 받았습니다. 그리고 조금씩 조금씩, 때로는 어떤 이들로부터 큰 액수의 도움이 들어오기 시작했습니다. 마침내 저는 성 바울 교구에 있는 윌슨가에서 큰 집을 구입하여 고아원을 열 수가 있었습니다. 두 명의 유능하고 큰 도움이 되는 자매들이 저를 도와 한 분은 선생님으로, 다른 한 분은 봉재사로 섬기게 되었습니다. 그렇게 해서 저는 집을 준비하고 단장한 후에도 약간의 돈을 수중에 가지고 있을 수 있었습니다. 그 집은 준비가 되었기에 고아들을 받을 날을 정했습니다. 저는 제의실(祭衣室)로 갔습니다. 그리고 고아들의 친척들과의 상담을 위하여 두 시간을 지정해 놓았습니다. 저는 그 곳에서 한 시간 반을 앉아 기다렸습니다. 두 시간이 흘러갔습니다. 그런데 고아들을 위한 신청서를 작성하러 아무도 오지 않았습니다. 저는 단 한 건의 신청서도 받지 못하고 그 자리를 떠나야만 했습니다.

집으로 오는 길에 저는 스스로에게 말했습니다. "나는 이 모든 것을 위해서 기도해 왔다. 그러나 나는 하나님께 고아들을 보내어 달라고 기도하지 않았다." 저는 영국에 수천, 수만의 고아들이 있다고 생각했기에, 고아들이 수백 명씩 몰려 올 것이라고 생각했습니다. 그러나 하나님의 말씀은 이렇게 말합니다. "모든 일에 기도와 간구로 너희의 원하는 것들을 하나님께 아뢰라."

저는 좋은 집을 위해서 기도했고, 좋은 조력자들을 위해서 기도했고, 필요한 돈을 위해서 기도했습니다. 그리고 집을 준비했을 때는 가구를 비롯한 모든 물품들에 대해서 기도했습니다. 그러나 정작 저는 하나님께 고아들을 보내어 달라고 기도하지는 않았습니다. 그래서 저는 마루에 제 자신을 던져 이 문제에 대하여 하나님께 잘못했다고 고백하고, 그의 용서를 구했습니다. 그리고 저는 물었습니다. 제가 제 자신을 속이고 있었던 것은 아닌지, 그리고 고아원을 시작하는 것보다 모든 것을 다 취소하는 것이 하나님께 더 영광이 되는 것은 아닌지, 모든 것을 다 포기할 마음을 가지고 하나님께 기도했습니다. 만약 그렇게 함으로써 하나님께서 더 영광을 받으신다면, 저는 그래도 기뻐해야 했습니다.

그러나 저는 이 일이 제대로 성사되어야 하나님의 이름에 더 큰 영광과 명예가 돌려질 것이라는 생각을 떨쳐버릴 수가 없었습니다. 그래서 다음날 아침 11시에 저는 고아원을 위해 준비한 그 집으로 다시 갔습니다. 한 달이 지나기 전에 42명의 고아들이 지원했습니다. 그 집은 30명밖에 수용할 수 없었는데도 말입니다. 그렇게 하나님은 저의 기도에 응답하셨고, 고아원은 꽉 차게 되었습니다. 6달이 지난 후, 저는 36명의 아이들을 위하여 두 번째 집을 고아원으로 열었습니다. 그 집도 곧 꽉 차게 되었습니다. 12개월 후에 저는 30명의 아이들을 위하여 세 번째 집을 열었습니다. 그 집도 차게 되었습니다. 곧이어 저는 30명의 다른 아이들을 위하여 네 번째 집을 열었습니다. 현재 저는 126명의 고아들을 돌보고 있고, 11명의 조력자들이 아이들을 위해서 수고하고 있습니다.

그러나 고아들의 신청서는 계속해서 증가했습니다. 그래서 저는 수백 명의 고아들을 수용할 수 있는 큰 건물을 하나 지어야겠다고 생각했습니다. 그러나 이 건물을 위해서는 엄청난 액수의 돈이 필요했습니다. 그렇지만 저는 제 자신에게 말했습니다. "주께서 그것을 내게 주실 수 있어." 13주 동안 저는 고아원 부지를 위해서 기도했습니다. 주께서는 아쉴리 타운 도시에 있는 한 땅을 제게 허락했습니다. 그리고 저는 300명의 고아들을 위한 건물을 짓기 위해 재정을 위해서 계속 기도했습니다. 그러자 조금씩 조금씩 돈이 들어왔습니다. 저는 건축 공사를 시작했습니다. 그리고 건물이 완성되었습니다. 건축 비용이 22억 이상 들었지만,[6] 전부 지불되었습니다. 모든 비용이 다 지불된 후에도 1억 원이나 남았습니다. 그러나 고아원 건물은 곧 차게 되었고, 신청서들이 계속해서 증가하기 시작했습니다.

그래서 저는 주님께 기도하며 말했습니다. "주님, 당신이 제게 원하시는 것이 무엇입니까?" 오랜 시간 기도한 후에, 저는 700명의 고아들을 더 수용할 수 있는 건물을 짓기로 결정했습니다. 결국 1,000여 명의 고아들이 저의 돌봄 아래 놓이게 되었습니다. 그러나 제 손에 5백만 원밖에 없을 때, 사탄은 제 손에 50억이 있다고 소문을 내었습니다. 그것

---

[6] 뮬러는 15,000파운드가 들었다고 기록하고 있다. 현재 가치로 따지면 대략 1,500,000파운드이기에 22억 정도로 추정해 볼 수 있다.

은 사탄의 거짓말이라고 신문에다가 공개하는 대신에, 저는 제 하늘 아버지께 말씀드렸습니다. "주님, 당신은 이것이 사탄의 거짓말인줄 아십니다. 사탄을 당혹스럽게 만들어 주십시오. 당신의 자녀들의 마음을 움직여 저를 돕게 하심으로써 사탄을 당혹스럽게 해 주십시오." 그러자 조금씩 돈이 들어오기 시작했습니다. 그리고 2년 후, 다른 건물이 세워지고 모든 비용이 다 지불되었을 뿐만 아니라, 350명을 더 수용할 수 있는 세 번째 건물의 준공이 시작되었습니다."

마침내 세 번째 건물이 완성되었습니다. 이제 저는 1,150명의 고아들을 수용할 수 있고, 모든 비용이 다 지불된 후에도 제 손에 대략 3억 원 정도의 돈이 남아 있었습니다. 그러나 놀랍게도, 900여 명의 고아들이 여전히 수용을 기다리고 있었습니다. 그때 제가 1,150명을 수용할 수 있었는데도, 아직 900명이 수용을 대기하고 있었습니다. 그래서 저는 다시 기도했습니다. "주님, 당신은 제가 어떻게 하기를 원하십니까? 저는 고아원 건물들을 원하지 않습니다. 그러나 만약 당신이 제가 계속해서 건물을 준비하기를 원하신다면, 여기 당신의 종이 항상 준비되어 있습니다." 제가 450명을 수용할 수 있는 두 건물들을 더 짓기 시작했습니다. 대기하고 있는 900명을 다 수용하기 위해서 그렇게 했습니다. 몇 년이 지난 후에 두 건물들이 완성되었고, 비용은 대략 100억 정도가 들었습니다. 이제 다섯 건물들은 2,050명의 고아들을 수용하고, 고아들을 도와주실 112명의 조력자들과 선생님들을 수용할 수 있습니다. 제 간절한 기도에 대한 응답으로 하나님께서 저를 위해서 기쁘게 허락해 주신 2,000억 원의 재물들, 단 한명의 인간에게도 구하지 않았음에도 불구하고, 오직 하나님께서 제게 주신 이 거대한 액수의 재물들을 보십시오. 오직 하나님께 감사할 뿐입니다.

이 브리스톨 도시 전역에서 제게 돈을 한 푼이라도 꾸어줬다고 주장할 수 있는 분은 없습니다. 심지어 영국 전역에서 제게 돈을 한 푼이라도 꾸어줬다고 주장할 수 있는 분도 없습니다. 하늘 아래 온 지구상에서 제가 돈을 빌려달라고 요청한 분이 하나도 없습니다. 하나님, 오직 하나님 한 분께만 저는 필요한 돈을 주시도록 기도했습니다. 제가 이렇게 한 이유는 제가 회심한 이후로 하나님의 교회를 위해서 가장 절실히 필요한 것은 믿음의 성장이라는 것을 알았기 때문입니다. 그러므로 저는 저의 전 생애를 하나님의 교회와 온 세상이 배워야 할 이 한 가지 위대한 교훈에 헌신했습니다: "참되고, 진실되고, 영원히 지속되는 하나님에 대한 전적인 의존 말입니다."

저는 이런 식으로 지난 68년을 살아 왔습니다. 하나님의 사역뿐만 아니라, 제 자신이 그때그때 필요한 것들과 제 가족의 모든 필요들을 저는 하나님께 의탁했습니다. 하나님은 반복해서 저를 도와주셨습니다. 또한 하나님은 저를 인도하셔서 많은 학교들을 세우게 하셨습니다. 하나님은 영국, 스코틀랜드, 인도, 말레이시아, 기아나, 스페인, 프랑스, 이태리, 그리고 그 외의 다른 많은 지역들에 걸쳐서 117개의 학교들을 저의 관할하에 두셨습니다. 이 학교들에서 122,000명의 젊은 친구들이 교육을 받았습니다. 이 122,000명의 젊은이들 중에서 20,000명이 회심한 것을 우리는 잘 알고 있습니다. 천국에서 저는 사오만 명의 다른 젊은이들을 만날 것을 기대합니다. 그러나 분명한 것은 이 젊은이들이 학교에 머무는 동안 20,000명 이상이 회심했다는 것입니다. 어떤 때는 한 학교에서 반 년 동안에 오육십 명이 주를 아는 지식을 얻게 되었습니다. 이런 식으로 하나님께서 이 교육 사역을 엄청나게 축복해 주셨습니다.

그리고 성경 보급에 관해서 한 말씀 드리면, 제가 다양한 언어들로 성경을 보급할 수 있도록 하나님께서 저를 축복해 주셨습니다. 1,440,000권의 신약 성경, 21,000권의 시편, 그리고 222,000권의 다른 성경 본문들을 지금까지 보급했습니다. 하나님께서 이 사역도 엄청나게 축복해 주셨는데, 특별히 스페인, 이태리, 그리고 아일랜드에서 그러했습니다. 선교 사역에 대해서 한 번 살펴볼까요. 저는 엄청난 숫자의 선교사들과 조력자들을 후원할 수 있었습니다. 다 합치면 대략 400억 정도를 선교 사역에 사용할 수 있었습니다. 소책자들을 보급하는 문제가 제 마음을 많이 움직였습니다. 하나님께서는 제가 일억 구백만 권의 경건 서적들과 팜플렛들과 소책자들을 보급할 수 있는 특권을 허락하셨습니다. 십만 구천 권이 아니라, 그 백배인 일억 구백만 권을요. 다양한 언어들로 보급된 일억 구백만 권의 책들은 너무나 엄청나서 지금 우리가 서 있는 이 장소가 다 수용하지 못할 정도입니다. 400개의 말 수레도 그것들을 다 끌 수 없을 것입니다. 이 정도로 많은 소책자들과 경건 서적들이 저를 통해서 보급되었습니다.

제가 지원한 사오백 명의 선교사들의 도움으로 수천 명의 영혼들이 예수께로 인도되었습니다. 고아원 사역에 대해서 말씀 드리자면, 저는 지금까지 9,750명의 고아들을 수용하였습니다. 지금 우리 고아원들이 한 번에 수용할 수 있는 숫자들에 비하면 그것은 적은 것처럼 보일 수 있습니다. 그 이유는 이렇습니다. 우리는 아주 어린 나이의 고아 소년

소녀들을 수용합니다. 그리고 종종 우리 고아원에는 15살, 16살, 때로는 17살의 소녀들이 수용되기도 합니다. 어떨 때는 17살 이상의 소녀들이 오기도 합니다. 비록 우리가 지구상에서 가장 큰 고아원을 가지고 있지만 총 인원수가 적은 이유가 바로 이것입니다. 우리가 아쉴리 다운 도시에 소유하고 있는 고아원과 비교될 만큼 큰 고아원이 이 땅에 존재하지 않습니다. 이 9,750명의 고아들 중에서 사오천 명이 예수를 아는 지식으로 인도되었습니다. 이천 명 이상이 이미 천국에 있습니다. 다른 이천 명 이상이 세상 곳곳에서 신자로 살고 있습니다. 현재 우리 고아원에는 천 명 이상의 신자가 있습니다.

여러분들을 격려하기 위해서, 그리고 특별히 죄인들의 회심을 위해서 저의 사랑하는 크리스천 친구들이 기도에 더 전념하도록 한 가지만 더 말씀드리겠습니다. 64년 7개월 전 제가 브리스톨 도시에 왔을 때, 우리는 주의 만찬을 함께 하기 위해서 모였습니다. 우리가 처음으로 모였을 때, 거기에 일곱 분이 계셨습니다. 우리 모두를 합쳐서 일곱 명이 있었습니다. 그때 이후로 6,000명 이상이 우리 교회에 동참하셨습니다. 이 사실이 우리가 앞으로 전진할 또 다른 격려가 되기를 원합니다. 벳세다에 세워진 모교회로부터 갈라져 나온 지교회들을 다 포함한다면, 수천 명이 더 포함될 것입니다. 그런 까닭에 이 사실이 우리의 기도를 위한 중요한 격려가 되기를 기원합니다. 처음 주의 만찬에 참석하기 위해서 모인 사람들의 숫자는 일곱 명이었습니다. 그때 이후로 회심하여 주의 만찬에 참석하게 된 수천 명의 사람들을 보십시오.

혹시 여기 모이신 분들 중에 아직도 믿지 않으시는 분이 계십니까?

기도에 대한 응답으로 하나님께서 행하신 것들을 보십시오. 사랑하는 형제자매들에게, 젊은이들과 나이 드신 분들에게 하나님께서 주시고자 하시는 것들을 보십시오. 만약 여러 분들 중에 주를 알지 못하는 분이 계시다면, 기도의 응답으로 하나님께서 무엇을 해주시기를 원하시는지 보십시오. 저는 지옥밖에는 받을 자격이 없는 보잘 것 없고 불쌍한 죄인에 불과합니다. 그러나 예수로 인하여 이 불쌍하고 보잘 것 없는 죄인에게 하나님께서 주신 것들을 보십시오. 저는 하나님을 신뢰합니다. 그러므로 하나님께서는 이 모든 것들을 제게 주셨습니다. 제게 주신 것들을 하나님께서는 여러분들에게도 허락해 주시기를 원하십니다. 아, 그로부터 오는 축복을 사모하십시오. 여러분이 간절한 기도로 그것을 소망한다면, 그가 여러분에게 그 축복을 주실 것입니다.

육체가 약하고 고통을 느끼며 건강이 필요한 분이 계신가요? 이 본문이 그런 분들에게 적용됩니다. "네 입을 크게 열라. 내가 채우리라." 이 말씀이 우리가 하나님의 때에 하나님의 방식으로 축복을 받을 것이라는 확신을 우리에게 줍니다. 왜냐하면 가장 어려운 상황 속에서 이스라엘인들을 애굽에서 구출해 내신 분이 바로 하나님이시기 때문입니다. 바로도 그의 신하들도 이스라엘인들을 보내는 것을 허락하지 않았습니다. 바로는 그들을 자신의 노예로 오랫동안 부려먹었고, 가장 곤고한 환경 가운데서 계속해서 일하도록 명령하였습니다. 성경이 우리에게 말하는 그들에게 명령되어진 것들은 다 엄격하게 행해졌습니다. 그들이 벽돌을 만들던, 들에서 일을 하던, 바로를 위하여 돌로 도시를 건설하던지 간에, 그런 가혹한 처사로부터 어느 누구도 도망치지 못했습니다.

그러나 여호와께서 모세와 아론을 통해서 바로에게 말씀하십니다. "그들을 보내라." 이에 바로의 대답은 하나님을 대적하는 것이었습니다. "나는 여호와를 알지 못한다. 나는 그들을 보낼 의사가 없다." 이 요청이 반복됨에도 불구하고 요청이 무시되자, 바로에게 심판이 임합니다. 그러나 바로는 개의치 않습니다. 한 가지 심판이 임하고, 다음, 또 다음 심판이 임합니다. 점점 더 심판의 강도가 강해지지만, 바로는 이스라엘인들을 풀어주지 않습니다. 마침내 가장 잔혹한 심판이 바로에게 임합니다. 전 이집트에 걸쳐서 모든 가정의 장자들이 한 밤에 다 죽임을 당합니다. 그 땅을 거니는 멸망의 천사에 의해서 다 죽임을 당하게 됩니다. 마침내 이스라엘인들이 애굽에서 떠나도록 허락됩니다. 그렇습니다. 만약 그들이 떠나도록 허락되지 않는다면, 모든 애굽인들이 다 죽을 것이라는 두려움이 있었기에 그들이 애굽으로부터 쫓겨나오게 됩니다.

이렇게 우리는 인간을 위하여 하나님께서 할 수 있는 것들을 봅니다. 그는 그토록 열악한 상황 가운데서도 수십만 명의 이스라엘 사람들을 노예와 속박의 상태에서 구출해 주셨습니다. 이 본문에서는 단지 하나님의 능력만이 아니라, 그의 사랑도 나타납니다. 이스라엘 사람들이 누구였나요? 그들이 애굽인들보다도 더 나은 사람들이었나요? 아닙니다. 사실 그들은 애굽인들보다도 더 악한 자들이었습니다. 왜냐하면 그들은 애굽인들보다도 더 하나님에 대해서 많이 알고 있었지만, 목이 곧고 반역하며 완고한 악한 사람들이었기 때문입니다. 그러나 이 모든 악함들에도 불구하고, 여호와는 그들을 애굽에서 구출해내셨습니다. 그들을 향한 하나님의 사랑과, 그가 아브라함과 이삭과 야곱과 맺은 언약 때문에 그렇게 하셨습니다. 그는 여호와, 곧 언약을 지키시는 하나님이시기 때문입니다. 이 사실을 통해 우리 자신들을 위한 특별한 격려를 볼 수 없으신가요? 그러므로 만약 우리가 우리의 몸과 연관하여 무엇인가가 필요하다면, 우리 하늘의 아버지에게 나아갑시다. 우리 가족을 위하여 무엇인가 필요한 것이 있나요? 우리 자녀들에 의해서 고통 받고, 남편이나 아내 혹은 친척들로 인하여 심하게 고통을 받았나요? 이 모든 것들을 하나님 앞에 가지고 갑시다. 이 문제들에 대해서 서로서로에게 수다 떨면서 불평해 보아야 아무런 소용이 없습니다. 불평하는 대신 이 문제들을 가지고 하나님께 나아가 기도하도록 합시다. 도움과 위로를 위하여 하나님을 바라보고 반복해서 기도합시다. 그의 은혜의 풍성함 속에서 하나님께서 당신을 당신의 시련들로부터 구출해 주시도록 말입니다.

다른 문제이지만, 우리의 사업이나 이 땅에서의 직업, 직장의 문제에 대해서 생각해 봅시다. 이런 일들 가운데 혹시 무슨 특별한 어려움들을 경험하고 있나요? 경쟁, 어려운 시기들, 그리고 무역이나 사업에서 관찰된 속임수들에 대해서 계속해서 떠들거나 회피하지 말고, 이 문제를 주님께 가지고 갑시다. 애통해하면서, 조용히, 조심스럽게, 그리고 복종하는 모습으로 행동하면서, 반복해서 그 문제를 하나님 앞으로 가지고 가서 그 앞에 내려놓읍시다. 그러면 이것이 우리가 발견할 수 있는 최선의 해결책임을 알게 될 것입니다. 그리고 이 원칙은 이 땅에서 일어나는 일상적인 순간적인 문제들뿐만 아니라, 영적인 문제들에도 적용되어야 합니다. 예를 들어, 우리가 영적인 갈등에 직면할 때 이 은혜로운, 아니 가장 은혜로운 약속을 기억하는 것보다 더 좋은 것은 없습니다. "네 입을 크게 열라. 내가 채우리라." 우리는 우리 자신 안에서 자연적인 악의 경향성들을 느끼고, 고통스러워합니다. 우리는 그것들을 극복해보려 하지만, 너무도 약한 우리 자신들의 모습만을 발견할 뿐입니다. 그렇지만 하나님은 우리를 도우실 수 있고, 또 우리를 이 모든 것들로부터 건져내실 것입니다. 우리의 본문이 말합니다. "네 입을 크게 열라. 내가 채우리라." 이 본문은 우리가 하나님 앞으로 나아가서 우리의 악한 경향성들을 극복할 위대한 축복들을 간구하도록 격려합니다. 이 말씀은 우리로 하여금 하나님께서 얼마나 즉각적으로 우리를 돕기를 원하시는지를 발견하게 하실 것입니다. 또한 우리의 자만, 교만, 무관심, 방탕함, 그리고 자연적인 악한 경향성을 즐기는 것들을 하나님의 능력이신 성령에 의해서 극복하게 하실 것입니다.

그리고 이제 주일학교 교사로서, 소책자를 나누어주는 자로서, 그리고 아픈 자들을 방문하는 자로서 우리가 주를 위하여 행하는 수고와 봉사와 일들에 대해서 생각해 봅시다. 이 모든 일들에서 우리는 하나님으로부터 도움을 얻을 수 있습니다. 너무도 연약한 우리 자신들을 위해서 하나님의 도움을 올바른 방식으로 추구하도록 합시다. 하나님의 교회의 선생들로서, 목사로서, 그리고 어떤 종류의 영적인 일의 일꾼으로서 우리는 기도에 대한 응답으로 하나님으로부터 도움을 얻을 수 있습니다. 우리가 "우리의 입을 크게 열면," 그 본문이 성취되는 것을 발견하게 될 것입니다.

이 약속과 연관된 두 번째 요점에 대해서 살펴봅시다. "그가 채우실 것이다." "네 입을 크게 열라. 내가 채우리라." "내가 채우리라." "내가 채우리라." 이 본문에서 하나님은 "아마도 내가 채워줄 것이다." 혹은

"내가 채워줄 수 있을지 한 번 볼게"라고 말하지 않습니다. 이 본문에 담긴 약속은 이런 종류의 불확실한 약속이 아닙니다. 그는 "만약 네가 이 일, 혹은 저 일을 하면, 내가 채우리라"라고 말씀하시지 않습니다. 우리는 우리의 입을 크게 연 후에 우리 스스로 그 입을 채워야 할 필요가 없습니다. 그 말은 우리가 우리 자신들의 능력과, 힘과, 기술로 그 약속의 성취를 이루어야 할 필요가 없다는 것입니다. 오직 그가 하실 것입니다. 우리는 기도의 응답을 위하여, 하나님의 사랑하는 자녀들이 종종 실수 하듯이, 우리의 동료들을 쳐다볼 필요가 없습니다. 그들은 자신들의 눈을 하나님의 전능하신 능력과 사랑의 마음에 고정시키는 대신에, 동료들을 바라봅니다. 그들은 자신들의 기도의 응답을 위하여 동료들을 바라봅니다. 그러나 하나님은 말씀 하십니다. "내가 채울 것이다." 우리는 매일의 일상들에서 상황이나 우연을 쳐다볼 필요가 없습니다. 단지 우리의 눈이 향해야 할 대상은 하나님이십니다. 왜냐하면 하나님께서 "내가 채우리라"라고 약속하셨기 때문입니다. "내가 채우리라." "내가 채우리라."

이 약속과 연관된 세 번째 요점으로, 우리는 우리의 입이 한 순간에 다 채워지지 않았다고 해서 낙심해서는 안 됩니다. 우리는 기도의 응답이 즉각적으로 오지 않았다고 해서 낙심해서도 안 됩니다. 그리스도 안에서 사랑하는 형제자매들이여, 신약과 구약의 기도와 연관해서 우리에게 주어진 수백 개의 약속들 중에서 단 한 본문에서도 언제 그가 응답을 주실 지에 대한 시간을 정하지 않고 있음을 주목하십시오. 하나님은 모든 응답에 대한 약속의 본문들에서 "내가 하겠다." "내가 응답하겠다"라고 말씀하십니다. 그는 결코 "어떤 특정한 때에 내가 응답하겠다." 혹은 "어떤 특정한 때에 내가 네 입을 채우겠다"라고 말씀하지 않습니다. 너무도 종종 기도의 응답이 하나님에 의해서 지연됩니다. 응답이 지연되는 이유는 기도의 응답이 올 때, 그 응답이 즉각적으로 올 때보다도 더 우리에게 완벽하게 들어맞고 더 좋아 보이게 하기 위해서입니다. 기도의 응답이 지연되는 또 다른 이유는 믿음과 인내의 사용을 통해서 우리의 믿음과 인내가 더욱더 계발되고, 더욱더 증가하기 위해서입니다. 세상은 우리가 특별한 시련과 어려움들 속에서 어떻게 행동하고 무엇을 하는지를 주목하여 봅니다. 만약 그들이 우리가 발을 동동 구르지 않고, 아무런 불평이나 원망이 없이 기다리는 것을 보게 된다면, 그들은 우리가 하나님의 일들을 추구하고 있다는 것을 알게 될 것입니다. 그리고 이것은 또 다른 축복으로 연결됩니다. 왜냐하면 이렇게 해서 우리는 우리 동료들의 손을 더 강하게 해 줄 수 있기 때문입니다.

아주 종종 하나님의 자녀들의 경험에서 기도의 응답들이 지연되곤 합니다. 왜냐하면 그들의 마음이 축복을 받는 것에 대해서 아직 준비되지 않았기 때문입니다. 제가 하나 예를 들어 말씀하겠습니다. 새로운 젊은 회심자 한 사람이 주일학교에 봉사하러 간다고 합시다. 그는 기도의 응답에 대해서 아주 많이 듣게 되었고, 그 응답들을 체험해 보고자 기도하기 시작합니다. 그는 자신의 공과공부 반의 모든 어린이들이 즉각적으로 회심하는 것이 하나님을 기쁘시게 할 것이라고 믿고 기도하기 시작합니다. 그가 기도를 시작한 첫 번째 주일날, 그는 그들이 아직 다 회심하지 않은 것을 발견합니다. 두 번째 주일날도, 세 번째 주일날도, 그리고 네 번째 주일날도 그의 기도가 응답되지 않습니다. 그는 이제 마음의 시련을 겪고 심란한 상태에 빠집니다. 그는 스스로에게 말합니다. "나는 내 반의 모든 어린이들이 회심하기 위해서 아주 열심히 기도했어. 그렇지만 매 주일날 아이들이 아직 회심하지 않은 것을 계속해서 발견하게 돼. 어떻게 이럴 수가 있지?" 응답이 없는 이유는 아직 이 젊은 형제가 축복을 받을 마음의 준비가 되지 않았기 때문입니다. 만약 그 학급 전체가 그렇게 쉽게 주 예수 그리스도를 아는 지식에 이르게 된다면, 그는 자기 자신에게 그 공적을 돌릴 것입니다. 그는 자신을 바라보면서, 자신이 얼마나 훌륭한 선생인지, 또 그 아이들의 회심에서 자신이 얼마만큼 이룰 수 있는지에 대해서 말하기 시작할 것입니다. 사실은 이 모든 것들이 다 성령의 능력으로 이루어졌는데도 말입니다. 그의 마음이 축복을 받을 준비가 아직 되어 있지 않습니다. 그래서 그 축복이 지연되고 있는 것입니다. 그렇지만 이 젊은 형제로 하여금 계속해서 하나님께 기도하게 하면서, 죄인들을 회심시키는데 있어서 자신이 아무것도 할 수 없다는 것을 알게 하십시오. 모든 것이 오직 성령의 능력으로만 이루어질 수 있다는 것을 깨닫게 해 주십시오. 그러면 축복이 임하여 그 반의 모든 학생들이 회심할 때, 그는 모든 영광과 명예를 하나님께 돌릴 것입니다. 그러므로 우리의 기도 응답에 대한 장애물이 우리 자신들 안에 존재하는 것을 우리는 너무도 종종 발견하게 됩니다. 우리의 마음이 아직 응답의 축복에 준비되지 않은 것입니다.

하나님이
응답하시는
기도

# 05 보라, 어떠한 사랑을 베푸셨는지를[7]

"보라 아버지께서 어떠한 사랑을 우리에게 베푸사 하나님의 자녀라 일컬음을 받게 하셨는가, 우리가 그러하도다. 그러므로 세상이 우리를 알지 못함은 그를 알지 못함이라. 사랑하는 자들아 우리가 지금은 하나님의 자녀라 장래에 어떻게 될지는 아직 나타나지 아니하였으나, 그가 나타나시면 우리가 그와 같을 줄을 아는 것은 그의 참모습 그대로 볼 것이기 때문이니. 주를 향하여 이 소망을 가진 자마다 그의 깨끗하심과 같이 자기를 깨끗하게 하느니라."(요일 3:1-3)

이 구절들에 담긴 진리에 대해서 우리가 반복해서 상기할 필요가 있기에, 하나님은 이 작은 본문에 우리의 관심을 집중시키기 위하여 특별한 단어 하나를 본문의 제일 앞에 위치시킵니다. "보라." 마치 여기서 하나님은 이렇게 말하고자 합니다. "나의 사랑하는 자녀들아, 내가 너희들 손에 넣어준 하나님의 계시된 뜻의 전부가, 곧 성경 전체의 메시지가 다 중요하니 자주 읽고 묵상하도록 하여라. 그렇지만 이 눈물의 계곡을 지나가면서 너희들이 발견하게 될 많은 어려움들과 영적인 미숙함들 때문에, 너희가 종종 특별하게 묵상할 필요가 있는 본문들이 있다. 너희들의 연약함 때문에 내가 너희들의 관심을 그런 본문들에 집중시킨다."

---

7  1987년 4월 11일 주일 저녁, 브리스톨 시의 그레이트 조지가에 위치한 베데스다 채플에서 전해진 조지 뮬러의 설교.

그러니 이제 이 세 절의 작은 본문을 묵상하고, 또 특별히 묵상하도록 합시다. "보라!", "이 본문을 주의 깊게 보고, 묵상하고, 반복해서 기도하고, 지금까지 했던 것보다도 더 너희들의 마음판에 깊이 새기도록 하여라." 이렇게 우리 아버지께서 우리들에게 말씀하십니다. "아버지께서 어떠한 사랑을 우리에게 베푸사 하나님의 자녀라 일컬음을 받게 하셨는가." 이 부분은 가장 먼저 우리의 관심을 기울여야 할 중요한 부분입니다. 만약 하나님께서 우리를 용서하셨고, 우리의 헤아릴 수 없는 죄들에 대한 형벌이 우리에게 임하지 않았고, 더 이상 임하지 않을 것이라면, 이것은 참으로 놀라운 은혜일 것입니다. 그렇지만 하나님께서는 이것보다도 훨씬 더 놀라운 일을 행하셨습니다. 그래서 이렇게 기록되었습니다. "어떠한 사랑을 베푸셨는지를." 이 메시지의 위대함은 주께서 우리의 헤아릴 수 없는 죄악들을 간과하시고, 그 모든 죄악들을 다 용서해주셨다는 것입니다. 따라서 우리는 우리가 잘못한 그 어떤 죄들의 천분지 일에 대해서도 책임질 필요가 없다는 것입니다. 행동과 말과 생각을 통한 그 어떤 죄에 대해서도 책임을 묻지 않겠다는 것입니다. 나아가 하나님은 우리를 그의 친 자녀들로 삼아, 하늘의 가정으로 인도해 주셨습니다. 우리는 본성상 하나님을 대적하고, 그의 사랑을 경멸하며, 하나님에 대해서 조금도 생각하지 않습니다. 우리는 하나님에 대한 이런 혐오와 경멸을 날마다 우리 자신들이 원하는 길로 가면서, 그가 보시기에 혐오스러운 일들을 하면서 증명하고 있습니다. 그러나 우리는 단지 우리의 죄에 대한 용서를 받고, 우리가 말과 행동과 생각과 느낌과 갈망과 죄악된 경향성을 통하여 저지른 수만 가지의 죄악들에 대해서 처벌 받지 않을 뿐만 아니라, 그의 친 자녀들이 되어 하늘의 가정으로 인도되었습니다. 우리의 이름뿐만 아니라, 우리의 실체가 하나님의 자녀들이 된 것입니다. 성령의 능력으로 복음에 대한 믿음을 통하여 그는 우리를 다시 살리시고, 그리스도 안에서 새로운 피조물로 창조하시고, 우리를 그의 친 자녀들로 만들어 주셨습니다. 단지 우리를 그렇게 칭하실 뿐만 아니라, 우리를 그의 친 자녀들로 만드셨습니다. 그리고 우리에게 영적인 생명과 하늘에 속한 생명을 주셔서 우리로 그의 친 자녀들이 되게 하셨습니다.

이 사실은 우리가 깊이 묵상해 보아야 할 놀라운 은혜입니다. 이 메시지가 바로 하나님께서 오늘 우리가 가볍게 지나치지 말고, 깊이 묵상하고 또 늘 생각하여 우리가 영광의 집에 이르기까지 우리 마음에 새겨 두기를 원하시는 것입니다. 이것이 바로 "어떠한 사랑", 즉 "아버지께서 우리에게 베푸신" 그런 종류의 사랑입니다. 오 주여, 우리로 하여금 지금까지 이 본문을 묵상해 온 것보다 천배 이상으로 더 묵상하도록 우리를 도와주시옵소서. 오 주여, 우리를 도우사 성령의 능력으로 이 본문을 우리의 가슴에 깊이 새겨 주십시오. 그리고 우리가 지금까지 해온 것보다도 더 깊이 묵상하고 기도하면서, 우리 가슴 속에 풍성하게 이 말씀이 거하도록 도와주셔서, 우리의 마음이 과거에 가져보지 못한 당신을 향한 놀라운 사랑과 감사로 채워지게 해 주소서. 예수 그리스도의 이름으로 우리에게 이 기도의 응답을 허락해 주실 것을 당신께 간청합니다.

"보라, 어떠한 사랑을 아버지께서 우리에게 베푸셨는지를." 이제 한 가지 적용의 메시지를 제시하고자 합니다. "우리에게 허락된." "우리에게 허락된"의 의미에 대해서 살펴보도록 합시다. 이 메시지는 사실 하나님의 은혜로 제가 여러분 앞에서 고백할 수 있는 메시지입니다. 또한 이 메시지는 하나님의 은혜로 여기 계신 많은 분들이 고백할 수 있는 것입니다. 그렇지만 여기 계신 모든 분들이 다 이 고백을 자신의 입으로 말 할 수 있습니까? 제가 바라는 것, 즉 제가 하나님께서 여기 계신 모든 분들에게 허락해 주시기를 위해서 기도하는 것은 여러분 모두가 다 "내게 허락되었다"라고 고백할 수 있는 것입니다. 아, 이 사실이 얼마나 우리를 행복하게 만들어줄까요! 이 고백이 우리로 하여금 얼마나 하늘에 있는 것들을 생각하고, 이 세상에 대해서는 죽도록 우리를 만들어 줄까요! 단지 조금만으로도 그것은 우리로 하여금 과거 우리의 모습보다도 훨씬 더 그리스도를 닮아 가게 만들어 줄 것입니다. "우리에게 허락된." 우리와 같은 죄인들이, 본질상 반역하는 우리 같은 죄인들이 하나님의 아들과 딸로 불립니다. 아니, 더 정확하게는 하나님의 자녀들이라고 해야겠습니다. 왜냐하면 이 축복이 단지 믿는 형제들뿐만 아니라, 주 예수를 사랑하고 영혼의 구원을 위하여 그를 신뢰하는 자매들에게도 임했기 때문입니다. 그래서 우리는 하나님의 자녀들로 불려야 합니다. 얼마나 가치 있는 것인지 모릅니다. 우리가 하늘의 가정에 속한다는 사실은 말로 표현할 수 없는 축복입니다.

본질상 우리 모든 개인들은 다 유대인들과 같습니다. 주께서 한 번 그들에게 "너희들의 아버지는 마귀이다. 왜냐하면 그의 일을 너희가 하고, 그의 마음을 따라 너희가 행동하고, 너희 아버지 마귀를 따라 너희가 행하기 때문이다"라고 말씀하셨습니다. 이것이 주께서 말씀하신 이스라엘 사람들에 관해서만 한정되는 사실이 아니라, 우리에게도 적용되는 사실입니다. 왜냐하면 우리도 과거에는 주 예수를 믿는 자들이 아니었기 때문입니다. 그러나 현재 우리는 우리 자신들을 하나님의 자녀들이라고 부르고, 하나님을 우리의 아버지라고 부를 수 있습니다. 만약 우리가 우리 영혼의 구원을 위하여 주 예수 그리스도를 신뢰하지 않는다면, 위의 고백은 사실이 아닐 것입니다. 그렇지만 우리가 주 예수 그리스도를 믿는 그 순간에 우리가 오랫동안 얼마나 많은 죄 가운데 살았던지 간에, 우리의 죄들이 얼마나 다양하던지 간에, 그리고 그 죄들이 얼마나 거대한 것들이던지 간에 상관없이, 모든 죄들이 다 용서 받습니다. 우리는 예수를 주로 영접함으로써 다시 살아나고, 하나님의 자녀들이 되어 하늘의 가정에 속하게 됩니다.

그리고 성령께서 사도들 통하여 더 말씀하십니다. "그러므로 세상이 하나님을 알지 못하므로, 우리도 알지 못한다." 하나님의 자녀들은 세상에 알려지지 않습니다. 왜냐하면 아버지가 그들에게 알려지지 않았기 때문입니다. 사람들이 주 예수 그리스도를 믿는 자들이 아니라면, 그들은 하나님의 자녀들을 하나님의 자녀들로 알지 못합니다. 그들이 하나님의 자녀들의 이름과 직업, 어디 사는지, 그리고 어떻게 옷을 입는지와 같은 사람의 외적인 것과 지금 현재에 속한 것들에 대해서는 알 수 있습니다. 그러나 그들이 하나님의 자녀들인지 아는 문제에 있어서는 회심하지 못한 자들은 예수를 믿는 성도들을 알 수가 없습니다. 그 이유는 다음과 같이 주어집니다. "왜냐하면 그들이 자녀들의 아버지를 알지 못하기 때문이다." 그들은 전능하신 하나님과 주 예수 그리스도를 알지 못합니다. 그러므로 그들은 하나님의 자녀들을 하나님의 자녀들로 신실로, 그리고 실제적으로 알지 못합니다. 신성한 생명은 불경건한 생명에 의하여 분별될 수 없습니다.

사랑하는 형제자매들이여, 우리는 이제 하나님의 자녀들입니다. "이제", 이 작은 단어 "이제"는 우리의 특별한 관심을 요하고, 우리가 특별하게 붙잡고 묵상해야 할 단어입니다. 이 단어는 우리가 아직 육체 가운데 거하는 동안에, 즉 우리가 육체의 약함 속에서, 여러 가지 면에서 많은 연약함들 가운데 처하게 된 상황 속에서, 그리고 주 예수 그리스도를 향한 참된 성도들임에도 불구하고 약하고 무기력한 상황 속에서 무지함에 거하는 동안에도, 우리가 여전히 하나님의 자녀들이라는 것을 알려줍니다. 비록 우리가 이 서신서를 기록한 요한이나 바울, 혹은 베드로와 다르게 우리의 모든 연약함과 부족함과 실패와 실수들에도 불구하고, 우리가 우리 영혼의 구원을 위하여 주 예수 그리스도에게 우리의 신뢰를 두는 한 우리는 이미 이 육체 가운데 거하는 동안에 진실로, 그리고 참되게 하나님의 자녀들입니다. 정말 가치 있는 진리는 이것입니다. "이제"라는 이 작은 단어 하나를 믿음을 가지고 붙들고, 우리 마음속에서 반복해서 묵상하여 잃어버리지 말아야 합니다. 우리는 우리가 죽을 때에라야, 혹은 주 예수 그리스도께서 다시 오실 때에라야 우리가 하나님의 자녀들이 된다고 가정하지 말아야 합니다.

아니요, 우리는 이미 하나님의 자녀들입니다. 여러분들이, 비록 가장 어린 신앙인이라고 할지라도, 이 사실을 알게 될 때, 이 사실은 우리의 아버지가 하늘에 계시고, 이 하늘에 계신 우리의 아버지는 바로 전능하신 하나님이심을 의미합니다. 이 사실이 얼마나 놀라운 것인지를 보십시오. 우리의 아버지는 모든 것을 할 수 있습니다. 그는 무한히 현명하시고, 무한히 부자이시며, 무한히 전능하십니다. 하나님은 당신의 자녀들 중 가장 약하고 연약한 자들을 향해서도 무한한 사랑으로 충만하십니다. 그러므로 만약 제가 육체에 어떤 고통을 안고 있다면, 저로 하여금 저의 하늘의 아버지에게 가서 이 문제에 대해서 어린아이와 같은 단순함으로 말하게 하십시오. 저는 그가 은혜롭게 그 고통을 줄여주시거나 제거해 달라고 간구할 것입니다. 만약 그렇게 하는 것이 그에게 영광이 되고, 또 저에게 참된 선을 이룬다면, 저는 그렇게 간구할 것입니다. 그러나 만약 육체의 질병이 꼭 필요한 것이라면, 제가 그 고통에 의하여 정복당하지 않고 잘 견딜 수 있도록 기도할 것입니다. 특별히 저는 제가 고통을 회피하거나 불평하거나 원망하지 않고, 결국에는 저를 위하여 선을 이루도록, 하나님의 사랑하는 손으로부터 제게 주어진 축복으로 여기게 해 달라고 기도할 것입니다.

만약 우리의 가정이 시련을 겪고 있다면, 우리는 우리 자신들에게 말해야 합니다. "우리 가정의 시련은 우리가 감당하기에 너무 무거운 것일 뿐만 아니라, 내 스스로가 감당하기에도 너무 무거운 것임이 판명될 것이야. 그러기에 나는 이 문제를 나의 하늘 아버지의 손에 의탁할 것이다. 그리고 만약 하나님께 영광과 찬송이 되고 내게 진정한 축복이 된다면, 그가 은혜롭게 이 시련을 제거해 주시기를 위하여 기도할 것이다." 하나님은 그렇게 하실 수가 있습니다. 왜냐하면 그는 모든 것을 할 수 있고, 또 그는 이미 자신의 독생자를 보존하지 않으시고 우리 모두를 위하여 내어주심으로써 그의 사랑의 깊이를 증명하셨기 때문입니다.

사업을 하거나 직업적인 업무를 수행하다가 우리는 무역과 사업과 업무와 연관된 어려움들에 직면할 수 있습니다. 그러나 우리에게 주어진 위대한 진리는 우리가 그 짐들을 스스로 져야 하는 것이 아니라, 주님께 내어 드릴 수 있다는 것입니다. 그는 기꺼이 우리를 보존하시기를 원하시고, 또 도와주시기를 원하십니다. 그렇게 하여 우리는 평화롭고 조용하게 인생을 헤쳐 나가면서, 도망치거나 불평하거나 원망하지 않은 채, 하나님께서 우리를 다루시는 것에 만족할 수 있습니다. 만약 우리가 우리의 짐을 그에게 넘기고, 우리 스스로 그것을 해결하려고 시도하지 않는다면 말입니다. 이것이 바로 우리가 해야 할 일입니다. 이것이 성령에 의해서 여기 다음과 같이 적혀 있는 많은 이유들 중 하나입니다: "이제 우리는 하나님의 자녀들이다." 이 말은 우리가 아직 육체 가운데 있을 때, 아직 우리가 시련과 어려움에 둘러 싸여 있을 때에도 우리가 하나님의 자녀들이라는 것입니다. 아! 이 작은 단어 "이제"가 얼마나 소중한지요! 이 단어는 진리의 심오한 가르침을 그 안에 풍성하게 담고 있습니다.

또한 비록 우리가 거듭났다 할지라도, 우리는 여전히 영적인 갈등을 가지고 있고 우리의 자연적인 악한 경향성들이 여전히 우리 안에 존재하고 있습니다. 옛 본성이 우리 안에서 아직 제거되지 않았고, 주 예수 그리스도를 향한 믿음을 소유하기 전처럼 여전히 우리 안에 남아 있습니다. 우리가 거듭났고 중생했으며 영적인 생명을 가지고 있다는 것은 사실입니다. 그러나 우리의 옛 본성이 아직 죽지 않았고, 여전히 우리 안에 존재하고 있다는 것도 사실입니다. 우리의 옛 본성은 오직 기도와 하나님의 말씀에 대한 묵상과 성찰, 그리고 계속해서 믿음을 실행함으로써만 제거됩니다. 그러므로 우리 안에 있는 악하고 타락한 옛 본성에 관하여 시련이 닥쳐올 때, 우리는 단순하게 하나님 앞에 그 시련들을 펼쳐놓고 기도해야 합니다.

"하늘에 계신 나의 아버지, 저는 제 안에 아무런 힘을 소유하고 있지 않습니다. 그렇지만 당신에게는 전능한 힘이 있고, 당신의 마음은 저를 향한 사랑으로 가득 차 있습니다. 당신은 저를 예수께로 데려감으로써, 그리고 이 가난하고 불행하며 죄 많은 죄인인 제게 예수를 허락하심으로써, 저를 향한 당신의 놀라운 사랑을 증명하셨습니다. 이제 저의 영적인 갈등 가운데서 저를 도와주십시오. 저는 저의 영적인 약함 때문에 마귀의 이 간교함에 의해서 제압당하지 않기를 바랍니다. 아, 저를 도와주십시오! 저를 도와주십시오. 저를 도와주십시오!"

우리가 무엇을 발견하게 될까요? 주께서는 기꺼이 우리를 도와주시고자 합니다. 주께서는 기꺼이 우리를 도와주시기를 원하십니다.

저는 그리스도 안에서 젊은 형제자매들에게 어떻게 하나님께서 저를 도와주셨는지에 대해서 확증하고자 합니다. 자그마치 71년 5개월 동안, 하나님은 셀 수 없이 많이, 특별히 제 안에 신성한 생명이 시작될 그때에 더욱더 저를 도와주셨습니다. 회심하지 않은 젊은이로서 제가 빠져 있던 악한 습관들, 즉 제 인생의 20년째 되던 해 마지막까지 제가 유지하던 불경건한 삶의 방식 때문에 저는 제가 유지했던 악한 경향성들을 극복하는 일에 엄청난 어려움을 겪었습니다. 비록 제가 진실로 하나님의 자녀로서 죄를 미워하고 거룩함을 사랑했음에도 불구하고 말입니다.

그때 제 상황은 이러 했습니다. "아, 결코 상황은 달라지지 않을 거야. 내 기도는 결코 응답되지 않을 거야." 그러나 하나님의 은혜로 저는 저의 짐을 그에게 떠넘기고, 계속해서 그를 찾을 수 있었습니다. 그러자 조금씩 조금씩 이 악한 경향성들이 정복되기 시작했습니다. 정말로 조금씩 조금씩 악한 경향성들이 정복되고, 악한 경향성들이 완전히 제압 되는데에는 아주 많은 시간이 필요했습니다. 그렇지만 하나님께서 저를 도와주셨습니다. 제가 이것을 언급하는 이유는 특별히 최근에 회심한 젊은 성도들이 절망하지 않고 하나님의 위로와 격려를 얻고, 하나님으로부터 오는 도움을 기대하기를 바라기 때문입니다. 왜냐하면 그는 우리를 도와주실 능력이 있으시고, 또 기꺼이 도와주시기를 원하시기 때문입니다. 우리가 우리의 약함과 무기력함 가운데서 주께 나아가는 동안, 우리는 결코 악한 경향성에 의하여 정복당하지 않을 것입니다. 왜냐하면 우리는 이제 하나님의 자녀들이고, 그의 영광이 마침내 우리의 것이 될 것이기 때문입니다.

이 말은 우리의 생이 끝날 때 우리가 하나님의 자녀들이 된다는 것이 아닙니다. 아니, 우리가 아직 육체 가운데 거할 때, 여전히 우리가 이 땅에 살고 있을 때, 우리가 엄청난 약함과 무기력함, 그리고 많은 것들에 대한 무지함 가운데 거할 때에도 말입니다. 그리고 사탄이 아직 끝없이 깊은 웅덩이에 던져지지 않고 여전히 우리를 향한 힘을 소유하고 있을 때, 바로 이때에도 우리가 하나님의 자녀이기 때문에 언제든지 우리가 필요할 때에 하나님으로부터 도움을 받을 수 있다는 것입니다. 아, 이 말씀이 우리에게 얼마나 위로가 되는 말씀인지요. 그러므로 우리는 계속해서 이 말씀을 묵상하고, 이 말씀을 망각하지 않도록 노력합시다.

우리가 연약함 가운데서도 "사랑 받는 지금," 아직 마귀가 강력한 능력을 소유하고 있는 "이때에", 그리고 우리가 그런 엄청난 무지함 가운데 살고 있는 바로 "지금", "우리는 하나님의 자녀입니다. 물론 현재 우리의 모습은 미래에 이루어질 우리의 모습과는 다를 수 있습니다." 비록 우리가 하나님의 자녀들이고, 그런 가운데서도 많은 특권들을 소유하면서 지혜와 충고와 도움과 힘을 구하고 어려움들로부터의 구원과 우리의 육적인 영적인 필요에 따른 공급을 위하여 하나님께 계속해서 나아갈 수 있을 것입니다. 그러나 우리가 '이미' 누리는 위대한 특권들과 이 모든 도움들은 우리가 '나중에' 소유하게 될 것들에 비교하면 미미하기 그지없습니다. 그러므로 우리는 다음 사실에 대해서 숙고해 보아야 합니다. 한편으로 우리는 "이제"라는 단어를 망각하지 말아야 하는 반면에, 다른 한편으로는 "아직 우리는 장차 우리가 될 것과 같지 않다"라는 말씀을 결코 망각하지 말아야 합니다.

그렇다면 장차 우리가 될 것은 무엇을 말할까요? 이 불쌍하고 가치 없는 벌레 같은 제가 나중에 될 모습은 무엇일까요? 저처럼 무지한 존재가 장차 알게 될 것들은 무엇일까요? 저처럼 약하고 실수하고 늘 넘어지는 존재 안에서 장차 발견될 것은 무엇일까요? 아, 이것은 심각하게 중요한 것입니다. "우리가 장차 될 바는 아직 나타나지 않았다." 우리의 몸에 관해서 이것은 무엇을 말하는 것일까요? 우리의 영적인 힘에 관해서는 무엇을 말하는 것일까요? 모든 면에서 이 말이 뜻하는 바는 무엇일까요? 장차 영원한 축복이 우리에게 영원히 주어질 것입니다.

"장차 우리가 될 것이 아직 나타나지 않았으나, 우리는 그가 나타나실 때에 우리가 그와 같을 줄을 안다. 왜냐하면 우리가 그를 그의 계신 그대로 볼 것이기 때문이다." 예수가 다시 오실 때, 우리는 그와 같을 것입니다. 그가 부활 이후로 소유하게 된 그의 영광의 몸처럼 우리의 몸도 그러할 것입니다. 우리는 몸의 질병 때문에 종종 고통 가운데 거하게 되고, 우리의 약함과 질병이 우리가 아직 본향에 이르지 못했고, 영광스러운 몸을 소유하지 못했다고 계속 상기시켜 줍니다. 아, 그러나 한 날이 우리에게 다가 오고 있으니, 그 날에는 일말의 불편함도, 고통도, 고난도, 약함도, 그리고 무기력도 우리 안에서 발견되지 않을 것입니다. 왜냐하면 우리는 주의 부활 이후로 그가 소유하고 계신 영광의 몸과 동일한 영광스러운 몸을 소유하게 될 것이기 때문입니다. 이것이 얼마나 소중하고, 영광스러운 기대입니까.

장차 우리가 소유하게 될 몸은 주의 부활 이후로 주께서 소유한 몸과 같을 것이므로, 우리는 어떤 피곤함도 알지 못할 것입니다. 현재 우리는 기쁘고 즐겁게 여덟, 열, 혹은 열두 시간, 어떤 때는 열네 시간, 혹은 심지어 열여섯 시간 동안 일할 수 있습니다. 그러나 마침내 연약함이 우리의 몸에 찾아오게 됩니다. 우리가 아직 영광스러운 몸에 거하지 않고, 부끄러운 육신에 거하고 있기 때문입니다. 그러나 그때에는 하루에 24시간을 일하고, 다음날도, 그 다음날도 똑같이 일하며, 매 주를 그렇게 일할 수 있는 능력 있는 몸을 소유하게 될 것입니다. 심지어는 매달 30일씩 하루 종일 일할 수도 있을 것입니다. 매 달을, 매 해를, 그리고 백 년, 천 년, 백만 년, 그리고 그 이후 또 다른 천 년을 일하며, 영원토록 일할 수 있을 것입니다. 우리의 영광의 몸 안에서 계속해서 하나님의 영광을 위하여 영원토록 일할 수 있을 것입니다. 우리가 이것을 마음으로 생각할 때, 이 얼마나 밝고, 축복된, 그리고 영광스러운 일들입니까. 아,

일말의 약함과 피곤함과 고통이 없이 영원히 하나님을 위하여 일한다는 생각이 얼마나 우리를 기쁘게 해 주는지 모릅니다.

그러나 이것은 장차 우리가 될 바의 단지 한 부분에 불과합니다. 우리의 미래의 될 바의 또 다른 면은 다음과 같을 것입니다. 우리는 주 예수 그리스도께서 이 땅에 계셨던 33년 6개월 동안 거룩하셨던 것처럼 완전하게 거룩해질 것입니다. 그가 이 땅에 사실 때, 어떤 작은 허물도 그의 행동 가운데 발견되지 않았고, 그가 말했던 것들 중에서 하나님의 마음과 대치되는 그 어떤 것도 발견되지 않았습니다. 그의 생각과 갈망과 소망에서 하나님의 마음과 반대되는 어떤 것도 발견되지 않았습니다. 우리의 복된 구주께서 여기 이 땅에 거하셨던 모든 시간 동안 그의 모든 것이 하나님의 마음과 일치했습니다. 우리 약하고 보잘 것 없는 자들은 항상 약하고 보잘 것 없는 상태로 머물지 않고, 그처럼 거룩하고 흠 없고 점 없고 사랑스러운 자들이 될 것입니다. 그렇습니다. 하나님의 사랑스러운 자들이 될 것입니다. 얼마나 달콤한 일입니까! 우리가 하나님의 사랑스러운 자들이 되는 이유는 그리스도의 매력이 우리에게 덧입혀졌기 때문입니다. 아, 이 얼마나 고귀한 말씀입니까! 우리가 이 사실들을 우리 마음에 더 깊이 새기고, 그 안에 거하게 되면, 우리의 마음은 하루 종일, 그리고 날마다 평화와 기쁨으로 충만해질 것입니다.

이런 이유로 다음과 같은 말씀의 문장이 만들어졌습니다. "우리가 장차 어떻게 될 바는 아직 나타나지 않았다. 그러나 우리는 그가 나타나실 때에 우리도 그와 같을 것을 분명히 안다." 우리는 그와 같을 것입니다. 그 이유에 대해서 주목하십시오. "우리가 그와 같을 것은 우리가 그의 있는 그대로의 모습으로 그를 볼 것이기 때문입니다." 좀 더 정확하게 말하면, "우리가 그의 모습 그대로 정확하게 그를 볼 것이기 때문입니다." 이 말은 우리가 주 예수 그리스도를 완전하게 알게 된다는 것입니다. 그를 단지 우리의 심판자로서 뿐만 아니라, 그의 모든 사역과 직책들과 연관하여 완벽하게 알게 된다는 것입니다. 그렇게 하여 우리 불경건한 자들이 그가 누구인지에 대해서 알게 될 것입니다. 모든 사람들이, 만약 그들이 그리스도를 믿는 자들이 아니라면, 그를 자신들의 심판관으로 알게 될 것입니다. 그러나 우리는 그를 우리의 구세주로, 우리의 형제로, 우리의 친구로, 우리의 남편으로, 그리고 우리의 신랑으로 알게 될 것입니다.

우리는 그리스도를 그가 하나님의 교회의 유익을 위하여 수행하고 있는 직책들 개개의 역할들에서 그가 어떤 분인지에 대해서 알게 될 것입니다. 우리가 현재 주에 대해서 아는 만큼, 우리는 그와 닮아가게 됩니다. 무엇보다 우리가 아직 육체 가운데 있는 동안에도 더욱더 그를 닮아가게 됩니다. 우리가 주 예수 그리스도에 대해서 더 알아 갈수록, 우리는 더욱더 그를 닮아 갈 것입니다. 그리고 우리가 복되신 그분을 그의 영광 가운데서 알게 될 때, 우리는 완벽하게 그와 같이 변화될 것입니다. 이 얼마나 찬란하고 복된 소망입니까! 그렇게 해서 우리의 봉사는 어떠한 약함이나 피곤함, 그리고 고통이나 통증이 없이 영원히 지속될 뿐만 아니라, 완전하게 하나님의 마음을 따라서, 주 예수 그리스도께서 이 땅에 육체 가운데 거하실 때에 그의 사역에 동행하신 동일한 영을 따라서 완전하게 행해질 것입니다. 우리의 미래의 소망은 얼마나 고귀하고, 밝고, 또 영광스러운지 모릅니다. 세상이 그리스도 안에서 성도들이 유업으로 소유한 영광스러운 것들에 대해서 무지하고, 아니 전적으로 무지하기 때문에, 그들은 하나님의 일에 대해서 전혀 상관하지 않습니다. 하나님의 자녀가 소유한 기업의 축복을 받은 상태가 진실로 무엇인지가 명백하게 알려진다면, 모든 이들이 그를 알고자 추구할 것입니다. 모든 이들이 그에 대해서 상관하고, 그를 믿으려 할 것입니다.

이제 마지막 요점입니다. "주를 향하여 이 소망을 가진 자마다 그의 깨끗하심과 같이 자기를 깨끗하게 하느니라." 첫 번째로, "모든 사람", 즉 "주를 향하여 이 소망을 가진 모든 자"의 문자적 의미에 대해서 알아봅시다. 이 표현의 의미는 "자신 스스로를 향하여 이 소망을 가진"이라는 뜻이 아닙니다. 그런 의미가 아닙니다. 이 표현의 의미는 "주 예수 그리스도를 향하여 이 소망을 가진"입니다. 다시 말하면, 그를 향한 믿음을 통하여 자신이 하늘에 계신 그리스도처럼 완전하게 될 것이라는 의미입니다. "그를 향하여, 혹은 그와 연관하여 이 소망을 가진 모든 이들은 그가 깨끗하심과 같이 자신을 깨끗하게 합니다." 이 말의 의미는 모든 면에서 진리는 거룩함을 증가시키는 경향성이 있다는 것입니다. 그래서 위의 문장을 다시 한 번 반복해 봅시다. 우리 주 예수를 향하여 이 소망을 가진 자마다 몸과 마음에 있어서 그와 같이 되기를 소망합니다. 그를 향하여 이 소망을 품은 모든 자들은 다 자신을 정결케 합니다. 이 소망은 우리로 하여금 계속해서 거룩해지도록 만드는 경향이 있기 때문입니다. 왜냐하면 우리가 그리스도를 알아 갈수록, 그리고 하나님께서 그 안에서 우리에게 허락하신 것을 볼수록 우리는 이 사실을 더욱더 분명하게, 세부적으로, 명백하게 알게 됩니다. 그리고 거룩함이 더욱더 충만하게 우리 안에서 자라가게 됩니다. 그리하여 우리는 그리스도와 같아지는 것에 미치지 못하는 그 어떤 것에도 만족하지 못하게 되고, 계속해서 더욱더 그리스도와 같아지기를 추구하여 결국에는 그와 모든 면에서 같아지게 될 것입니다.

그러나 우리가 육체 가운데 거하는 동안에는 그리스도와 완전하게 같아지는 것을 성취할 수 없습니다. 그럼에도 불구하고 그리스도와 같아지는 것은 점점 더 계속해서 우리의 신앙의 목표가 될 것입니다. 우리는 단지 우리의 본능적인 혐오스러운 죄들을 통제할 힘이 있다는 사실에만 만족하지 않을 것입니다. 우리는 우리의 영과 마음에서 그리스도와 같이 되어 관대하고 사랑스러운 자들이 되는 것에 만족할 것입니다. 아, 우리는 이 상태에 도달하기를 얼마나 간절히 추구하는지요. 이와 같이 되기를 더욱더 간절히 갈망하면서, 우리는 모든 면에서 그리스도와 같이 되는 것을 추구합니다. 비록 우리가 육체 가운데 거하는 동안에는 이것이 완전하게 이루어지지 못한다 할지라도 말입니다. 그럼에도 불구하고 어느 정도까지 우리가 육체 안에서 그리스도와 같아질 수 있는지에 대해서 말하는 것은 불가능합니다.

이제 오늘 저녁 우리가 배우는 위대한 교훈을 다시 한 번 생각해 봅시다. 이제 우리가 이미 하나님의 자녀들이므로 축복, 놀라운 축복을 우리의 하늘 아버지로부터 받을 것입니다. 우리 앞에 놓인 이 놀라운 기대로 인하여 우리가 어느 정도까지 그리스도와 같지 않을 것인가에 대해서 말하는 것은 불가능합니다. 아직 그리스도를 믿는 자들이 아닌 당신은 지금까지 당신이 살아온 방식대로 계속해서 사실 것입니까? 아무런 변화도 없이 말입니다. 만약 당신이 계속해서 지금과 같은 넓은 길로 간다면, 마지막 파멸이 당신의 운명이 될 것입니다. 당신은 하늘에서 주와 함께 행복한 영원을 보내기를 갈망하십니까? 아, 오늘 이 자리에 계신 분들 중 단 한 분도 빠짐없이 다 천국에서 만난다면, 이 얼마나 큰 기쁨이겠습니까.

당신의 영적인 행복과 당신의 영혼에 대한 사랑으로 인해서 제가 가지고 있는 개인적인 관심은 당신을 천국에서 만나기를 간절히 갈망한다는 것입니다. 여러분들 중 단 한 분도 빠짐없이 천국에서 만나고, 1887년 4월 11일 오늘 저녁의 우리의 작은 묵상이 결코 헛되지 않았다는 것을 발견하게 된다면, 우리의 기쁨과 즐거움이 얼마나 배가 되겠습니까. 아, 마침내 우리의 이 바람이 사실이 된 것을 발견하는 것이 얼마나 고귀한 것이 될지요. 이제 여기 계신 분들 중에 혹시 "나는 그래도 세상을 가질 것이다. 나는 그래도 세상 쾌락을 추구할 것이다"라고 말씀하실 분이 계십니까? 당신은 이 결정을 통해서 결코 행복해지지 않을 것입니다. 저는 확신합니다. 저는 당신이 추구하는 삶의 방식을 20년 하고 5주 동안 시도해 보았습니다. 그러나 제가 경험한 모든 것은 모두 다 실망과 늘어난 양심의 가책뿐이었습니다. 그러나 제가 예수님을 발견하였을 때, 거기에 참된 행복이 있었습니다. 제가 도무지 묘사할 수 없는 그런 행복 말입니다. 그 행복을 저는 1825년 11월 초에 발견하였고, 그 이후로 쭉 그 행복을 느끼고 있습니다. 단지 약간의 차이가 있다면, 그 행복이 계속해서 점점 더 증가하고 있다는 것입니다.

이것이 바로 하나님께서 우리들에게 주시기를 원하시는 것입니다. 제가 추측하기로, 여기 계신 분들 중 아무도 과거의 저보다도 더 추악한 죄인은 아닐 것입니다. 비록 제가 그때 20살 정도 밖에 되지 않았지만, 하나님은 제게 이 놀라운 축복을 허락하셨습니다. 하나님은 그가 제게 해주셨던 것을, 그가 바울을 위하여 해주셨던 것을, 그리고 다른 죄인들을 위하여 해주셨던 것을 기꺼이 여러분을 포함한 다른 모든 이들을 위해서 해주시기를 원하십니다.

그러므로 여러분은 이제 더 이상 세상을 선택하지 말고, 그리스도를 선택하기를 바랍니다. 세상은 결코 참되지 않은 것이 입증될 것이기에, 만약 그 안에서 계속 거한다면, 멸망, 오직 멸망만을 가져올 것입니다. 하나님은 예수 그리스도를 위하여 그의 축복을 허락하십니다.

## 06 주님을 신뢰하십시오![8]

"너는 마음을 다하여 여호와를 신뢰하고 네 명철을 의지하지 말라. 너는 범사에 그를 인정하라 그리하면 네 길을 지도하시리라. 스스로 지혜롭게 여기지 말지어다. 여호와를 경외하며 악을 떠날지어다. 이것이 네 몸에 양약이 되어 네 골수를 윤택하게 하리라. 네 재물과 네 소산물의 처음 익은 열매로 여호와를 공경하라. 그리하면 네 창고가 가득히 차고 네 포도즙 틀에 새 포도즙이 넘치리라. 내 아들아 여호와의 징계를 경히 여기지 말라. 그 꾸지람을 싫어하지 말라. 대저 여호와께서 그 사랑하시는 자를 징계하시기를 마치 아비가 그 기뻐하는 아들을 징계함 같이 하시느니라. 지혜를 얻은 자와 명철을 얻은 자는 복이 있나니, 이는 지혜를 얻는 것이 은을 얻는 것보다 낫고 그 이익이 정금보다 나음이니라. 지혜는 진주보다 귀하니 네가 사모하는 모든 것으로도 이에 비교할 수 없도다. 그의 오른손에는 장수가 있고 그의 왼손에는 부귀가 있나니 그 길은 즐거운 길이요 그의 지름길은 다 평강이니라."(잠 3:5-17)

잠언은 하나님의 말씀인 성경에 있어서 매우 심오하고도 중요한 부분을 차지하고 있습니다. 잠언은 들을 귀 있는 사람이라면, 모든 사람들에게 가장 정확하면서도 귀중한 조언들과 충고들로 가득합니다. 물론, 주 예수 그리스도를 믿는 사람이라면, 잠언을 통해서 가장 큰 축복을 얻을 것입니다. 그렇지만 아직 주님을 알지 못하는 사람들이라도, 이 잠언에 기록된 충고와 조언에 귀를 기울인다면, 그들 또한 커다란 축복

---

[8] 1897년 5월 30일 주일 오전 설교, 브리스톨, 그레이트 조지 스트리트, 베데스다 교회

과 혜택을 누릴 수 있을 것입니다. 물론 이 축복이란 단순히 내세에 얻게 될 어떤 축복만이 아니라, 이 땅, 이 곳에 사는 현재의 삶을 위한 축복이기도 합니다. 잠언에는 또한 중요한 가르침으로 가득합니다. 제가 바로 이 점에 대해서 예를 들어서 말씀드리려고 합니다. 잠언에는 다른 사람을 위해 보증인이 되는 것을 삼가라는 경고가 한 번 이상 나옵니다. 요즘 시대를 살아가는 우리 대부분이 경험을 통해서 아는 부분입니다. 이 경고에 주의를 기울이지 않을 때, 모든 가정이, 혹은 전부는 아니더라도 일부 가정들은 고통스러운 상황에, 정말로 엄청나게 고통스러운 상황에 처하게 된다는 것을 이미 잘 알고 있습니다.

그들은 너무 성급하게, 깊이 생각해보지도 않고, 다른 사람들의 보증을 서주면서 "나에게는 절대 이 돈을 갚아야 될 상황이 오지 않을 거야"라고 스스로에게 말합니다. 그러나 이들은 그러한 상황이 자신에게 닥치게 되었음을 알지도 못한 채, 자신들이 서준 보증에 대가를 치르게 됩니다. 그리고 이러한 일로 인해 너무나도 자주 이들은 자기 자신뿐만 아니라, 자신의 가족들에게 엄청난 부채를 안겨주게 됩니다. 아마도 이러한 일로 인해, 자신의 가정뿐만 아니라 다른 가정들도 연루되게 만듭니다. 자, 이 모든 것이 일어나기도 전에 모든 것을 알고 계신 하나님께서는 자신의 종 솔로몬을 통해서 우리들이 다른 사람의 보증을 쉽게 서주는 그런 일을 하지 못하도록 훈계하신 것입니다. 제가 이제까지 오래 살아오면서, 스스로 이 잠언의 훈계를 잘 듣지 않아서 전 가족들이 아주 비참하고 고통스러운 처지에 빠지게 된 것을 너무 많이 봐왔습니다. 자, 제가 여러분께 말씀드린 것은 단지 하나의 예시에 불과합니다. 이 외에도 잠언에는 이와 유사한 성격의 중요한 점들이 셀 수 없이 많이 있습니다. 즉 잠언의 말씀과 훈계를 듣지 않아서, 참혹하고 비참한 상황에 빠지게 되는 일 말입니다. 이러한 일은 한 사람에게만 일어나는 것이 아니라, 아주 많은 사람에게도 해당됩니다. 잠언 3:5에 보면, "너는 마음을 다하여 여호와를 신뢰하고 네 명철을 의지하지 말라"고 말씀합니다. 이 말씀에 제대로 귀를 기울이지 않기 때문에, 너무나 자주, 개인뿐만 아니라, 대가족에 이르기까지 가장 비참한 상황에 이르게 되는 것입니다. 그럼에도 불구하고 우리는 이러한 유혹에 자주 빠지게 됩니다. "아, 나는 이미 사업을 하면서 엄청나게 많은 경험을 가지고 있지, 나는 이미 무엇을 해야 할지 알고 있고, 어떻게 대응할지 알고 있지, 특히 어떻게 해야 최선의 결과가 나올지 이미 알고 있단 말이야." 그렇게 자신의 지혜와 경험을 의지하면서 무조건 성공할 것이라고 어림짐작을 하게 됩니다. 그리고 그 짐작이 점점 커지면, 말로 형용할 수 없는 엄청나게 비참한 결과가 자신에게 돌아오게 됩니다.

여러분에게 들려드릴 아주 적절한 예가 있는데, 이 일은 제가 너무도 사랑했던 한 사람에게 일어난 일이기에 제가 너무나 잘 아는 일입니다. 아주 오래 전에 중국과 영국 사이에 전쟁이 벌어졌습니다. 이것은 영국이 중국과 벌이게 된 첫 번째 전쟁이었습니다. 당시 제 지인은 차(tea)를 엄청나게 많이 매입해야만 한다는 충고를 들었습니다. 왜냐하면 전쟁으로 인해 찻값이 천정부지로 솟을 게 뻔하기 때문이었습니다. 그런데 제가 사랑하는 이 기독교인은 스스로에게 말하기를, "나는 절대 내 스스로 한 짐작을 신경 쓰는 것은 아니지만, 내 사랑하는 형제가 사업과 관련해서 필요한 일이라면 확실하게 이런 짐작을 그대로 밀고 갈 수 있지." 그리고 그 사람은 엄청난 양의 차를 매입하라는 형제의 말을 듣고, 자신이 가지고 있는 자본을 훨씬 초과해서 차를 매입했는데, 이는 그의 형제가 사업적인 어려움을 극복하도록 도우려는 심산이었습니다. 그 결과는 어떻게 되었을까요. 전쟁은 너무도 빨리 끝나버렸고, 짐작했던 만큼 찻값이 오르지 않았습니다. 사실, 너무도 많은 사람들이 그러한 짐작대로 대량의 차를 매입했기 때문에, 찻값은 오히려 오르기보다는 급락해 버렸고, 제가 사랑하는 그 기독교인 친구는 엄청난 돈을 잃고, 그의 형제를 돕기는 커녕 그 자신 또한 엄청난 어려움에 빠지게 되었습니다.

자, 이제 여기서 우리는 그와 반대의 결과에 대해 언급하는 말씀을 보게 됩니다. "너는 마음을 다하여 여호와를 신뢰하라."(5a) - "네가 구하고자 하는 것을 위해 나 [하나님]를 의지하라; 네가 필요한 일을 위해 나를 보라; 그리고 그 어떤 중개인의 충고나 다른 대리인들의 충고에 귀 기울이지 말고 오직 주님만을 찾으라." - "네 자신이 알고 있는 지식에 의지하지 말라." 당신이 이미 많은 경험을 했다고 해서, 혹은 또 다른 사람이 어떤 일에 관해 많은 경험이 있다고 해서, 그 경험이 당신이 필요한 전부인 양 짐작하지 마십시오. 오히려 모든 상황 속에서, 모든 때에, 모든 어려움 가운데에 있을 때에 주님께 자신을 드리고 주님의 충고와 조언을 구하십시오. 바로 이것이 저의 습관입니다(물론 제가 처음 회심하고 나서 첫 두 해 동안에는 이런 습관이 없었습니다.). 이 습관대로 제가 행한지 벌써 69년이 되었습니다. 그리고 그 결과 제가 하는 모든 일들은 항상 옳은 방향으로 잘 이루어졌습니다. 저는 한 번도 그러한 문제 때문에 어려움을 겪어 본적이 없습니다. 왜냐하면 저는 제 자신의 경험을 의지하지 않고, 오직 주님만을 신뢰했기 때문입니다.

만약 우리의 사역에 있어서 어떤 어려움이 생긴다면, 우리는 아침마다 모일 때, 이 문제를 하나님 앞에 아뢰고, 오로지 단순하게 하나님께 우리의 상황을 말씀드리고, 하나님께 충고와 조언을 구합니다. 그러면 하나님께서는 정말로 우리에게 충고와 조언을 주시고, 우리가 모든 어려움들을 극복하고, 어떤 복잡한 상황도 해결하도록 도우십니다. 비록 이러한 어려운 일들이 우리의 사역에 자주 일어나고, 거의 매일 하루도 거르지 않고, 우리는 주님께 인도받고 지시를 받아야만 할 때가 있습니다. 그러면 하나님께서 우리를 도우시고, 우리를 위해 나타나주십니다. 저는 제가 사랑하는 모든 기독교인 친구들에게 이러한 삶의 방식, 이러한 행동 방식을 따르라고 감히 말씀드릴 수 있습니다. 왜냐하면 제가 그렇게 함으로써 얻게 되는 것은 평화, 그리고 평화는 너무나 크기 때문입니다. 이렇게 할 때, 삶에 일상적으로 나타나는 모든 문제가 사라집니다. 만약 우리가 우리의 짐을 주님께 던져 버리고, 우리의 문제를 주님께 아뢰기만 한다면 말입니다.

"네 명철을 의지하지 말라." 이 얼마나 분명하고 확실한 표현입니까. 우리는 계속적으로 우리 자신의 명철을 의지하려는 위험에 빠지게 됩니다. 그리고 스스로 말합니다. "아, 나는 이미 여러 번 이런 비슷한 상황을 겪어봤지. 나는 이미 이런 일들을 많이 경험했어. 그러니 굳이 기도까지 할 필요는 없어. 왜냐하면 나는 내가 무엇을 해야만 하는지 이미 잘 알기 때문이야." 그렇게 자만하면 우리는 스스로 비참하고 곤궁한 상황에 빠져 버리게 됩니다. 자주 우리 자신뿐만 아니라, 우리와 연결된 다른 사람들마저도 비참한 상황에 빠지게 만들어 버립니다.

"범사에 그를 인정하라 그리하면 네 길을 지도하시리라"(6절). "네가 가는 모든 길에서." 특별히 이 점을 주목해 봅시다. 단지 때때로 하나님께서 우리를 인도하시고 지시하시도록 오신다는 말씀이 아니라, 우리가 하는 모든 사업과 우리 사업에서 만나게 되는 모든 새로운 단계마다. 그 문제를 주님 앞에 내어 놓고, 주님께 말씀드리며, 주님과 함께 그 문제에 대해서 대화를 나누십시오. 그것이 바로 "네가 가는 모든 길에서 그를 인정하라"는 말씀의 의미입니다. 그리고 그 결과는 바로 이것입니다. "그가 네 길을 지도하시리라." 무슨 일을 하든지 하나님께 그 문제를 가지고 기도드리지 않고는 어떤 일도 시작하지 마십시오. 무엇보다도 하나님과 당신 자신 사이에서 그 문제에 대해 상의하지 않은 상태에서는 절대 다음 단계로 나아가지 마십시오. 하나님께 말씀드리지 않고 행한 일의 결과는 헛될 뿐입니다. 주님께서는 당신을 사랑하십니다. "그가 네 길을 지도하시리라." 주님께서는 당신의 길을 평탄하게 하실 것이며, 당신이 어떻게 행동해야만 할지 분명하고 특별하게 보여주실 것입니다. 그러면 여러분은 하나님께서 여러분에게 주신 빛의 사역을 감당하면서 만나게 되는 가장 큰 어려움이나, 가장 큰 시험을 벗어날 수 있을 것입니다. 오! 이 얼마나 귀한 일인가요.

자, 그렇다고 이렇게 말할 필요는 없습니다. "내가 무슨 기적이 일어나는 시대에 살고 있는 것은 아니지 않은가? 내가 무슨 우림과 둠밈이 있는 시대에 사는 것도 아니고, 우리가 뭘 해야 할지 말씀해줄 대제사장이 있는 시대에 살고 있는 것은 아니지 않은가?" 거룩한 성경을 통해 보면, 19세기에 가까이 이른 오늘날에도 하나님께서는 성령으로 우리를 인도하시고 지시하시기를 원하십니다. 하나님께 인도함을 받고, 가르침을 받으면서, 만약 우리가 하나님께서 기쁨으로 우리에게 주신 빛의 사역을 감당한다면, 우리가 우리 자신의 명철을 따라 살아가지 않고, 하나님께로부터 온 지혜를 구하고, 하나님께 조언과 충고를 얻는 것이 얼마나 축복된 일인지 분명히 알게 될 것입니다. 우리 주 예수 그리스도에게는 하나님의 말씀으로 자신에게 주어진 많은 이름들 중에 하나 중요한 이름이 있습니다. 그것은 바로 보혜사(Counselor)라는 말입니다. 예수 그리스도는 하나님의 교회의 보혜사로서, 교회를 이롭게 하고, 교회의 가르침을 주시는 보혜사입니다. 우리는 기본적으로 무지하기 때문에, 우리가 어떻게 행해야 할지, 무엇을 행해야 할지 모릅니다. 그렇지만 만약 우리가 우리의 보혜사 되시는 주 예수님께로 나아간다면, 우리는 주님께서 우리에게 가르침을 주시고 충고를 해주시기에 얼마나 준비가 되신 분이신 줄 알게 될 것입니다.

저는 지난 69년 동안, 제가 이미 우리 주님을 잘 알고 있다고 그렇게 알고 있었습니다. 기독교인으로 회심하고 나서 첫 이 년 동안, 저는 종종 충분히 기도를 드리지도 않고 성급하게 행동했습니다. 왜냐하면 당시 저에게는 인내하는 것이 자연스럽지 못했기 때문입니다. 이전에도 그러한 일을 스스로 해결했기 때문에, 저는 인내하며 조용히 하나님의 말씀을 기다리지 않고 바로 행동을 했습니다. 그리고 종종 그렇게 성급하게 일을 했기 때문에, 저는 당혹스러운 일을 경험했을 뿐만 아니라, 문제에 스스로 빠지고 말았습니다. 그러나 그 이후 지난 69년 동안, 저는 다르게 행동했습니다. 그렇게 되자, 서는 평화롭게 지낼 수 있게 되었고 하나님 안에서 안식을 누릴 수 있었습니다. 제가 회심을 한 이후에 겪었던 처음으로 겪은 그런 시험들 같은 어떤 시험도 그 이후로는 제 인생에 절대 일어나지 않았습니다. 왜냐하면 이제 저는 하나님께서 저를 인도하시고, 지시하시고, 도와주시기를 끈기 있게 조용하게 기다렸기 때문입니다.

"스스로 지혜롭게 여기지 말지어다. 여호와를 경외하며 악을 떠날지어다."(7절) 종종 우리는 우리 자신에 대해 너무나도 높은 생각을 가지고 있습니다. 그게 자연스러운 일일 수 있습니다. 그래서 생각하기를, "우리 신의 눈은 지혜롭다"고 곧 "우리는 스스로 지혜롭다고" 생각합니다. 이러한 생각을 따라서 우리 주님의 충고와 조언을 구하지도 않고, 바로 행동에 옮기게 됩니다. 그 결과는 문제와 곤경뿐입니다. 자, 사랑하는 믿음의 형제자매들이여! 이 말씀의 경고를 새겨들읍시다. 우리는 스스로 지혜롭게 여기지 말아야 합니다. 왜냐하면 우리가 절대 지혜롭지 않다는 것은 너무나도 분명한 사실이기 때문입니다. 우리가 우리 스스로의 지혜만을 따른다면, 우리는 분명 잘못된 길을 걷게 될 것입니다. 그리고 분명히 곤경에 처하게 될 뿐입니다. 어떤 일도 옳은 방향으로 나아갈 수 없습니다. 그렇기 때문에, 우리가 본래 무지하고 아무런 쓸모없는 존재라는 것을 완전히 알게 되면, 우리가 조언과 충고를 듣기 위해 하나님께 나아가야만 한다는 것을 깨닫게 될 것입니다. 그것이 바로 우리가 해야 할 일이고, 무엇보다도 우리가 "악에서 떠나 하나님을 경외하는" 길입니다.

우리 스스로의 의지를 따라 가는 길은 너무도 자주 하나님의 마음과는 정반대로 나아갑니다. 그렇지만 우리가 스스로 지혜롭게 여기지 않고, 우리가 옳다고 생각하지만 않는다면, 그 결과는 하나님의 마음에 따라 나아가는 것이고, 악을 떠나는 것이 될 것입니다. 자, 그럼 그 다음에는 무엇이 이어지게 되겠습니까? 이는 또한 우리 몸에도 좋겠지요. 우리 영혼에 평화를 줄 뿐만 아니라, 우리 몸에도 좋은 것을 주십니다. "이것이 네 몸에 양약이 되어 네 골수를 윤택하게 하리라."(8절)

이제 또 다른 주제로 다함께 넘어가보겠습니다. "네 재물과 네 소산물의 처음 익은 열매로 여호와를 공경하라. 그리하면 네 창고가 가득히 차고 네 포도즙 틀에 새 포도즙이 넘치리라"(9-10절). 이스라엘 백성들에게 하나님께서 풍성한 삶에 대하여 특별한 약속을 주셨다는 것을 잊으면 안 됩니다. 만약 그들(이스라엘 사람들)이 주님께서 예비하신 길을 걷기만 한다면 말입니다. 물론, 이것이 현재 받는 어떤 보상은 아닐 수도 있습니다. 우리가 주님의 길을 걷는다 하더라도, 우리가 엄청난 부자가 된다든지, 엄청나게 위대한 사람이 될 것이라는 약속을 주신 것은 아닙니다. 그렇지만 우리가 이 두 구절(9-10절) 말씀에 주의를 기울인다면, 하나님의 축복이 이생에 내려올 것입니다. 물론 영적인 축복과 함께 말입니다. 저는 이미 제 자신의 경험을 통해, 이 두 구절을 따라 살면 이러한 축복을 받게 된다는 것을 알고 있습니다.

"네 재물과 네 소산물의 처음 익은 열매로 여호와를 공경하라." 하나님께서는 구름에 비를 가득하게 하십니다. 그렇게 하시는 목적은 바로 구름이 자신을 비움으로써 비를 땅에 내리게 함으로써, 땅이 비옥하게 되기 때문입니다. 그리고 그런 방식으로 하나님께서는 그의 자녀들을 신뢰하십니다. 우리들은 하나님의 자녀이며 청지기입니다. 구름에 비를 가득하게 하시는 것처럼 하나님께서는 그 자녀들에게 여러 가지 방법을 통해서 축복하시고, 그 축복을 자기 자신을 위해 다 써버린다거나 스스로 즐기려고만 하도록 허용하지 않고, 하나님께서 기쁨으로 주신 이 모든 것들을 이웃에게 나눠주며 서로 소통하도록 하십니다. 우리 인간은 약하고 미미한 존재이며, 일을 할 수도 없는 존재이거나, 다른 상황들로 인해 스스로 어려운 위치와 상황에 처할 수밖에 없는 존재입니다. 하나님께서 우리에게 주시는 이 풍성함이라는 은혜는 우리 영혼에 축복을 줄 뿐 아니라, 우리의 일시적인 삶 속에서도 축복을 내려줍니다. 나는 60년 이상 제가 경험했던 경험을 통해 이 모든 것을 알고 있는 사람으로서 말합니다. 제가 말하는 것은 나뿐만 아니라, 수만 명의 하나님의 자녀들이 경험을 통해 내 앞에 계속, 계속, 계속 일어났던 사실에 관한 것입니다. 이 사실이란 여기 잠언 3:9-10 말씀에 따라 행한 사람들은 그들의 영혼에 축복을 받았을 뿐만 아니라, 물론 그들의 상황이라는 것이 일시적이기는 하지만, 그들이 하나님께 드린 것보다 훨씬 더 많은 것들을 받았다는 것입니다. 그들이 받은 것은 자신이 드린 것에 대한 이자뿐만 아니라, 복리 이자로서 많은 경우에는 20배, 50배, 심지어 100배나 그들이 가난한 사람들에게 드린 것들 이상으로, 그리고 그들이 하나님의 사역을 위해 드린 것 이상으로 돌려받았습니다. 하나님께서는 우리에게 빚을 지신 분이 아니라, 우리가 바로 하나님께 빚을 진 자들입니다. 오! 그리스도 안에서 모든 형제자매들이 습관적으로 이 말씀에 따라 살았다면, 이 생에서 그들의 삶이나 위치가 얼마나 달랐겠습니까. 그리고 얼마나 큰 은혜가 그들 자신의 영혼에 내려졌겠습니까.

"네 재물로 여호와를 공경하라." 만약 하나님께서 기쁨으로 우리에게 이 땅에서의 축복을 주시려고 하신다면, 그것은 우리가 하나님께서 우리에게 기쁨으로 허락하신 풍성함을 사용해서 도운 사람들이 얼마나 되는지를 헤아려서 우리에게 주시는 것이 아니라, 우리가 약한 사람들과 병든 사람들을 기억하고, 그들을 도울 수 있었다는 그 사실에 근거해서 주시는 것입니다. 우리는 실직한 사람들, 만약 다시 직업을 찾는다면 기쁘게 일할 수 있는 사람들을 기억할 수 있고, 과부, 특히 나이가 많아서 일하기 어려운 과부들을 돌볼 수도 있습니다. 그리고 더 이상 일할 수 없는 노인들을 돌보고, 그들에게 필요한 생필품이 무엇인지 기억하고 그들을 도울 수도 있습니다. 그렇게 할 때 여러분이 경험할 결과란 놀라운 것입니다. 이 결과는 제가 이미 오랜 시간 기독교인으로 살아오면서 셀 수 없이 목격하고 경험한 것입니다. 그 결과란 이러한 사역을 따라 행한 사람들의 영혼에 축복이 내렸을 뿐만 아니라, 하나님께서는 우리가 드린 것들에 대해서도 풍성하게 되돌려 주셨습니다. "그리하면 네 창고가 가득히 차고 네 포도즙 틀에 새 포도즙이 넘치리라." 우리에게 창고가 없을 수도 있고, 포도밭도 없을 수도 있기 때문에, 이 말씀이 말 그대로 이루어지지는 않을 수 있습니다. 그러나 하나님은 여러 가지 방법을 통해 하나님께서 과부에게, 가난하고 아파서 일을 할 수 없는 사람들에게, 그리고 과거에 일했지만 이제 나이 들어 일할 수 없는 가난한 노인들에게 드린 것들을 기억하고 계심을 분명히 보여주실 것입니다.

이제 다른 주제로 넘어가 봅시다. "내 아들아 여호와의 징계를 경히 여기지 말라 그 꾸지람을 싫어하지 말라 대저 여호와께서 그 사랑하시는 자를 징계하시기를 마치 아비가 그 기뻐하는 아들을 징계함 같이 하시느니라."(11-12절) 너무나도 자주 저는 하나님의 진실한 자녀들이 낙담하고 낙심하고 크게 실족하게 되는 것을 보았습니다. 이들은 너무나 오랫동안 고생했기 때문에, 그들이 겪은 그 고생이 사실 하나님께서 사랑하는 자들에게 주신 사랑의 증표임을 잊어버리게 됩니다. 오! 이것을 기억하십시오. 이것은 우리가 질문할 만한 문제도 아닙니다. 저는 "여호와께서는 그 사랑하시는 자를 징계하시니라"(12절a)는 이 하나님의 말씀을 전적으로 신뢰합니다. 우리가 주님의 사역을 감당하면서 경험하게 되는 이 모든 고생은 사실 우리 마음을 향한 하나님의 교육이라는 것입니다. 우리의 위치와 상황에 대하여, "여호와는 그 사랑하시는 자를 징계하시기를 마치 아비가 그 기뻐하는 아들을 징계함 같이 하시느니라." 이 말씀대로 아버지가 아들을 징계하는 것은 아들을 미워하거나, 그것이 아니라면 최소한으로만 그를 돌보기 때문이라서가 아닙니다. 아니면 그 아들을 경멸하고 그에게 유산을 주지 않으려고 징계하는 것도 아닙니다. 절대, 절대 그런 종류의 징계가 아닙니다. "마치 아비가 그 기뻐하는 아들을 징계함 같이…." 아! 만약 이 말씀이 시험 중에, 고생 중에, 그리고 어려움 가운데 있는 하나님의 자녀들, 하나님께서 사랑하시는 자녀들의 마음에 내려진다면, 그들이 얼마나 다르게 자신들이 겪는 시험과 고생, 실망과 슬픔, 고통과 고난에 대해 판단할 수 있겠습니까. "내 아들아 여호와의 징계를 경히 여기지 말라."

언젠가 제가 스스로 너무 많은 일을 감당해서, 주님을 위해 봉사하는 일에 너무 무리해서, 전혀 아무 일도 할 수 없게 되었던 적이 한 번 있습니다. 제 건강을 전혀 돌보지 못했던 것입니다. 6년 동안, 저는 들판을 걸을 수조차 없었습니다. 만약 주님께서 그 사역을 위해 저를 부르셨다면, 저는 8마일, 10마일, 20마일, 심지어 그 이상 거리를 걷는 것과 같은 봉사도 할 수 있었을 것입니다. 그러나 만약 주님께서 저를 주님의 사역에 동참하여 일하도록 부르시지 않는다면, 저는 여흥을 위해서, 또는 건강을 위해 5분간 외출하는 것조차 할 수 없을 것입니다. 결국 저는 아직 의자에서 일어설 수는 없지만 자리에 앉아서 10통, 15통, 또는 20통의 편지를 쓸 수 있게 되거나, 누운 채로 서너 시간 독서를 할 수 있게 되기 전에, 저는 단지 한 글자를 쓰는 것조차 버거운 상태가 되었고, 독서하는 때에도 15분 조차도 어려울 정도로 쇠약해져 있었습니다. 당시에는 그런 일조차 버거웠습니다. 그렇지만 이런 상황에서도, 하나님의 은혜로, 저는 한 번도 하나님께서 주신 징계를 가볍게 여기지 않았습니다. 그러나 몇 개월씩 시간이 지나가면서 저는 여전히 같은 쇠약한 상태에 있게 되었기에 점차 하나님께서 제게 주신 그 징계에 지쳐가기 시작했습니다. 당시 저는 아주 위험한 상태에 있었습니다. 그리고 그때 저는 하나님께 저로 하여금 하나님의 징계를 가볍게 여기지 않는 것 뿐만 아니라, 그러한 징계에 진절머리가 나지 않기를 기도하기 시작했습니다. 무엇보다 하나님께서 저를 다루시는 그 방식을 그대로 기꺼이 견뎌낼 수 있게 해주시도록 기도하기 시작했습니다. 그러자 하나님께서는 그 풍성한 은혜로 제가 하나님의 징계에 완전히 지쳐버리지 않도록 하셨습니다.

저는 그렇게 정신적으로 쇠약해진 상태에 놓여 있었습니다. 제가 이전에 할 수 있었던 것들을 전혀 할 수 없는 무능력한 상태에서 몇 달을 보내었습니다. 그런 후, 점차로 저의 건강이 조금씩 회복되기 시작했습니다. 그리고 이제 저의 동료 그리스도인들에게 사기 자신의 건강을 챙기라고 충고할 만큼 기력을 회복했습니다. 이후로 저는 때때로 잠깐의 휴식 시간을 갖기 시작했고, 또 필요에 따라 잠깐의 산책 시간도 가지기 시작했습니다. 그 결과 저는 점차 더 많이, 더욱 풍성하게 일할 수 있게 되었습니다. 제가 제 자신의 건강을 돌보기 시작하고 나서부터 제 영혼은 훨씬 더 많은 행복함을 느끼게 되었습니다. 제가 이 말씀을 드리는 이유는 자기 자신의 건강을 챙기는 일에 소홀히 하면서 마치 자신의 육체가 단단한 놋쇠나 강철이라도 되는 양, 고된 일을 계속, 계속, 계속 하는 사람들에게 충고하기 위함입니다. 우리가 우리 영혼의 유익을 얻고자 한다면, 우리 육체가 휴식을 취할 수 있도록 해야 합니다. 저는 하나님을 경외하는 마음으로 심사숙고하여 진지하게 여러분께 말하는 것입니다. 아무 것도 할 수 없었던 일을 겪은 이후 지난 50년 동안 현재까지 저는 때때로 적어도 15분 또는 조금 더 길게 쉴 수 있는 시간을 가지려고 노력했습니다. 하나님께서는 그럴 때마다 이전보다 훨씬 더 풍성하게 일할 수 있는 능력을 주셨고, 저의 영혼 또한 더 풍성하게 축복을 받았습니다.

"내 아들아 여호와의 징계를 경히 여기지 말라 그 꾸지람을 싫어하지 말라." 이 말씀이 우리 영혼에 단단히 새겨져야 합니다. 주님의 꾸지람을 싫어하지 마십시오. 주님의 징계를 경히 여기지 않기 위해서는 그렇게 큰 은혜가 필요한 것은 아닙니다. 그러나 주님의 징계를 통해 우리의 정신적 고통이 오랫동안 지속될 때, 주님의 꾸지람에 완전히 질리게 되지 않기 위해서는 상당한 주님의 은혜가 필요합니다. 사실 하나님의 뜻은 하나님께서 우리를 다루시는 그대로, 그리고 하나님께서 우리를 인도하시는 대로 받아들이는 것입니다. 지금도 그렇고 언제든지 그렇습니다. 왜냐하면 "주님께서는 그 사랑하시는 자를 징계" 하시기 때문입니다. 이 말씀은 특히 현재 고생 중에 있는 사람에게 특별한 도움이 되는데, 이는 우리가 고생을 할 때 그것이 곧 우리를 향한 하나님의 사랑의 증표임을 기억하게 만들기 때문입니다. "여호와께서 그 사랑하시는 자를 징계하시기를 마치 아비가 그 기뻐하는 아들을 징계함 같이 하시느니라." 이 구절에 특별히 주목하십시오. 하나님은 "그 기뻐하는 아들에게" 징계를 하십니다. 그렇기 때문에 고생이나 시험, 슬픔이 우리에게 임할 때, 그것이 하나님께서 우리를 싫어하신다는 증표라고 생각하는 것은 완전히 잘못된 생각입니다. 오히려 그 모든 것은 하나님께서 우리의 영혼에 축복을 내려주시기 위함입니다. 하나님께서는 우리를 사랑하시기 때문에, 고생이라는 사랑의 증표를 우리에게 주시는 것입니다.

"지혜를 얻은 자와 명철을 얻은 자는 복이 있나니."(13절) 자, 이 말씀은 특별히 아직 그리스도인으로 회심하지 않은 사람에게 해당되는 말씀입니다. 왜냐하면 "지혜를 얻는 것"은 주님을 경외함으로써 얻게 되는 것이기 때문입니다. 지혜란 곧 주님을 경외하는 것이고, 우리의 구원자가 누구인지 아는 것이며, 우리가 죄인임을 알고 인정하는 것이며, 우리가 죄인임을 고백하는 것입니다. 그리고 이를 통해 우리 영혼이 구원받기 위해 주 예수 그리스도를 전적으로 신뢰하는 것입니다. 이것이 바로 지혜를 얻는다는 말씀의 의미입니다. 이제, 좀 더 나아가기 전에, 여기 계신 작은 무리의 여러분께 애정을 담아 질문을 드립니다. "우리 모두는 주 예수 그리스도를 믿는 사람들입니까?" 하나님의 기쁨은 곧 우리가 아직 육체를 입고 있을 때에 우리 모두가 가능한 대로 행복하게 만드는 것입니다. 그럼, 주 예수를 믿는 믿음을 통해 우리 모두가 이러한 진정한 행복을 얻었습니까? 여기 계신 모두를 위해 제가 바라고 기도하는 내용이 바로 이것입니다.

아무것도 우리가 개인적으로 하나님으로부터 오는 축복을 받는 것을 방해하지 못합니다. 저는 그 누구보다도 하나님과 거리가 먼 사람이었습니다. 그러나 하나님께서는 기쁨으로 제가 얼마나 죄인이었는지를 보여주셨습니다. 저는 [제가 죄인임을] 하나님 앞에서 인정했고, 주님께서는 저의 구원을 위해 주님만을 신뢰할 수 있도록 도와주셨습니다. 그렇게 저는 매우 행복한 젊은이가 되었고, 여전히 그리스도를 굳건히 붙잡고 구원받기 위해 오로지 주님만을 신뢰하고 있습니다. 그리고 하나님의 은혜로 하나님을 경외하며 살아가고 있습니다. 이제는 71년 이상 아주 행복한 사람으로 살고 있습니다. 이렇게 하나님의 축복은 모든 사람들에게 임하게 될 것입니다. 왜냐하면 하나님은 절대 차별하시지 않으시기 때문입니다. 하나님께서는 이 행복이 하나님과 관계된 모든 사람들에게 임하도록 허락하심으로써 기쁨을 누리십니다.

그런데 [여전히] 하나님의 축복을 받지 못하고, 자기 자신의 길을 가려고 마음을 먹으며, 하나님께서 그리스도 예수 안에서 기꺼이 주시려는 축복을 가볍게 여기고, 그렇게 함으로써 축복 없이 살아가려는 사람들이 있습니다. 이들은 이러한 마음 상태로 계속해서 축복을 받지 못한 채로 살아가려고 합니다. 하지만 여기서 우리가 말씀드리는 바를 절대 잊으시면 안 됩니다. "지혜를 얻은 자는 복이 있나니." 이 말씀이 의미하는 바는 곧 행복은 그리스도께로 나아 온 사람, 주 예수 그리스도에 대한 믿음을 가진 사람에게 주어진다는 것입니다. 그리고 아직 그리스도에게 나아오지 않고 예수 그리스도를 신뢰하지 않은 사람들도, 만약 이들이 그리스도와 친밀해지고, 자신이 죄인임을 인정하며 구원자가 필요하다는 사실을 인정하게 되면, 그 사람은 복된 사람이 됩니다. 이렇게 자신이 죄인임을 고백하고, 주 예수 그리스도를 믿는 사람들을 하나님께서는 그리스도를 위해 정의롭고 공의로운 존재로 인정하시며, 그리스도를 위해 그들의 죄를 용서하시고, 그들의 영혼에 평화와 안식을 주시고, 그리스도 예수에 대한 믿음을 통해 이들이 행복한 사람이 되도록 하십니다. "지혜를 얻은 자는 복이 있나니." 여기서 다시 말하지만, 지혜란 곧 하나님을 경외하는 것을 의미합니다. 즉 "하나님을 경외하는 마음을 얻은 것"을 의미합니다. 그리고 이 지혜는 오직 그리스도에 대한 믿음을 통해서만 이루어집니다. 따라서 우리가 다시 새롭게 거듭나고, 영적인 생활과 새로운 본성을 갖게 되는 것은 오직 죄를 미워하고 거룩함을 사랑할 때입니다. 비록 처음에는 아주 작고 작은 변화이지만, 이 변화를 통해 우리는 하나님을 경외하는 지혜를 통해 축복을 얻는다는 이 말씀에 대한 믿음이 점점 더 커질 것입니다.

"그리고 명철을 얻은 자"가 복이 있습니다. 이 명철함이란 하늘의 것에 대해 이해하고, 자기 자신의 죄성을 알며, 하나님과 주 예수 그리스도에 대해 알고, 현세의 무상함을 아는 동시에 하늘의 것에 참된 축복이 있음을 아는 것을 의미합니다. "이는 지혜를 얻는 것이 은을 얻는 것보다 낫고 그 이익이 정금보다 나음이니라. 지혜는 진주보다 귀하니 네가 사모하는 모든 것으로도 이에 비교할 수 없도다."(14-15절) 이 비유적인 말씀을 통해, 그리스도를 믿는 믿음의 사람으로서 우리가 받은 축복, 지혜를 얻음으로 받은 축복, 그리고 새로운 본성, 영적인 삶, 칭의, 그리고 우리 모든 죄를 용서받은 축복이 우리 앞에 놓여 있음을 알게 됩니다.

"지혜를 얻는 것이 은을 얻는 것보다 낫고 그 이익이 정금보다 나음이니라." 즉 우리가 은을 소유함으로써 무엇을 얻게 되든지, 그것은 그리스도를 얻는 것에 비하면 아무 것도 아닙니다. "그리고 그 이익이 정금보다 나으니라." 주님을 얻는 것이 정금을 엄청나게 많이 가지는 것보다 훨씬 더 좋은 것입니다. "지혜는 진주보다 귀하니라." 지혜, 곧 하나님을 경외하는 것은 주 예수 그리스도에 대한 믿음을 통해 가질 수 있는데, 이 지혜는 루비나 진주보다 더 귀합니다. 그리고 "네가 사모하는 모든 것으로도 이에 비교할 수 없도다." 우리가 엄청난 양의 재산을 유산으로 물려받는다 하더라도, 그것은 그리스도를 얻는 것에 비하면 아무 것도 아닙니다. 세상 권세의 가장 꼭대기에 오른다 하더라도 그리스도에 비하면 아무 것도 아닙니다. 이 생에서 누리게 되는 모든 축복은, 예수를 얻는 일에 비하면 아무 것도 아닙니다. 오! 이 말씀이 우리 마음에 새겨지게 하소서. "지혜는 진주보다 귀하니라." 다른 말로 하면, "예수는 진주보다. 루비보다 더 귀하니라. 네가 사모하는 모든 것으로도 하나님과 비교할 수 없도다."

"그의 오른손에는 장수가 있고 그의 왼손에는 부귀가 있나니."(16절) 이 구절은 특별히 영적인 관점에서 이해해야 합니다. 영원한 삶, 영원한 행복은 곧 우리의 몫입니다. 즉 우리가 주 예수를 믿는 믿음을 통해 얻게 되는 것입니다. "그리고 그의 왼손에는 부귀가 있나니." 즉 영적인 부와 영적인 존귀함을 뜻합니다. 우리는 하나님과 주 예수의 상속자들이 되기 때문에 [영적 부를 갖게 되며], 존귀함은 우리 주 예수 그리스도와 하나님 아버지께서 구세주이신 그리스도께 우리를 위해 중재자로서 행하신 사역에 대한 보상으로 주신 그 영광을 함께 나누기 때문에 누리게 되는 것입니다. 우리는 주님과 함께 존귀함을 누리게 됩니다. 주님은 자기 자신을 위해서만 존귀함을 누리시는 분이 아닙니다. 그의 신부되는 하나님의 교회 또한 주님과 함께 존귀함을 누리며, 그렇기 때문에 우리 또한 하나님께서 예수 그리스도께 주신 그 존귀함에 참여하는 것입니다.

"그 길은 즐거운 길이요 그의 지름길은 다 평강이니라."(17절) 제가 주 예수를 만났을 때, 나 자신이 얼마나 행복한 사람이 되었는지 말로 표현할 수 없습니다. 사실 회심하기 이전에 저는 해마다 행복을 찾고자 했습니다. 그러나 저는 실망 외에는 아무 것도 얻지 못했고, 제가 그리스도를 믿는 신앙인이 아닌 한 계속 양심에 가책만 늘어갔습니다. 그러나 제가 예수를 만나게 되었을 때, 저는 진정으로 행복한 젊은이가 되었습니다. 이제 71년 6월이라는 시간 동안 진정으로 행복한 사람으로 살고 있습니다. 저는 여기에서 제가 말씀드린 모든 것을 제 자신의 경험을 통해 다 이루었습니다. 지혜의 길이란 곧 기쁨의 길입니다. 수많은 사람들이 기독교인이 되어서도 기쁨을 누리지 못하고 살고 있습니다. 그들은 주 예수 그리스도를 믿는 신앙인이 되었음에도 불구하고, 여전히 행복한 삶을 살고 있지 않다고 생각합니다. 이러한 생각은 매우 어리석은 생각이고, 대단한 착각입니다. 왜냐하면 우리의 진정한 행복은 우리가 주 예수 그리스도를 만날 때 이미 시작되기 때문입니다. 따라서 우리는 그리스도를 믿는 믿음의 사람으로서 불쌍히 여김을 받을 이유가 없습니다. 오히려 우리가 이미 만난 그 동일한 주님을 찾고자 하는 사람들에게 조언을 해줄 수 있어야 합니다. 그렇게 함으로써 그들 또한 우리가 그리스도에 대한 믿음을 통해 얻게 된 행복에 참여할 수 있게 해야 합니다.

이제 마지막으로 "그의 지름길은 다 평강이니라"에 대해서 알아봅시다. 이제, 만약 언제든 우리가 평안을 누리지 못하고 지낸다면, 우리는 스스로에게 이 질문을 던져야 합니다. "내 삶에 평강이 없는 이유가 무엇인가? 성경 말씀에 그 지혜의 길은 다 평강이라는 했는데, 내가 진정으로 지혜의 길을 걷고 있는가? 만약 내 삶에 평강이 없다면, 그것은 내가 진지하고, 열심히, 그리고 주의 깊게 내가 살아가는 그 방식을 자세히 살펴보고, 내가 주님의 길에서 멀리 떨어져 있는 것은 아닌지, 내가 주님을 경외하는 마음을 잃어버린 것은 아닌지 살펴보아야 한다. 왜냐하면 내가 지혜의 길을 계속 가고 있다면 나는 평강을 누릴 수밖에 없기 때문이다." 이 얼마나 유익한 말씀입니까.

자, 사랑하는 저의 그리스도인 친구들이여! 저는 정말 오랜 시간의 기도 끝에 우리가 지금 묵상하고 있는 이 말씀이 뜻하는 바에 다다르게 되었습니다. 그리고 여전히 저는 여러분이 이 잠언 본문 구절들을 계속, 계속, 반복해서 깊이 생각해보기를 간절히 바랍니다. 또한 제가 이 구절들과 연결하여 언급한 내용들 역시 기억하시기를 간절히 바랍니다. 왜냐하면 이 구절에 이미 가장 중요한 내용들이 들어있기 때문입니다. 만약 여러분이 이 말씀에 귀를 기울이신다면, 우리가 아직 알지 못한 방식으로 축복을 누리게 될 것입니다. 또한 여기 만약 아직 주 예수 그리스도를 믿는 믿음의 사람이 아닌 사람들이 있다면, 이분들 역시 주저하지 말고 하나님께 자신이 죄인임을, 그리고 구세주가 필요함을 보여 달라고 간청하기를 바랍니다. 만약 아직 그리스도인이 아닌 이분들이 자신이 죄인이며 구세주가 필요하다는 사실을 알게 되면, 이들은 예수를 믿는 믿음을 가질 수 있도록 하나님께 요청하게 될 것입니다. 그러면 이들 또한 죄의 용서를 받게 되고, 영혼의 평강을 누리게 되며, 죄를 미워하고 거룩함을 사랑하게 될 것입니다. 하나님께서는 그리스도 자신을 위해, 우리 모두에게 이 축복을 허락하고 계십니다.

하나님이
응답하시는
기도

 # 그의 사랑하는 자를 의지하고[9]

"그의 사랑하는 자를 의지하고 거친 들에서 올라오는 여자가 누구인가."(아 8:5)

이 말씀이 가리키는 대상은 의심의 여지없이 어린양의 신부된 그리스도의 교회입니다. 이 말씀에서 말하는 그녀는 "거친 들(광야)에서 올라오는" 여자로 묘사되고 있습니다. 그렇다면, 이 말씀은 바로 신앙인인 우리 자신을 나타내는 아주 정확한 표현일 것입니다. 우리가 하나님께 감사를 드려야 할 분명한 이유는 바로 우리가 광야에 살고 있다는 그 사실에 있습니다. 만약 그렇지 않다면, 여전히 우리는 이 세계에 속한 존재일 수밖에 없습니다. 우리가 여전히 이 세계에 존재한다는 것은 비난 받아 마땅한 일입니다. 만약 우리가 광야에 있지 않는다면, 우리는 구원에 대해서, 좀 더 구체적으로, 우리 죄에 대한 용서를 알 수 없었을 것이고, 우리가 그리스도와 연합하는 일 또한 없고, 우리는 그리

---

9  1871년 5월 14일 설교

스도를 만나고, 그리스도와 같이 되며, 그리스도와 함께 영원히 거하게 될 것이라는 희망을 가질 수 없을 것입니다.

그렇다면, 바로 하나님의 은혜로 우리가 광야로 부름 받는다는 것이 곧 우리가 충분히 하나님께 감사를 드릴 이유이며, 우리 마음이 영원히 되새겨야 할 제목이 되는 것입니다. 우리가 하나님의 은혜로 광야로 가게 된다는 것은 곧 우리가 더 이상 죄로 인해 죽지 않는다는 것, 더 이상 세상에 속하지 않는다는 것을 의미합니다. 또한 이는 우리가 용서 받았으며, 새로운 창조의 머리가 되시는 살아계신 주 예수와 연합하게 되는 것을 의미합니다.

그러나 비록 이러한 광야라는 상황이 우리로 하여금 엄청난 축복과 영광을 갖도록 하지만, 이는 또한 우리 삶과 관련하여 고난과 시험이 되기도 합니다.

이스라엘 백성들이 광야로 부름 받았다는 사실은 이스라엘 백성들이 광야 생활을 다 마치면 그 앞에 약속의 땅이라는 희망이 있음을 나타냅니다. 이스라엘 백성들은 이집트에서 구원받아 하나님께서 그들에게 주시기로 약속하신 가나안으로 나아갑니다. 그러나 사실 이스라엘 백성들은 아직 약속의 땅에 다다른 것은 아닙니다. 그들은 아직도 광야에 있으며, 고난과 시험을 견뎌내야만 합니다. 우리도 마찬가지입니다. 우리도 광야에 있기 때문에, 우리 앞에는 밝고, 복되고 영광된 하나님의 집이라는 비전이 있습니다. 하나님의 집이라는 축복은 하나님의 자녀들에게 약속하신 모든 축복을 온전히 누리는 삶의 비전이며, 하나님께서 사랑하시는 아들과 같은 닮은 모습으로 온전히 일치되는 희망이며, 예수를 만나고 예수와 같이 되는 비전을 뜻합니다. 그리고 결국은 모든 시험과 고난을 견뎌내고 하나님께서 약속하신 축복을 누리는 이것이 바로 최고의 축복인 것입니다. 우리가 왕관을 쓰고, 예수와 함께 통치자의 위치에서 군림하는 그런 것이 축복이 아닙니다. 물론 그것 또한 축복이겠지요. 그러나 다른 어떤 축복보다도 모든 고난을 이겨내고 우리가 우리 죄로부터 완전히 해방되고, 순결하고 거룩한 예수의 형상에 절대적으로 완전하게 일치되는 것, 이것이 바로 최고의 축복인 것입니다.

하지만 우리는 아직 이러한 축복을 실제로 가지지는 못했습니다. 이 축복은 사실 믿음으로써 우리의 것이 되는 셈이지요. 그리고 이제 우리는 믿음으로 그 축복 안에 살아가는 것입니다. 물론 가장 연약하고, 넘어지기 쉽고, 가장 배우지 못한 저와 같은 하나님의 자녀들이, 실제로 이 모든 축복을 누리게 될 날이 곧 돌아올 것입니다. 저는 확신합니다. 어떤 어둠의 권세도 결국은 우리가 이 축복을 누리는 것을 막을 수 없습니다. 우리가 우리 죄를 용서하실 우리 주 예수에 대한 믿음을 가지기만 한다면, 우리는 분명히 이 축복들을 가지게 될 것입니다.

"거친 들에서 올라오는 여자가 누구인가"라는 이 말씀을 좀 더 살펴보겠습니다. 사실 여기에서 우리는 앞으로 향해 나아가는 움직임을 보게 됩니다. 교회란 단순히 광야에 남아 있는 것으로 묘사되지 않고, "광야에서 올라오는 것"으로 묘사됩니다. 이 말씀이 암시하는 바는 곧 날이 지나고 달이 지나가듯이, 우리는 정체된 상태로 남아 있는 것은 아니라는 점입니다. 외적으로만 보면 정체된 상태인 것처럼 보이는데, 예를 들어, 오늘 1871년 5월 14일에 모인 장소는 우리가 지난번 1871년 5월 7일에 모인 장소와 정확히 같은 장소입니다. 사실 우리는 1870년 5월 14일에도 동일한 장소에서 함께 모였습니다. 그러니 우리는 여전히 정체된 존재처럼 보일 수 있지만 사실은 그렇지 않습니다. 아닙니다. 우리는 한 주, 또는 일 년 점점 더 우리의 광야의 끝에 다다르고 있습니다. 이 얼마나 귀중한 일입니까. 태양이 한 번 더 지고, 시계가 한 시간 지나가는 소리를 낼 때마다, 이제 저는 하루 더, 한 시간 더 천국의 집에 가까워지고 있는 것입니다.

사실 이것은 너무나도 단순한 진리이지만, 이러한 진리를 통해 우리가 축복을 누릴 수 있도록 하는 것은 바로 우리가 점점 광야의 삶을 지나 천국의 축복으로 나아가고 있다는 이 사실을 현실로 받아들이고 참여하고자 하는 노력입니다. (우리 영혼은 이렇게 말해야 합니다) 진정으로 저는 광야에 남아 있지 않습니다. 오히려 저는 또한 한 주 더 하나님의 집에 가까워지고 있습니다. 그러므로 우리는 우리 마음을 계속 움직이도록 하고, 하나님 안에서 서로의 마음을 격려하고 고무하도록 노력해야 합니다.

"올라온다." 광야를 벗어나 하나님의 축복으로 나아가는 길은 단계적으로 이루어집니다. 그러니까 지난번 우리가 만났을 때보다 여러분이나 저 모두 하나님의 집에 더 나아간 것이지요. 그리고 곧, 정말 곧 우리는 하나님의 집에 도착할 마지막 걸음을 걷게 될 것이고, 우리 스스로 광야를 벗어나 하나님의 축복의 집에 도착하게 되는 것을 알게 될 것입니다.

그러나 광야로부터 나와 하나님의 축복의 집에 도착하는 그 중간 시간에는 무슨 일이 벌어질까요? 여기에서 교회는 "그 사랑하는 자를 의지하는" 것으로 묘사됩니다. 교회에게는 한 친구가 있습니다. 이 친구는 교회를 위해 자기 자신의 삶을 바쳐서 사랑을 교회에 전해주는 친구입니다. 이 친구가 바로 우리의 존귀한 주 예수가 아니고 누구겠습니까. 주님은 영원 전부터 우리를 사랑하신 복된 존재이십니다. 주님은 그의 거룩한 피로써 우리 죄를 깨끗하게 씻어주신 복된 분입니다. '언제나 우리를 사랑하시는' 친구는 또한 전능하신 친구, 우주를 창조하신 창조주, 그리고 이 모든 것보다 먼저 존재하신 분이십니다.

여기서 또한 우리가 보게 되는 것은 그리스도의 교회가 단지 주 예수의 팔에 안기기만(taken) 하는 것이 아니라, 스스로 주님의 팔에 기댄다는 것입니다. 우리는 모두 알고 있습니다. 우리가 스스로 주님의 팔에 의지하는 것 없이는 주님의 팔에 붙들릴 수 없다는 것을 말입니다. 아내가 남편의 팔을 잡을 때에는, 단지 스스로 지탱할 힘을 얻지 못해서 그런 것만이 아니라, 남편이 너무 허약하기 때문에 그녀가 남편을 설 수 있도록 지지하고 도와주려 남편의 팔을 잡을 수도 있습니다. 그렇지만 여기에는 우리 모두에게 허락된 팔이 있습니다. 이 팔은 항상 강하고, 힘 있고 전능합니다. 우리 모두는 항상 이 팔에 기댈 수 있습니다. 그 팔이 지칠지도 모른다는 두려움을 가질 필요도 없습니다. 이 팔은 전능하며 모든 것을 견딜만한 힘이 있다는 것만 생각할 것이 아니라, 그 팔을 가진 존재의 마음을 한번 생각해 봅시다. 이 얼마나 사랑스럽고 부드러우며, 신실한 마음입니까. 오! 주님은 정말 우리의 진정한 친구이십니다.

자, 그리스도의 사랑을 받는 우리는 모두 주님의 팔을 의지하고 있습니까? 고난과 시험이 일어날 때에, 우리가 가는 길에 어떤 곤란하게 만드는 일들이 일어날 때, 우리는 주님의 이 상하고 사랑스러운 팔을 의지하고 있습니까? 이것이 바로 오늘 아가서 8:5 말씀의 요점입니다. 고난 중에 주님의 팔을 의지하는 이 방법이야 말로 우리가 고난을 만날 때에 그 고난을 견뎌낼 수 있도록 하는 바로 그 방법입니다.

여러분을 사랑하는 마음으로 여러분께 질문을 드립니다. "지난 한 주간 주님의 이 강하고 사랑스러운 팔을 의지했습니까? 그리고 그렇게 영적으로 지탱할 힘을 얻기 위해 주님의 팔을 의지했습니까?" 이제 우리가 오늘부터 새롭게 살아갈 한 주 동안은 그 이후의 삶을 바라보며 살아갑시다. 우리가 오늘 나눈 아가서의 이 말씀들은 어떤 구체적인 의미를 두지 않고 단순히 읽어버릴 구절이 아닙니다. 오히려 이 말씀은 사랑하는 남녀 사이의 이미지를 통해, 성령께서 우리를 가르치시기 위해 사용하시는 수단입니다. 우리의 고난과 시험 한 가운데에서 우리는 날마다 예수님의 팔의 힘을 증명해야 합니다. 그리고 주님은 "학자들의 혀를 주사 곤고한 자를 말로 어떻게 도와 줄 줄을 알게 하신"(사 50:3) 분이심을 기억합시다. 주님의 능력과 사랑을 더욱더 증명하기 위해 노력합시다. 그러면 우리는 주님의 그 팔을 의지하는 것이 절대 헛된 일이 아님을 알게 될 것입니다.

# 08 용서하시는 하나님[10]

"그가 네 모든 죄악을 사하시며 네 모든 병을 고치시며 네 생명을 파멸에서 속량하시고 인자와 긍휼로 관을 씌우시며 좋은 것으로 네 소원을 만족하게 하사 네 청춘을 독수리 같이 새롭게 하시는도다." (시 103:3-5)

오늘 여러분께 읽어드린 이 시편 말씀을 읽을 때, 특별히 주의를 기울여야 하는 부분은 바로 이 시편 기자가 하나님을 찬양하는 것을 강조하고 있다는 점입니다. "내 영혼아 주님을 (또는 여호와를) 송축하라 내 속에 있는 것들아 다 그의 거룩한 이름을 송축하라."(1절) 시편 기자의 영혼까지도 하나님께 드리는 예배에 참여하고 있는 것입니다. 모든 것들이 주님을 찬양합니다. 시편 기자의 전 존재가 하나님의 마음을 사랑하며, 하나님 마음의 권세를 찬양하는 것입니다. 그의 존재의 모든 것! 바로 이것이 우리가 추구해야 할 것입니다. 주님께 감사를 드리는 것을 잊어도 된다는 말은 아닙니다. 물론 여러분들이 주님께 감사드리고 있다고 믿습니다. 제가 말씀드리고 싶은 것은 오히려 우리의 영적 기질이

---

10 1876년 8월 13일 주일 오전 설교. 브리스톨, 펜 스트리트, 태버너클 교회.

그렇다는 것입니다. 즉 우리의 마음이 하나님께 드리는 찬양에 점점 더 많이 참여할수록, 우리 안의 모든 것들은 주님을 찬양하고, 주님께 영광을 돌리고, 주님을 높이는 데에 더 많이 빠져들게 된다는 것입니다. 여기에 덧붙여야 할 더 큰 것이 있습니다. "그의 거룩한 이름을 송축하라."(1절b) 이것은 우리 믿는 사람들이 참여할 수 있는 유일한 일입니다. 당연하다는 듯이 우리는 하나님의 거룩함을 신경 쓰지 않습니다. 당연하다는 듯이 인간은 자기 자신을 높이기를 좋아하고, 하나님 또한 자기 자신과 같은 존재로 생각하려고 합니다. 거룩함이라는 속성은 당연하게도 우리가 가장 마지막에나 신경 쓸 것으로 여깁니다. 그러나 우리가 하나님의 은혜로 거듭날 때, 우리가 새로운 존재로 새롭게 될 때, 그리고 우리가 영적인 삶을 살아갈 때, 바로 하나님의 거룩함을 따르고자 하는 열망이 우리 마음 가운데 생겨나게 됩니다. 그렇게 할 때, 하나님께서 거룩한 존재라는 사실을 기쁨으로 받아들이게 됩니다. 그렇게 되어야 우리는 언젠가 하나님과 같이 될 희망을 갖게 됩니다. 오직 하나님의 자녀만이 하나님의 거룩함에 영광을 돌리는 일에 진심으로 관심을 가지고 있고, 그러한 관심 때문에 하나님께 찬양을 드릴 수 있습니다. 그렇게 시편 기자는 2절에서 다음과 같이 덧붙입니다. "내 영혼아 여호와를 송축하며 그의 모든 은택을 잊지 말지어다."(2절) 우리는 자주 하나님께서 우리에게 보여주신 자비를 잊어버리는 위험에 빠지곤 합니다. 우리는 우리가 받는 시험이나 고난, 누군가를 잃은 슬픔이나 우리가 진 십자가에 대해서는 말할 준비가 되어 있으면서, 그 만큼 더욱 하나님의 선하심에 대해 말하고 하나님의 선하심을 높이고, 하나님께서 우리 삶에 매일매일 허락하시는 셀 수 없는 자비에 대해 말할 준비가 되어 있습니까? 그것이 바로 오늘 시편 기자가 특별히 염려하고 있는 부분입니다. 이제 이러한 점을 염두에 두고 오늘 본문을 살펴보겠습니다.

"그가 네 모든 죄악을 사하시며."(3a) 이것이 시편 기자가 열거한 첫 번째 축복입니다. 시편 기자가 특별히 절대 잊어버리고 싶지 않다고 여기는 첫 번째의 것은 하나님의 자비인 것입니다. 모든 다른 축복들 중에서도 죄를 용서해주신다는 이것이 특별히 첫 번째 축복임을 주의 깊게 생각해 보십시오. 하나님께서 죄를 용서해주신다는 이 축복이 우리가 이제까지 받은 축복들 중에 최고의 축복이 아니겠습니까? 이 축복과 비견될 만한 다른 축복이 있겠습니까? 우리가 하는 사업에 어떤 축복이 있다한들 - 물론 어떤 축복을 받든 우리가 다 감사드려야 하지만 - 우리 죄를 용서해주신다는 이 궁극적인 축복에 비견될 수 있겠습니까? 우리 가정에 평강과 평안이 온전히 있다한들 - 이 또한 우리가 감사함으로 받아야 할 축복이기는 하지만 - 우리 죄를 용서해 주신다는 이 축복에 비견될 수 있겠습니까? 우리 몸이 온전히 건강하다 할지라도 - 물론 몸을 건강하게 해주시는 하나님의 은혜에 감사드려야 하겠지만 - 우리 죄를 용서해주신다는 그 축복에 비교할 수 있겠습니까? 죄의 용서라는 그 축복에 비하면, 사업의 축복이나 가정의 평안, 육체의 건강 이것들은 다 아무것도 아닌 것입니다. 오늘 시편 기자는 죄의 용서라는 이 축복을 가장 첫 번째 축복으로 제시합니다. 왜냐하면 이것이야 말로 우리 인간이 가질 수 있는 최고의 가장 시급하면서도 가장 소중한 것이기 때문입니다.

여러분을 사랑하는 마음으로 이렇게 질문을 드립니다. 우리 모두는 죄의 용서를 받았습니까? 이것이 이 구절의 요점입니다. 바로 이것이 요점입니다. 우리는 모두 용서받은 죄인들입니까? 모든 인간은 예외 없이 다 죄인입니다. 우리는 모두 용서받은 죄인들입니까? 우리 모두는 우리 죄의 용서를 받았습니까? 이것이 바로 핵심입니다. 물론 여기 계신 수백 명의 믿음의 사람들은 이미 죄의 용서를 받았다고 확신합니다. 그렇지만, 동시에 저는 아직도 많은 믿음의 사람들이 죄의 용서를 받지 못했다는 생각을 지울 수가 없습니다. 이것은 정말로 중요한 핵심입니다. 우리는 용서받은 죄인 또는 용서받지 못한 죄인, 두 부류 중 어디에 속합니까? 첫 번째 부류인 용서받은 죄인이란 죄의 짐을 모두 제거 받은 사람들을 말합니다. 용서받지 못한 죄인이란, 주 예수 그리스도의 속죄의 은혜에도 불구하고 평안하고 침착하게 하나님을 바로 볼 수 없는 사람들을 말합니다. 하나님 앞에서 스스로에게 물어보십시오. 저는 어느 부류에 속한 사람인가? 만약 제가 용서받지 못한 존재라면, 평안할 수 없을 것입니다. 절대 영원한 생명을 기대할 수도 없을 것입니다. 물론 내 삶의 끝에 무엇이 있을지 조차 알지 못할 것입니다. 이것이 바로 용서받지 못한 사람이 매일매일 겪게 되는 가장 두려운 일인 것입니다.

자, 이제 우리가 이제까지 죄의 용서를 받았는지에 대한 질문에 이어 다음과 같은 질문이 뒤따르게 됩니다. 어떻게 우리는 우리 죄의 용서를 얻을 수 있습니까? 간단하게 말하자면, 우리 주 예수 그리스도의 속죄의 은혜를 믿음으로 굳건히 붙잡으면 되는 일입니다. 은혜가 풍성하신 우리 하나님께서는, 영원한 형벌이 기다리는 지옥으로 우리를 보내시지 않으시고, 우리가 셀 수도 없이 많은 죄로 인해 받아야 할 심판을 하나님의 아들, 주 예수 그리스도께 전가하셨습니다. 사실 우리는 영원히 벌을 받아 마땅한 존재이지만 말입니다. 하나님께서 이 땅에 보내신 주 예수 그리스도야 말로 우리를 대신하여 하나님의 온전한 율법을 성취하심으로써 우리를 위해 공의를 이루셨습니다. 그렇게 하심으로써 우리와 같이 죄 많은 불쌍한 죄인들이 주 예수 그리스도를 믿기만 하면, 하나님께서는 우리가 마치 주 예수 그리스도의 거룩하고 흠 없는 삶을 산 것처럼 여겨주십니다. 주님을 믿는 사람은 비록 죄인이지만, 그리스도의 공의로움 안에서 하나님 앞에 서서, 죄지은 사람이 으레 그러하듯, 주 예수 그리스도께서 죄인이지만 그를 믿는 불쌍한 그 죄인을 위해 행하신 공의로움 안에 스스로를 숨기지만, 그래도 하나님께서는 그를 받아주십니다. 우리를 대신해, 우리 주 예수 그리스도께서 우리 죄 많고 사악한 죄인들이 마땅히 감내해야 할 모든 형벌을 감내하셨습니다. 이제 하나님께서는 그의 구원의 사역을 완성하려고 무언가를 하기 위해 우리를 돌보시는 것이 아니라, 하나님께서 그의 아들의 위격을 통해, 죄인에게 은혜로써 주시기로 한 것을 허락하시려고 우리를 돌보십니다. 하나님께서는 죄인을 위해 그 아들의 공의로움을 허락하셨습니다.

그런데 죄인이라도 주 예수 그리스도를 믿으면, 새로운 삶이 시작됩니다. 그리스도를 믿는 사람은 그리스도를 기쁘시게 하려고 노력하고, 그리스도께서 가르치신 교리를 더욱 아름답게 가꿔가려고 합니다. 그리고 주 예수 그리스도의 마음을 따라 살려고 노력합니다. 그리스도를 믿는 사람은 그렇게 삶으로써 구원을 얻기 위해 그리 행하는 것은 아닙니다. 더욱이 주 예수 그리스도의 사역에 무언가를 추가하려고 그러는 것도 아닙니다. 그렇지만 주 예수 그리스도를 믿는 믿음으로 구원을 받고, 죄의 용서를 받게 되고, 주 예수 그리스도께서 죄인을 위해 행하신 공의로움에 받아들여지게 되었기 때문에, 믿음의 사람은 하나님을 기쁘시게 하려고 노력하는 것입니다. 이것이 바로 용서를 얻는 방법입니다. 단순히 예수를 신뢰하고, 예수님이 우리의 구원자이심을 믿는 것입니다. 이렇게 행하는 사람만이 용서를 받을 수 있습니다.

　우리가 유념해야 할 다른 핵심은 바로 우리가 용서받았음을 아는 지식입니다. 이 지식을 얻으려고 우리가 죽을 때까지 기다릴 필요는 없습니다. 심판의 날까지 기다려야 하는 것도 아닙니다. 죄 용서받았음을 아는 지식이라는 축복은 지금 우리에게 주어졌고, 현재 우리가 알 수 있으며, 지금 우리가 기쁨으로 즐길 수 있는 것입니다. 이 지식을 갖지 못한 사람은 진정으로 오랫동안 행복할 수 없습니다. 우리 마음에 성령의 평안과 기쁨을 주는 것이 바로 용서받았음을 아는 지식입니다. 이 지식은 우리가 아무리 악하고 죄가 많은 자라도, 우리 죄가 용서받는다는 것을 아는 지식입니다. 사랑하는 그리스도인 친구들이여! 우리 모두는 우리 죄가 용서받았다는 사실을 알고 그것을 누리고 있습니까? 여기 계신 그 누구도 용서받았음을 알 수 없다고 말하지 않으리라 확신합니다. 확실히 우리는 죄의 용서를 아는 지식을 가질 수 있습니다. 이것이 바로 초대 교회 그리스도인들이 누렸던 축복입니다. 초대 교회 그리스도인들은 그들이 믿어야 할 대상을 정확히 알았습니다. 그들은 주 예수 그리스도 안에서 "그리스도의 피로 말미암아 구원을 받았고 죄의 용서마저 받았음"을 알았습니다. 초대 교회 그리스도인들은 주 예수 그리스도에 관하여 이러한 믿음의 선언을 가지고 있었습니다. "그에 대하여 모든 선지자도 증언하되 그를 믿는 사람들이 다 그의 이름을 힘입어 죄 사함을 받는다 하였느니라." 이렇게 예수를 믿는 모든 불쌍한 죄인들은 다 죄의 용서를 받습니다. 이것이 바로 우리가 지금 누리는 축복입니다. 만약 여기에 모인 우리 중에 이렇게 죄의 용서를 받았음을 아는 지식의 축복이 없다면, 그런 사람들은 자신의 죄가 용서받았음을 알게 되기까지 주님 앞에서 절대 믿음 생활에 휴식이 있어서는 안 됩니다. 죄를 용서받았다는 이 사실은 우리가 지금 누려야 할 축복입니다. 왜냐하면 구원은 죄를 용서받았음을 아는 지식과 더불어 우리가 현재 누리는 축복이기 때문입니다. 우리가 죄의 용서를 받았다는 지식을 얻게 되는 것, 이것이 바로 우리가 우리 주 예수 그리스도를 믿는 믿음과 결부된 여러 축복 중에 하나입니다.

시편 기자가 선포하는 이 선언에 대해 더 살펴보겠습니다. "그는 우리 죄악의 일부를 사하시는 것이 아니라, 네 모든(ALL) 죄악을 사하시며." 이 얼마나 귀한 말씀입니까. 오백 개, 오천 개나 되는 우리 죄를 용서받았다는 말이 아닙니다. 우리 모든 죄를 용서받았다는 것입니다. 그렇기 때문에, 우리 죄가 아무리 셀 수 없이 많다 할지라도, 우리 모두는 다 용서받은 것입니다. 이 얼마나 놀라운 일인지 한번 생각해 보십시오. 용서받을 수 없을 정도로 죄가 많은 우리라도, 주 예수 그리스도를 믿는 모든 사람의 죄가 다 용서를 받는 것입니다. 여러분은 죄 용서를 받았다는 이 사실을 누리고 계십니까? 저는 정말로 내 죄가 용서받았음을 알고 그것을 누리고 있습니다. 제가 그런 강한 느낌을 받았기 때문은 아닙니다. 저는 감정에 의존하는 사람이 아닙니다. 저는 하나님의 말씀을 그대로 믿을 뿐입니다. 저는 오직 하나님 말씀에 의존합니다. "그를 믿는 자마다 멸망하지 않고 영생을 얻게 하려 하심이라." 그렇기 때문에 저는 이제까지 저의 죄를 용서해주신 예수님을 믿는 것입니다. 사실 죄를 용서받았다는 이 사실을 깨우쳐 준 어떤 꿈을 꾸거나 환상을 본 적은 전혀 없습니다. 어떤 사람들은 그러한 특별한 환상을 보거나, 예수가 방 한구석에 있는 십자가에 달려 있는 모습을 보지 않으면, 예수를 통해 죄 용서 받았다는 사실에 대해 무조건 의심해야 한다고 생각하기도 합니다. 그런데 저는 전혀 그런 환상을 본 적이 없습니다. 지난 50년 동안, 저는 내 죄가 용서받았다는 사실에 대해 단 1분이라도 의심한 적이 없습니다. 그 기간 [지난 50년] 동안 저는 그저 예수 그리스도를 믿는 믿음의 사람이었고, 그 시간 내내 제가 말하고 의존했던 말씀은 오직 성경에 기록된 것이었습니다. 그리고 그 말씀을 통해, 저는 저의 죄가 용서받았음을 알았습니다. 하나님의 말씀을 그대로 믿는 믿음의 사람이라면 누구나 자기 자신이 죄에서 용서받은 죄인, 용서받은 죄인으로 존중할 권리가 있습니다. 우리 모든 죄가 용서받았음을 아는 것, 이것은 축복입니다. 정말로 엄청난 축복입니다. 우리 죄가 9090개가 있다고 가정해 보십시오. 그리고 그 중 9089개의 죄가 용서받았다고 가정해 봅시다. 그렇다면 우리에게 아직 용서받지 못한 죄가 하나 남아 있는 것 아닙니까? 그렇다면 어떤 일이 벌어질까요? 이 남은 하나의 죄 때문에, 우리는 영원한 형벌을 받는 지옥에 떨어지게 되는 것입니다. 하찮거나 사소한 죄는 없습니다. 우리는 분명히 완벽하게 죄 없는 존재가 되어야만 합니다. 주 예수 그리스도께서 우리를 위해 이루신 공로에 죄인인 우리 자신을 숨기고, 완전히 용서를 받아야 합니다. 그렇지 않으면 우리는 죄 용서에 대한 확신도 없고, 하나님의 현존 앞에 나아올 수 없습니다. 그러므로 시편 기자가 말하는 이 축복의 선언에 주의를 기울입시다. "그는 네 모든 죄악을 사하시며." 모든 죄가 사라졌습니다. 오! 이 얼마나 복된 말씀입니까. 모든 죄가 사라졌습니다. 행동의 죄, 말의 죄, 생각의 죄, 감정의 죄, 욕망의 죄, 목적의 죄, 성향의 죄, 모든 죄가 사라집니다. 우리가 우리 영혼의 구원을 위해 오신 주 예수 그리스도를 확실하게 신뢰하기만 하면 말입니다.

자, 이제 저는 특별히 한 가지 요점에 대해서 말하고 싶습니다. 이는 그리스도인들, 특히 젊은 믿음의 사람들을 가르치기 위함입니다. 우리가 읽은 말씀에 "그가 죄악을 사하시며"라고 되어 있습니다. 이 말씀을 잘 살펴보면, 하나님께서 행하시는 죄의 용서는 지금 현재 계속 진행되고 있는 것임을 알게 됩니다. 어떤 그리스도인들은 이렇게 말할지도 모릅니다. 신약 성경에서 보면, 때로는 우리 모든 죄가 다 사해졌다고 말하기도 하고, 때로는 우리가 아직도 용서받아야 할 존재인 것처럼 말하기도 한다고 말입니다. 그런데 구약 시편의 이 구절에 보면, "그가 죄악을 사하시며"라고 기록되어 있는데, 이 말은 마치 죄의 용서가 지금도 계속 이루어지는 것처럼 보입니다. 이 말씀에 대해서 설명해 보고자 합니다. 우리가 여전히 죄인으로 있는 상태에서는, 우리는 당연히 죄인의 괴수인 상태이지만, 우리가 주 예수 그리스도를 믿는 순간 우리는 우리 모든 죄의 용서함을 받게 됩니다. 우리 구원에 있어서 하나님께서 행하시는 일은 한 순간에 모든 것이 다 이루어집니다. 무엇보다 우리가 공의로우신 재판관 앞에 선 죄인의 괴수라는 옛 관계를 벗어나, 하나님의 자녀의 지위로 들어가게 되면, 이러한 자녀로서의 관계를 통해 우리 구원에 관한 일은 완료가 되겠지만, 여전히 자녀의 관계에서 우리는 실패하고 넘어질 수 있습니다. 이러한 일은 날마다 자주 일어납니다. 그리고 성령께서는 우리의 실패를 깨닫도록 해주십니다. 그럴 때마다 어린아이와 같은 단순함으로, 주님 앞에서 인정해야 할 것은 우리가 우리의 죄된 삶에 대해 성령께서 깨닫게 해주신 그러한 방식대로 올바르게 행동하지 않았으며, 우리가 아직 하지 않고 남겨둔 이런 일이라든가, 우리가 부적절하게 행동했건 것들이 있다는 사실입니다. 어린아이와 같은 단순함으로 우리는 주님 앞에 고백해야 합니다. 그렇게 할 때, "만일 우리가 우리 죄를 자백하면 그는 미쁘시고 의로우사 우리 죄를 사하시며 우리를 모든 불의에서 깨끗하게 하실 것이요"(요일 1:9)라는 말씀이 뒤따르게 되는 것입니다. 그리고 [이를 위해서는] 주 예수 그리스도의 대제사장 직이 필요한 것입니다. 우리 구원에 관해서만 생각한다면, 그리스도께서 죽으실 때 말씀하신 대로, "다 이루었도다"라고 하신 말씀 그대로 다 이루신 것입니다. 그리고 나서 부활 후에 승천하신 그리스도께서는 거룩한 대제사장의 자리에 오르셨고, 지금까지도 죄인을 돕기 위해, 자신의 피의 효력을 가르치시고 계십니다. 바로 여전히 그리스도의 피의 효력을 죄인에게 가르치신다는 이 후자의 의미에서 - 우리가 하나님의 자녀로서 - 우리가 실패하거나 잘못했을 때마다 그것을 하나님께 고백해야만 합니다. 그렇게 할 때, 하나님 아버지의 은혜가 우리에게 주어질 것입니다. 이에 대하여 저의 사랑하는 그리스도인 친구 된 여러분들에게 제가 충분히 설명했으리라 믿습니다.

"네 모든 병을 고치시며."(3b) 이 구절은 오늘 시편 기자가 유념해서 설명하고자 하는 두 번째 축복입니다. 여기에서 육체의 질병은 해당되지 않는다고 말하고 싶지 않습니다. 왜냐하면 만약 누군가 그 육체의 질병에서 치료를 받는다면, 그것은 단순히 의사의 의술 때문이라거나, 그가 복용한 약의 강력한 특징 때문이 아니라, 의사가 의술을 펼치도록 하신 하나님의 축복에 의해 치료된 것이기 때문입니다. 물론 제가 판단하기로 여전히 여기에서 언급된 핵심은 영적인 지병에 있습니다. 여러분은 이사야가 했던 예언들 초반에 이런 말씀을 했던 것을 기억하실 것입니다. "발바닥에서 머리까지 성한 곳이 없이 상한 것과 터진 것과 새로 맞은 흔적뿐이거늘."(사 1:6) 우리 모두는 이 말씀이 이스라엘 사람들의 육체에 관한 것이 아니며, 육체에 비유하여 그들이 처한 비참한 현실만을 언급하는 것이 아니라, 이스라엘 사람들의 영적인 질병의 상태를 언급하는 것임을 알고 있습니다. 이러한 영적 질병 상태는 과거 이스라엘 사람들에게만 해당되는 것이 아니라 모든 시대, 모든 환경에 존재하는 모든 죄인들에게 해당되는 것입니다. 만약 우리가 영적으로 순결하다면, 이런 영적 순결은 오로지 주님으로부터 받은 것입니다. 자, 이제 우리가 여기서 특별히 기억할 것은 이것입니다. 주 예수 그리스도를 신뢰하는 불쌍한 죄인이 주 예수를 믿은 그 순간 비록 의식하지는 못하겠지만, 그가 무한히 지혜로우시며 은혜로운 의사에게 자신을 내어주는 것과 같다는 사실입니다. 복된 존재이신 한 분 하나님께서는 그를 인도하여 하나님의 병원, 하나님의 병실에 그를 두시고, 그가 완전히 치료받기 전까지는 그를 절대 밖으로 내보내지 않으십니다. 그리고 우리 모두가 알고 있는 바와 같이, 하나님의 병원에서는 불치병으로 인해 치료받지 못한 채 내보내어지는 일은 절대 없습니다. 물론 이러한 일이 현실에서는 자주 일어나지만 말입니다. 하나님의 병원에 입원한 환자는 그가 영적인 질병에서 완전하게 해방될 때까지 병간호를 받을 것입니다. 그렇기 때문에 우리가 하나님의 병원에 있는 순간 우리는 여전히 치료 중에 있는 것입니다. 의사인 예수 그리스도와 죄인이자 믿음의 사람인 환자의 이러한 만남은 예수의 축복을 통해 우리의 영적인 질병을 치료하고자 무언가를 하시려고, 그리고 우리를 질병 상태에서 벗어날 수 있도록 돕기 위해 이루어지는 것입니다. 그리고 이것이 바로 가장 연약한 자들이 기대할 수 있는 희망입니다. 우리가 확실하게 예수를 믿기만 하면, 그리고 그가 진심으로 죄 가운데 살지 않기를 바란다면, 그 사람은 결국 영적 질병의 상태에서 벗어나는 동시에 죄로부터 해방되는 상태에 이르게 되는 것입니다. 우리는 하나님께 붙들린 자들이기 때문에, 그 아들 예수 그리스도의 형상을 닮아가며, 결국에는 그리스도와 같이 되며, 모두가 거룩하게 되고 영적인 질병에서 자유하게 될 것을 압니다. 우리 교만은 완전히 사라질 것입니다. 우리의 성급하고 화를 잘 내는 기질, 탐욕, 우리의 속물근성 같은 모든 영적 질병이 다 사라질 것입니다. 우리는 예수님처럼 온유하고 사랑스러우며 순결하고 거룩한 존재가 될 것입니다. 이 얼마나 복된 소망입니까. 예수님께서는 우리가 우리의 영적인 질병에서 완전히 해방되기 전까지 우리를 포기하시지 않으실 것입니다. 그리고 결국에는 이 말씀 그대로 이루실 것입니다. "그가 네 모든 병을 고치시며." 이것이 바로 주님께서 우리에게 주시는 가르침이며 치료입니다. 날마다 이러한 온전한 치료를 위해 무언가 우리의 영적 삶에 이루어 질 것이며, 우리는 스스로 다음과 같은 질문을 던지게 될 것입니다. 오늘 내 삶에 어떤 진보가 있었는가? 어제보다 오늘 내 영적 질병에서 조금 더 해방되었는가? 오늘 내 삶이 예수님의 삶과 더욱 일치되고 있는가? 새해에 우리는 이런 질문을 던질 수 있을까요? 이전보다 작년에 더 큰 영적인 진보를 이루었는가? 주님께서 우리를 향해 가지고 계신 뜻은 우리가 결국에 예수와 같이 되어야만 한다는 것입니다. 그리고 하나님의 뜻은 오직 우리 앞에 주어져야만 합니다. 동시에 우리 영혼 가장 깊은 곳에서 우리는 하나님의 뜻을 따를 만한 준비가 되어 있어야만 합니다. 시편 기자는 하나님께서 이러한 영적 치료를 이루고 계심에 대하여 하나님께 감사드릴 열망으로 가득합니다.

"네 생명을 파멸에서 속량하시고."(4절b) 이 말씀은 여러모로 참 맞는 말씀입니다. 우리의 목숨에 관하여 볼 때, 만약 하나님께서 우리를 지켜주시지 않는다면 우리는 어떻게 되겠습니까? 우리는 끊임없이 우리 생명을 잃을 위기에 노출되어 있습니다. 이는 특별히 어린 자녀들의 경우에 더욱 그렇습니다. 여기 태버너클 교회 주변에 사는 어린아이들을 한번 생각해 보십시오. 하루에도 수십 번씩 마차나 수레가 지나가고 있는데도 사고 없이 잘 지내는 아이들을 볼 때 하나님께서 그들을 지켜주신다고 생각하지 않을 사람이 어디 있겠습니까? "네 생명을 파멸에서 속량하시고." 우리 목숨에 관한 한 이 얼마나 옳은 말씀입니까. 우리가 여행을 떠난다고 할 때, 우리 삶이 얼마나 위험에 노출되어 있는지 생각해 보십시오. 물론 우리가 여행을 떠나지 않고 침대에만 누워 있다고 해도, 우리는 우리 목숨이 끊어질지도 모르는 위험에 늘 노출되어 있습니다. 얼마나 자주 천장이 무너져서 사람들이 바로 깔리는 것을 보지 않습니까. 그렇지만 이런 사고보다도 더 많이 우리는 목숨을 잃어버릴 위험에 처해 있습니다. 우리 온 생명은 사실 하나님께 영광을 돌리기 위한 것입니다. 우리가 예수를 믿지 않았다면, 메시아로서 오신 그분을 믿지 않는다면, 아니면 그리스도를 통해 오신 분을 믿지 않는다면, 우리에게 주어진 삶을 우리가 지옥에서 써버리는 것이나 다름없습니다. 우리 생명은 사실 파멸로부터 구원받는 것일 뿐입니다. 그러나 아직 주 예수 그리스도를 믿지 않는 사람들에 대해 말하자면, 그들의 삶 또한 그리스도께 영광을 돌리기 위해 주어진 것이고 우리가 영원히 누려야 할 생명이지만, 그들은 예수를 믿지 않기 때문에 그들의 삶은 아직도 지옥에서 지내는 것처럼 사는 것에 불과합니다. 당신의 생명이 파멸에서 막 구원받았다는 것을 분명히 기억하십시오. 여러분이 주 예수 그리스도를 믿는 믿음의 사람이 아니었다면, 여러분의 생명이 파멸에서 속량 받았다는 것은 아직도 여러분에게는 진리가 아닙니다. 게다가, 우리는 주 예수 그리스도를 믿는 믿음의 사람들이며, 그리스도를 위해 살기 원하는 사람들입니다. 만약 우리가 예수를 믿으면서부터 외톨이가 되어버렸다고 한다면, 우리는 예수님을 믿기 전 상태로 돌아가 버린 것이라고 할 수 있습니다. 하나님의 은혜와 자비, 그 신실하심으로 인해 우리는 오늘날 주님의 편에 설 수 있는 것입니다. 그리고 절대 세상으로 다시 돌아가는 일은 없습니다. 우리는 이 모든 일에 대하여 하나님의 은혜에 빚진 자들입니다. 그렇기 때문에, "너희 안에서 착한 일을 시작하신 이가 그리스도 예수의 날까지 이루실 줄을 우리는 확신하노라"(빌 1:6)라고 하신 그 말씀을 우리가 받고, 그 말씀을 붙잡고 있음에 감사드려야 하는 것입니다. 그리고 주님께서 우리를 버리시거나 떠나시지 않으실 것에 감사드려야 하는 것입니다. 이 얼마나 큰 축복이고 영광스러운 소망입니까.

"인자와 긍휼로 관을 씌우시며."(4절b) 이 구절은 파멸에서 속량하신 은혜 그 다음으로 하나님께서 우리에게 허락하신 자비입니다. 오늘 시편 기자는 특별히 이 점에 대해 하나님께 감사를 드리고자 합니다. 우리가 여기에서 비유로 사용하는 형상을 분명하게 이해할 수 있어야만 합니다. 성경에서 어떤 형상을 사용할 때마다 그 형상에 대해서는 분명하게 이해해야만 합니다. 그래야 그 형상에 숨겨진 영적인 진리의 의미를 정확히 알 수 있습니다. 여기에서 이야기하는 형상이란 바로 "관을 씌우는 것"입니다. 우리 모두는 관을 씌우는 것이 무엇인지 압니다. 한 나라에서 왕관을 쓸 수 있는 사람은 12명도 아니고, 6명도 아닙니다. 오직 한 사람만 관을 쓰게 됩니다. 그렇기 때문에 관을 쓴 그 사람의 머리는 명예와 권력의 상징이 되는 것입니다. 이 사람은 선발되었고, 나머지 다른 사람들에게 선별된 사람이기 때문에, 그 머리에 씌워진 관으로 자신의 명예와 권력의 자리에 오르게 되는 것입니다. 분명히 우리 하늘 아버지는 주 예수 그리스도를 믿는 우리들을 이렇게 대하십니다. 하나님께 우리라는 존재는 가장 비도덕적인 존재보다 좀 더 나은 부스러기 같은 그런 존재가 아닙니다. 우리는 사실 커트(Cut) 감옥이나 브라이드웰(Bridewell) 감옥, 아니면 로포드 게이트(Lawford's Gate) 감옥에 있는 불쌍한 수감자들보다도 더 악한 죄인들입니다. 우리는 도시에 사는 가장 비도덕적인 사람들만큼이나 나쁜 사람들입니다. 우리가 술 취한 사람이나 죄수들이 경찰들에게 호송되는 것을 보면, 우리는 아마도 이렇게 말해야 합니다. 하나님의 은혜가 없었다면 나도 저기 술 취한 사람이었을 텐데. 하나님의 은혜가 아니라면 나도 경찰 손에 붙잡혀 있을 텐데. 그리고 우리는 이러한 마음을 마지막 날까지 잊어버려서는 안 됩니다. 그러면 우리 마음은 점점 더 하나님에 대한 사랑과 감사로 가득 채워질 것입니다. 또한 주 예수 그리스도에 대한 사랑과 감사로 가득하게 될 것입니다. 점점 더 그렇게 될 것입니다. 만약 우리가 우리 자신에 너무나 갇혀 있다면, 우리는 죄 속에서 계속 뒹굴고 있었을 것입니다. 이 상황은 갈수록 더 악화되고 말 것입니다. 바로 이 점이, 시편 기자가 "인자와 긍휼로 관을 씌우시며"라고 말하면서 언급하고 싶었던 핵심입니다. 바로 사랑스럽고 친절함을 뜻하는 은혜가 바로 그것입니다. 구약의 히브리어를 통해 보면, 사랑스럽고 친절함, 이것이 곧 은혜입니다. 우리가 하나님께 진 은혜와 자비의 빚이 바로 이것입니다. 하나님의 은혜와 자비가 없었다면, 우리는 더럽고 악한 사람으로 계속 살아야만 합니다. 유념해야 할 것은 우리 마음에 숨겨진 거만함을 경계해야 합니다. 스스로 다른 사람보다 더 나은 사람이라고 생각하는 마음입니다. 대신 우리 마음은 주 예수 그리스도를 향한 사랑과 감사의 마음으로 가득 채워져야만 합니다.

여기에서 시편 기자가 감사드리고자 하는 하나님의 자비가 하나 더 있습니다.

귀한 주 예수 그리스도, 지금 당신의 종의 입을 사용하소서. 당신의 영에 이끌리어, 당신의 불쌍한 종이 여기 있는 주님의 사랑하신 제자들을 특별히 도와드리고자 하는 이 핵심을 이끌어내고자 합니다. 당신의 종을 도우시고, 주님의 말씀만이 나오게 하소서. 말만이 아니라, 성령의 능력이 나타나게 하소서. 그래서 여기 주님의 사랑하는 제자들의 삶이 끝날 때까지 이를 잊어버리지 않게 하소서. 그리고 당신의 종이 당신의 사랑스러운 이름을 위해 이를 요청합니다.

"좋은 것으로 네 소원을 만족하게 하사 네 청춘을 독수리 같이 새롭게 하시는도다."(5절) 여기에서 다시 또 다른 형상에 집중합시다. 늙은 독수리가 자신의 깃털을 내던집니다. 이 일이 이루어질 때, 그 힘이 다시 새롭게 되며, 다시 힘이 생기고 강해지게 됩니다. 이는 수년 간에 걸쳐서 이루어지는 일입니다. 그렇게 시편 기자는 자기 자신을 돌아보며, 주님께서 그에게 해주신 역사를 기리고 있는 것입니다. 시편 기자가 음식을 말하는 것은 아니지만, 음식 또한 그가 말하고자 하는 축복에 포함되어 있습니다. 우리 모두는 우리가 섭취하는 빵 부스러기 하나에도,

그리고 물 한 방울에도 대단히 감사드려야 합니다. 왜냐하면 우리가 섭취한 음식을 통해 우리가 강해지고 활력을 찾을 수 있기 때문입니다. 시편 기자가 그의 입이 좋은 것들로 만족한다고 할 때, 그가 말하고자 하는 것은 독수리의 경우와도 마찬가지로, 좋은 음식이 건강을 회복하는 데 도움을 주는 효용성인 것입니다. 그러나 거기에만 그치는 것이 아니라, 시편 기자는 영적 음식을 말하고 있습니다. 이 영적 음식을 통해 우리의 영적인 능력이 새롭게 생겨나는 것입니다. 자, 사랑하는 그리스도인 친구들이여, 이것이 가장 중요한 핵심입니다. 믿음의 사람들은 나이를 먹었다고 해서 점점 더 생명이 없고, 경솔하며, 세상에 마음을 두는 사람이 되어서는 안 됩니다. 시편 기자 또한 나이가 들어가면서 점점 더 세상에 마음을 두었다거나, 생기 없이 냉랭하거나 육욕에 빠지지 않았습니다. 오히려 그의 영적인 힘이 새롭게 나타났습니다. 이렇게 육체의 힘이 약해지면서도 영적인 힘이 새롭게 회복되는 그러한 일이 우리에게도 일어날 수 있습니다. 사실 회심을 하고 나서 2년 또는 3년 정도 지난 후에 우리가 영적으로 더 건강하고 생기 있는 상태가 될 것이라는 생각은 사실 틀린 것입니다. 우리가 주님을 알게 된 후로 5년 또는 10년이 지난 후에, 우리의 영적인 상태가 더 냉랭하고 죽으며, 형식적인 상태가 될 수도 있습니다. 그리고 조금씩만 원래 상태로 회복될지도 모릅니다. 물론 반대의 경우가 있을 수도 있습니다. 물론 그래야만 하겠지요. 그렇지 않다면, 우리는 하나님을 찬양하고 영광을 돌리는 삶을 살고 있지 않은 것입니다. 시편 기자는 나이가 들어감에 따라 주 안에서 더욱 행복한 삶을 살았습니다. 더욱 영적인 삶에 집중하는 삶을 살게 된 것입니다. 시편 기자는 결국에는 그가 처음에 가졌던 것보다 영적으로 더 강한 힘과 활력을 갖게 되었습니다. 오! 저의 사랑하는 젊은 형제자매들이여! 여러분 앞에 놓인 소망은 의미 없고 비참한 날들이 아니라, 더 밝고 더 행복한 날이 여러분을 기다리고 있다는 사실을 알아야 합니다.

여기에서 저는 하나님께 영광을 돌리고 하나님의 이름을 드높이기 위해, 저 자신의 개인적인 이야기를 하고자 합니다. 제가 처음 그리스도를 믿는 믿음의 사람이 된 지 거의 55년이 지났는데, 저는 50살 때의 저 자신보다 지금 더 행복합니다. 물론 제가 40살 때보다 훨씬 더 행복하고, 30살 때보다도 행복합니다. 그리고 제가 20살 때보다. 그리고 10살 때보다 지금이 훨씬 행복합니다. 시간이 지나감에 따라, 주님 안에서 누리는 저의 평안과 기쁨, 행복이 점점 사라지기커녕, 오히려 점점 더 커지고 있습니다. 제가 이 말을 하는 이유가 무엇이겠습니까? 절대 자랑하려는 것이 아닙니다. 왜냐하면 이 모든 것은 다 주님의 은혜이기 때문입니다. 오히려 이 말을 하는 이유는 여기 있는 저의 젊은 친구 믿음의 사람들에게 주님께서 더 큰 것을 주실 것을 기대하도록 용기를 북돋아주기 위함입니다. 주님은 우리에게 풍성히 주시기를 즐겨하시는 분이시기 때문입니다. 때때로 여러분이 "더욱더, 더욱더"라고 노래하듯이, 여전히 우리에게 주어질 것이 더 많이 남아 있습니다. 그것을 찾읍시다. 왜냐하면 하나님께서는 기쁨으로 우리에게 더 큰 은혜를 주시려고 하시기 때문입니다. 우리에게 더 많은 은혜를 주시려는 것이 바로 하나님의 마음이며 그의 기쁨인 것입니다. 왜 그런 기대를 가지려 하지 않습니까? 우리가 우리 인생의 마지막 때에 가장 좋은 것을 가지지 말아야 할 이유가 어디 있습니까? 하나님께서 바뀌신 것입니까? 절대 그렇지 않습니다. 성경이 바뀐 것입니까? 절대 아닙니다. 우리는 여전히 동일한 축복의 말씀을 갖고 있습니다. 성령의 힘이 약해진 것입니까?

그것도 아닙니다. 그런 종류의 일이 아닙니다. 주 예수 그리스도께서는 언제나 우리에게 축복을 주실 준비가 되신 분입니다. 우리가 오늘 나누는 이 말씀이 온전히 그리스도를 나타내는 계시인 것입니다. 그리고 우리 하늘 아버지께서는 그 자녀들에게 동일한 마음을 갖고 계십니다. 그러므로 시간이 지남에 따라 우리가 더 행복해지는 것을 막을 것이 없습니다. 만약 우리가 더 행복해지지 않는다면, 그 이유는 무엇이겠습니까? 분명히 거기에는 이유가 있습니다. 그리고 우리는 스스로 왜 우리가 점점 더 행복해지지 않는지 스스로 물어보아야 합니다.

자, 이제 여러분을 사랑하는 마음으로 여기 계신 젊은 친구 믿음의 사람들에게 영적인 즐거움을 계속 유지할 수 있는 방법에 대한 힌트를 드리고자 합니다. 성경을 규칙적으로 읽으십시오. 이것은 주님 안에서 우리가 계속 행복하게 살기 위해서 절대적으로 필요합니다. 성경 말씀은 우리 내면에 영적 영양분을 공급하기 위해 하나님께서 특별히 지명하신 방법입니다. 만약 우리가 하나님의 말씀에 무지하다면, 우리는 어떤 영적인 진보를 이룰 수 없습니다. 여전히 영적인 유아 상태인 채로 남게 될 것입니다. 그뿐만이 아닙니다. 당신은 영적인 난쟁이가 될 것입니다. 당신은 영적 난쟁이가 될 것입니다. 영적인 난쟁이 말입니다. 하나님께 영광을 돌리는 삶을 사는 것이 아니라, 하나님을 모욕하는 삶을 사는 존재가 된다는 말입니다. 여러분이 알다시피 우리는 믿음의 회심을 한 이후에도 세상의 이익을 좇아 사는 삶을 살아갑니다. 하나님의 자녀 중 일부만이 회심 후에 하늘로 바로 부름을 받았습니다. 그렇지만 회심 후 바로 하늘로 부름 받은 그들조차도 잠시 동안 여기에 남아 하나님의 영광을 위해 살았습니다. 우리가 만약 하나님의 말씀을 규칙적으로 읽지 않는다면, 그리고 그 말씀을 따라 매일매일 기도하기 위해 하나님 앞에 나아가지 않는다면, 하나님께 부름 받기 전에 이 땅에 남아서도 하나님의 영광을 위해 사는 일은 불가능할 것입니다. 우리는 우리가 진정으로 바라는 것이 무엇인지 생각할 때마다 어떻게 이 땅에서 하나님께 영광을 돌리는 삶을 살지를 깊이 생각하고 고민해야만 합니다. 그리고 특별히 성경 말씀을 읽을 때 규칙적으로 성경 말씀을 순서대로 통독해야만 합니다. 절대 성경 여기저기에서 한 장씩 임의로 취사선택해서 읽으면 안 됩니다. 물론 여러분이 영적 난쟁이로 남고 싶다면 그렇게 하십시오. 저는 진심으로 여러분을 사랑하는 마음으로 말씀드립니다. 저 또한 회심한 이후, 첫 4년 동안 거의 영적인 성장을 이루지 못했습니다. 그 이유는 제가 성경 읽기를 등한시했기 때문입니다. 그렇지만 제가 나 자신의 마음과 영혼을 위해 성경 전체를 규칙적으로 통독하기 시작하자, 저는 즉각적으로 영적인 진보를 이루었습니다. 그러자 날이 갈수록 계속해서 제 마음에 평안과 기쁨이 점점 더해졌습니다. 이제 저는 규칙적으로 성경 통독하는 것을 47년 동안 계속하고 있습니다. 저는 거의 100번 정도 성경 전체를 통독했습니다. 그리고 성경을 다시 한 번 읽을 때마다 그 말씀이 새롭다는 것을 보게 됩니다. 그렇게 내 영혼에 평안과 기쁨이 점점 더해졌습니다. 사랑하는 젊은 형제자매들이여! 특별히 여러분께 말씀드립니다. 제가 드린 이 말씀에 대해 생각해 보고 이렇게 말하십시오. "나로 하여금 하나님께 영광 돌리는 삶을 살게 하소서." 이미 중년의 나이에 이른 여러분, 만약 여러분이 하나님의 말씀을 규칙적으로 읽는 일을 등한시 해왔다면, 이제부터라도 다시 열심히 하나님의 말씀 통독하기를 시작하십시오. 만약 중년인 여러분이 기도와 더불어 하나님의 말씀을 읽고 그 말씀을 여러분의 마음에 적용한다면, 그리고 여러분이 말씀을 통해 깨달은 것을 실천하려고 한다면, 여러분께 평강과 기쁨이 점점 더, 점점 더 많이 늘어나게 될 것입니다. 그리고 여러분께서는 "네 청춘을 독수리 같이 새롭게 하시는도다"(5절 b)라는 이 말씀의 참 의미를 깨닫게 될 것입니다. 우리가 하나님의 귀한 말씀을 굳건히 붙잡고 산다면, 우리의 영원한 축복이라는 소망이 우리 앞에 밝히 펼쳐질 것입니다. 주님께서 우리 각자 그렇게 될 수 있도록 허락하시기를 축원합니다.

그렇지만 여기 계신 사랑하는 친구들 중에 아직도 죄의 용서를 받지 못한 사람이 있습니까? 만약 그렇다면, 지금 그분들은 스스로에게 종신형을 선고해야 합니다. 죄 많은 죄인으로서 스스로에게 사형을 선고해야 합니다. 그리고 구원을 받기 위해서는 주 예수 그리스도를 전적으로 믿어야 합니다. 오직 예수 그리스도를 통해서만 우리가 구원을 얻을 수 있습니다.

# 하나님께 응답받는 탁월한 기도를 드리는 비결

"그때에 헤롯 왕이 손을 들어 교회 중에서 몇 사람을 해하려 하여 요한의 형제 야고보를 칼로 죽이니 유대인들이 이 일을 기뻐하는 것을 보고 베드로도 잡으려 할새 때는 무교절 기간이라. 잡으매 옥에 가두어 군인 넷씩인 네 패에게 맡겨 지키고 유월절 후에 백성 앞에 끌어 내고자 하더라. 이에 베드로는 옥에 갇혔고 교회는 그를 위하여 간절히 하나님께 기도하더라. 헤롯이 잡아 내려고 하는 그 전날 밤에 베드로가 두 군인 틈에서 두 쇠사슬에 매여 누워 자는데 파수꾼들이 문 밖에서 옥을 지키더니, 홀연히 주의 사자가 나타나매 옥중에 광채가 빛나며 또 베드로의 옆구리를 쳐 깨워 이르되 급히 일어나라 하니 쇠사슬이 그 손에서 벗어지더라. 천사가 이르되 띠를 띠고 신을 신으라 하거늘 베드로가 그대로 하니 천사가 또 이르되 겉옷을 입고 따라오라 한대 베드로가 나와서 따라갈새 천사가 하는 것이 생시인 줄 알지 못하고 환상을 보는가 하니라. 이에 첫째와 둘째 파수를 지나 시내로 통한 쇠문에 이르니 문이 저절로 열리는지라 나와서 한 거리를 지나매 천사가 곧 떠나더라. 이에 베드로가 정신이 들어 이르되 내가 이제야 참으로 주께서 그의 천사를 보내어 나를 헤롯의 손과 유대 백성의 모든 기대에서 벗어나게 하신 줄 알겠노라 하여 깨닫고 마가라 하는 요한의 어머니 마리아의 집에 가니 여러 사람이 거기에 모여 기도하고 있더라. 베드로가 대문을 두드린대 로데라 하는 여자 아이가 영접하러 나왔다가 베드로의 음성인 줄 알고 기뻐하여 문을 미처 열지 못하고 달려 들어가 말하되 베드로가 대문 밖에 섰더라 하니 그들이 말하되 네가 미쳤다 하나 여자 아이는 힘써 말하되 참말이라 하니 그들이 말하되 그러면 그의 천사라 하더라. 베드로가 문 두드리기를 그치지 아니하니 그들이 문을 열어 베드로를 보고 놀라는지라. 베드로가 그들에게 손짓하여 조용하게 하고 주께서 자기를 이끌어 옥에서 나오게 하던 일을 말하고 또 야고보와 형제들에게 이 말을 전하라 하고 떠나 다른 곳으로 가니라. 날이 새매 군인들은 베드로가 어떻게 되었는지 알지 못하여

적지 않게 소동하니 헤롯이 그를 찾아도 보지 못하매 파수꾼들을 심문하고 죽이라 명하니라 헤롯이 유대를 떠나 가이사랴로 내려가서 머무니라."(행 12:1-19)

믿음의 친구들이여! 오늘 저는 여러분들 앞에 한 귀중한 순간을 드리고자 합니다. 이 순간, 여러분은 기도를 통해 용기를 얻게 될 것입니다. 그리고 이 순간 우리가 함께 합심하여 하나님께 구하는 그 기도의 응답을 받을 것입니다.

"그때에 헤롯 왕이 손을 들어 교회 중에서 몇 사람을 해하려 하여 요한의 형제 야고보를 칼로 죽이니…."(1-2절) 야고보는 그리스도를 위해 순교한 첫 번째 사도였습니다. 물론 그 이전에 스데반이 돌에 맞아 순교했지만, 스데반은 사도는 아니었습니다.

그러나 사탄의 권세는 제한적입니다. "유대인들이 이 일을 기뻐하는 것을 보고 베드로도 잡으려 할새…."(3절a) 이제 베드로 또한 거의 죽음의 문턱에 다다랐다고 할 수 있습니다. 그러나 주님께서는 사탄에게 "네가 여기까지 오고 더 넘어가지 못하리니"라고 말씀하셨습니다. 우리가 항상 명심해야 할 것은 사탄이 비록 우리를 싫어한다 할지라도, 주님께서 사탄에게 허용한 자유의 범위를 넘어서지 못하도록 하셨다는 것입니다.

우리는 욥의 이야기에서 사탄의 권세가 제한적이라는 이 놀라운 순간을 보게 됩니다. 사탄은 욥의 흠을 지적하려고 노력했지만, 그렇게 할 수 없었습니다. 그리고 결국에는 주님 앞에서 "주께서 그와 그의 집과 그의 모든 소유물을 울타리로 두르심 때문이 아니니이까"라고 고백해야만 했습니다. 사탄이 욥의 흠을 찾고자 그를 해하고자 노력했지만, 하나님께서 욥을 위해 세워주신 울타리 때문에, 사탄은 욥 자신이나 욥의 소유물에 손을 댈 수 없었습니다. 그리고 하나님의 울타리가 욥 자신의 주위에 펼쳐 있었고, 그 울타리가 제거되기 전까지는 사탄이 욥에게 사탄의 권세를 펼칠 수 없었습니다. 우리는 한편으로 사탄은 우리를 해할 만큼 권세를 가질 수 있음을, 그리고 너무나도 자주 그러한 권세를 부리고 있다는 사실을 아는 만큼, 다른 한편으로는 주님께서 우리와 함께 계시며, 사탄보다 더 강한 권세를 가지고 계시기 때문에 사탄은 주님의 허락 없이는 인간을 해할만한 아무것도 할 수 없다는 사실을 절대 잊어서는 안 됩니다.

"잡으매 옥에 가두어 군인 넷씩인 네 패에게 맡겨 지키고…."(4절a) 베드로는 군인 넷씩인 네 패, 즉 군인 열여섯 명 앞에 끌려갔습니다. 그 열여섯 명의 군인들이 베드로를 맡아 지킬 책임이 있었습니다. 아마도 두 명은 감옥 안에, 다른 두 명은 감옥 밖에, 그리고 여느 때와 마찬가지로 나머지 군인들은 휴식을 취했을 것입니다. 그렇기 때문에 베드로가 감옥 밖으로 탈출한다는 것은 전적으로 불가능한 것처럼 보입니다. "유월절 후에 백성 앞에 끌어내고자 하더라."(4절b) 베드로를 붙잡아 간 유대인들이 베드로를 백성 앞으로 끌어내려고 했던 날을 성경에서는 유월절(Passover)이라고 했는데, 여기서 말하는 유월절이란 무교절을 뜻합니다.

> "이에 베드로는 옥에 갇혔고 교회는 그를 위하여 간절히 하나님께 [줄곧] 기도하더라." (5절)

여기에서 우리는 교회가 드리는 기도의 능력을 보게 됩니다. 예루살렘에서 성도들이 함께 모여 기도에 전념했고, 우리가 이후에도 성경 말씀에서 보게 되듯이, 그들은 줄곧 쉬지 않고 기도를 드렸습니다. 예루살렘 교회에는 항상 기도드리는 작은 무리가 있어서 "교회는 그를 위하여 간절히 하나님께 줄곧 기도"드린 것입니다.

예루살렘 교회에 모여 기도드린 성도들은 "자, 이제 우리가 헤롯 왕에게 탄원서를 보내 베드로를 놓아주게 해 달라"고 말하지 않았습니다. 물론 그러한 방식으로 탄원을 했을 수도 있습니다. 왜냐하면 이 당시 이미 예루살렘에는 주 예수 그리스도를 믿는 사람들이 수천 명이나 있었기 때문입니다. 당시 이 수천 명에 이르는 그리스도인들은 상당히 영향력 있는 집단이었을 것입니다. 만약 그들이 자신의 이름을 모두 기재하여 베드로를 풀어달라는 탄원을 했으면, 아마도 자신들의 요구대로 베드로가 석방되도록 할 수도 있었을 것입니다. 그리고 만약 이러한 방식의 탄원이 성공하지 못했다 하더라도, 엄청난 금액의 보석금을 모금했을 수도 있었을 것입니다. 분명 그들[예루살렘의 그리스도인들]은 교회의 가난한 사람들을 위해 자신의 소유물을 기꺼이 내어 주고, 집과 땅을 팔 만큼 헌신적인 사람들이었습니다. 분명히 그들은 베드로를 석방시키기 위해서라면 기꺼이 그렇게 했을 것입니다. 그렇지만 그들은 그렇게 하지 않았습니다. 비록 일부 헤롯의 충직한 신하들에게 뇌물을 주는 것이 베드로를 석방할 수 있는 가능성이 가장 큰 방법이었다 하더라도 말입니다. 오늘 우리가 살펴보는 이 본문을 보면, 두로(Tyre)와 시돈(Sidon) 사람들을 어떻게 처우할지에 관해 분열이 있었을 때, 이들 중 일부가 헤롯 왕의 침실 시종에게 뇌물을 주어 화평을 청하기도 했습니다. 그러니까 만약 예루살렘의 그리스도인들이 이러한 방법으로 헤롯의 측근에게 뇌물을 주었다면 아마도 베드로를 충분히 석방할 수도 있었을 것입니다. 그러나 이들은 그러한 방법을 취하지 않았습니다. 오히려 이들은 오로지 기도를 드리는 데에 집중했습니다. 저의 사랑하는 믿음의 친구들이여! 이것이 바로 예루살렘의 그리스도인들이 취할 수 있는 가장 확실한 무기입니다. 하나님의 자녀들이 취할 수 있는 무기 중에 함께 모여 쉬지 않고 기도에 전념하는 것보다 더 복되고 강력한 무기는 없습니다. 그렇기 때문에, 전능하신 하나님의 권능이 그들 편에 설 수 있었던 것입니다. 쉬지 않고 함께 드리는 기도의 능력을 사용함으로써, 우리가 필요한 모든 것을 구하는 기도의 방편을 통해, 우리는 하나님께서 우리를 위해 일하시려고 가져오신 그 무한한 지혜를 가질 수 있고, 하나님 자신이 우리, 곧 하나님의 자녀된 우리들 곁에 함께 하실 수 있는 것입니다. 그러므로 우리는 이제까지 기도해왔던 것보다 훨씬 더 탁월하게 기도의 능력을 사용하도록 노력해야만 합니다. 그렇게 하면, 자주 기도 모임에 함께 모여 기도하는 습관을 가진 저의 사랑하는 믿음의 친구들인 여러분께서는 하나님의 손을 통해 위대한 일이 이루어질 것을 기대할 수 있습니다. 놀라운 축복을 보게 될 것입니다. 그리고 여러분은 하나님께서 우리가 구하는 것을 우리에게 주시기 위해 늘 준비되어 계심을 깨닫게 될 것입니다. 예루살렘의 성도들이 행한 것, 그것이 바로 쉬지 않고 줄곧 기도드리는 데에 전념한 것입니다. 즉 예루살렘의 그리스도인들은 헤롯 왕이 베드로를 죽이려고 붙잡아 갔고, 헤롯 왕은 베드로를 바로 죽일 만큼 악명 높은 악한 사람이었지만, 우리 모두가 알 듯이, 하나님께서는 이렇게 피에 굶주린 헤롯 왕으로부터 베드로를 구원하실 수 있는 분임을 믿었던 것입니다. 이들은 하나님께서는 못하시는 것이 전혀 없는 분임을 믿었기 때문에, 쉬지 않고 기도하는 일에 전념한 것입니다.

### 하나님의 응답을 기다리라

자, 이제 우리가 주목해야 할 것은 이것입니다. 우리는 베드로가 얼마나 오래 감옥에 갇혀 있었는지 알지 못하지만, 적어도 무교절 이전까지 붙잡혀 있었다는 것은 분명하고 당연하게 추론할 수 있습니다. 왜냐하면 무교절 이후에 베드로가 처형을 당하기로 계획되어 있었기 때문입니다. 또한 그렇기 때문에 적어도 베드로가 칠 일 정도는 감옥에 있었다고 볼 수 있습니다. 그렇게 추정해 본다면, 예루살렘의 그리스도인들이 모여서 기도한 첫 날에 하나님께서 응답해주신 것은 아닙니다. 그들이 함께 모여 기도드렸고, 정말 열심히 기도를 드렸지만, 첫째 날, 매 시간 기도드리는 와중에 시간이 흘렀지만, 여전히 베드로는 감옥에 있었습니다. 둘째 날, 또한 이들은 하나님께 기도드리며 하나님의 응답을 기다렸습니다. 마찬가지로 시간이 흘러, 둘째 날도 지나갔지만, 여전히 베드로는 풀려나지 못했습니다. 또한 그렇게 셋째 날, 넷째 날, 그리고 다섯째 날이 지났습니다. 예루살렘에 모인 그리스도인들은 여전히 하나님의 응답을 기다리고 있었습니다. 여전히 쉬지 않고 하나님께 기도드리면서 말입니다. 그렇지만 이 거룩한 사람 베드로는 여전히 감옥에 머물러 있었습니다. 그리고 하나님께서 그들의 기도를 응답해 주실 것이라는 기대가 거의 불가능한 것처럼 보였습니다.

사랑하는 친구들이여! 마찬가지로 여러분이나 저 모두 이렇게 응답이 지체되는 상황을 너무나도 자주 경험하게 됩니다. 그럴 때 이런 질문을 던지게 됩니다. 우리가 기도하기를 포기해야 하는가? 아니면 계속 기도드려야 하는가? 우리를 유혹하는 사탄의 유혹은 우리가 기도를 포기하도록 하는 것입니다. 마치 모든 희망을 포기하는 것처럼 말입니다. 사탄의 유혹은 이렇게 말합니다. "기도해 봤자 소용없어, 우리가 이미 이렇게 오랫동안 기도했는데도 아무 응답이 없으니 더 기도를 계속한들 무슨 소용인가." 이런 말은 바로 사탄이 우리로 하여금 그렇게 하도록 시킨 것입니다. 이런 사탄의 유혹에도 불구하고 인내하며 꿋꿋이 계속 기도해 보십시오. 더욱이 하나님은 우리를 도우실 수 있는 분이시며 기꺼이 우리를 도울 분임을 굳게 믿어보십시오. 또 하나님께서 그 이름의 영광을 위해, 그리고 우리에게 좋고 유익이 되는 모든 것을 주시는 것이 바로 하나님 마음의 기쁨이자 즐거움이라는 사실을 믿으십시오. 하나님의 자녀로서 우리가 믿는 만큼, 만약 우리가 인내하며 기도드린다면, 그리고 믿음으로 기도드린다면, 우리가 하나님께 드리는 그 기도는 반드시 응답될 것입니다. 그러므로 기도와 관련하여 이 소중한 순간에 대해서 배워봅시다. 이 순간 성령께서 우리에게 용기를 주십니다.

"헤롯이 잡아 내려고 하는 그 전날 밤에 베드로가 두 군인 틈에서 두 쇠사슬에 매여 누워 자는데 파수꾼들이 문 밖에서 옥을 지키더니." (6절)

우리가 특별히 주목해야 할 부분이 여기입니다. 베드로의 처형이 집행되기 바로 전날 밤에 아직까지 베드로는 깊은 잠에 빠져 있었습니다. 결코 베드로가 자신의 죽음에 대해 무심하거나 무관심해서 누워서 잠을 잘 수 있었던 것은 아닙니다. 오히려 베드로는 예수님의 팔에 안겨, 평안하고 고요하게 쉬고 있는 것입니다. 우리 주님의 품에 기대어 쉬고 있는 것입니다. 베드로는 당시 관습대로 두 명의 파수꾼이 앉아 있는 두 의자 사이에 묶여 있었습니다. 두 명의 파수꾼이 각각 한 사람은 이편에서, 다른 사람은 저 편에서 그를 지키고 있었기 때문에 사실상 베드로가 도망가기란 불가능했을 것입니다.

### 우리 기도에 응답하시는 하나님의 방법

이제 우리는 베드로가 구출되는 장면에 이르게 됩니다. 여기에서 우리는 하나님께서 행하시는 방식을 보게 됩니다. "홀연히 주의 사자가 나타나매 옥중에 광채가 빛나며."(7절a) 아마도 우리는 베드로가 감옥에서 구출되는 놀라운 이 사건이 캄캄한 밤, 아주 고요하게 진행되었어야만 했다고 말할지도 모릅니다. 그렇지만 보십시오. 옥중에 광채가 빛났습니다. 인간의 입장에서 보면, 옥중에 광채가 빛나는 이러한 일이 일어났다면 베드로를 지키는 군인들이 바로 깨어났을 것입니다. 그러나 이 일을 행하신 여호와 하나님께서 하시는 일은 우리가 생각하는 상식과 완전히 달랐습니다. 이 모든 일이 일어났음에도 불구하고, 하나님께서는 자신의 뜻을 따라 행하실 수 있는 분이시며 그렇게 일하시는 분입니다.

천사는 군인들이 깨어날 것이라는 어떤 두려움이나 망설임도 없이,

"베드로의 옆구리를 쳐 깨워 이르되 급히 일어나라"(7절b)고 베드로에게 말했습니다.

"그리고 베드로가 일어나자 쇠사슬이 그 손에서 벗어지더라." (7절c) 베드로를 구속하던 쇠사슬이 풀어졌지만 이러한 동안에도 군인들이 깰 염려는 어디에도 없었습니다. 천사가 베드로에게 "띠를 띠고" (8절a)라고 말했습니다. 베드로는 서두를 필요도 없습니다. 비록 그가 벗겨져 있지만, 곧 스스로 제대로 옷을 차려입을 수 있게 될 것입니다.

자, 그 다음으로 가장 이해하기 힘든 장면이 나옵니다. "신을 신으라."(8절b) 구속된 베드로에게는 이미 그의 발을 묶고 있는 나무 신발이 신겨져 있었을 것이 분명합니다. 그러나 상식적으로 볼 때 그 나무 신발을 벗고 베드로가 감옥에서 구출되어야만 한다고 말할지 모릅니다. 그래야 잠자는 군인들이 깨어나지 않도록 조용하게 나갈 수 있기 때문입니다. 그러나 하나님은 그렇게 하시지 않으셨습니다. 베드로를 구출하신 분은 바로 하나님이셨습니다. 하나님께서 일하실 때 어떤 두려움도 없습니다. 하나님께서 일하시는데 그 누가 감히 하나님께 맞설 수 있겠습니까?

그렇게 베드로는 천사의 말대로 했습니다. 그리고 천사가 베드로에게 말했습니다. "겉옷을 입으라."(8절c) 베드로는 겉옷을 입게 됩니다. 그렇게 모든 일들이 질서정연하게 진행되고 있습니다. 이렇게 질서정연하게 진행되는 것을 보면 이것은 마치 헤롯 왕이 베드로를 석방하기 위해 사자를 보낸 것만 같습니다. 베드로는 조용하게 감옥에서 나가게 됩니다.

"이에 첫째와 둘째 파수를 지나"[갈 때](10절a) 기적적으로 파수꾼들의 눈이 가려졌습니다. 그렇게 베드로와 천사는 시내로 통하는 "쇠문"에 이르게 됩니다. 우리는 너무나도 자주 이러한 쇠문과 같은 삶의 어려움을 만나게 됩니다. 베드로는 지금 막 감옥에서 나와, 감옥을 지키는 군인들을 지나쳐왔습니다. 그런데 이제는 그를 가로 막는 엄청난 쇠문에 다다른 것입니다. 이제 베드로가 어떻게 감옥에서 빠져 나갈 수 있겠습니까? 바로 이것이 저와 여러분께 자주 일어나는 종류의 일입니다. 우리가 모든 것들을 대비하고, 모든 어려움을 다 제거했다고 생각했을 때에도 결국은 넘어설 수 없는 엄청난 장벽에 가로막히게 됩니다. 우리가 이 장벽을 넘어설 수 있겠습니까? 그렇습니다. 하나님은 여러분과 저를 위해 그 넘어설 수 없을 것만 같은 쇠문을 열어주실 수 있습니다. 베드로가 쇠문을 만나는 순간 하나님께서는 저절로 그 쇠문이 열리게 만드셨던 것입니다. 하나님께 모든 것을 기대합시다. 하나님께서는 그 일을 해주실 것입니다. 만약 우리가 바라는 그 일이 하나님께 영광을 돌리고 우리에게 선하고 유익한 일이기만 하다면 말입니다.

### 하나님의 변함없는 권세

그렇다면 하나님께서 이런 기적적인 일을 오늘날에도 하실 수 있습니까? 물론입니다. 하나님께서 1세기 중반에 하셨던 그대로 말입니다. 사도행전에 나타난 베드로의 구출 이야기가 단지 사도들의 시대에만 일어난 일이고, 우리는 그런 것들을 절대 기대할 수 없다고 말하지 맙시다. 하나님께서 이런 기적을 일상적으로 행하시지는 않습니다. 그것은 확실합니다. 그렇지만 하나님께서 원하신다면 하나님은 언제든지 이와 같은 기적을 행하실 수 있습니다. 그리고 우리로 하여금 하나님의 이름에 영광을 돌리게 하십니다. 만약 하나님께서 기적을 행하시지 않으신다면, 그것은 하나님께서 일상적인 수단을 통해서 하나님의 뜻을 이루실 수 있고, 또 그렇게 하시기 때문입니다. 하나님께서는 여러 가지 방법을 가지고 하나님의 목적을 이루실 수 있습니다. 하나님께서 기적을 행하시지 않는 그런 상황에 있다고 전혀 낙담하지 맙시다. 하나님께서는 과거에도 그러셨듯이, 지금도 세상을 향하여 동일한 권세를 가지신 분입니다. 많은 사람들이 만약 엘리야의 시대나 엘리사의 시대, 또는 사도들의 시대에 살았더라면 이러한 기적적인 일들을 기대할 수 있을 것이라고 생각합니다. 그런고로 그들은 이제는 그러한 시대에 살지 않기 때문에, 더 이상은 그러한 방식으로 기도의 응답을 받을 것이라는 기대를 할 수 없다고 생각합니다. 이것은 잘못된 생각입니다. 기억하십시오. 하나님께서는 옛날 예언자들의 시대나 사도들의 시대와 마찬가지로 지금 우리의 시대에도 동일한 권세를 가지고 계십니다. 그렇기 때문에 그리스도 안에서 친구 된 사랑하는 여러분! 하나님께 위대한 축복을 구합시다. 그러한 위대한 축복이 우리에게도 주어질 것입니다.

"나와서 한 거리를 지나매 천사가 곧 떠나더라."(10절b) 이 말씀에는 중요한 영적 진리가 담겨 있습니다. 그것은 바로 하나님께서 이제 더 이상 기적이 필요하지 않을 때에는 기적을 행하시지 않으신다는 점입니다. 하나님께서는 천사를 보내 베드로가 감옥에서 구출되도록 하셨습니다. 그런데 이제 베드로는 거리로 나왔습니다. 베드로는 예루살렘 거리에 대해서 아주 잘 알고 있었습니다. 베드로는 예루살렘에서 살고 있었기에 예루살렘 거리에 대해서 속속들이 잘 알고 있었습니다. 그러니 이제는 더 이상 천사가 거리마다 베드로를 인도하고, 베드로가 가고자 하는 그 집으로 데려다 줄 필요가 없었던 것입니다. 그렇기 때문에 베드로가 감옥에서 나오자마자, 그에게는 더 이상 초자연적인 도움이 필요가 없었습니다. 그래서 천사가 베드로를 떠난 것입니다.

### 베드로가 감옥에서 구출된 이후

"이에 베드로가 정신이 들어 이르되 내가 이제야 참으로 주께서 그의 천사를 보내어 나를 헤롯의 손과 유대 백성의 모든 기대에서 벗어나게 하신 줄 알겠노라 하여."(11절) 사실 처음에는 베드로가 자신이 감옥에서 구출되는 이 모든 과정이 사실이라 생각하지 못하고, 그저 환상이었을 것이라고 생각했습니다. 그런데 이제 베드로 자신이 거리로 나와 있음을 발견하고는 하나님께서 실제로 자신을 구원하셨음을 깨달았습니다.

"깨닫고 마가라 하는 요한의 어머니 마리아의 집에 가니 여러 사람이 거기에 모여 기도하고 있더라."(12절) "여러 사람이 거기에 모여 기도하고 있더라"는 말씀에 주목하십시오. 그들이 모여 기도한 목적이 무엇이겠습니까? 의심할 여지없이 베드로가 구출되기를 바라며 기도한 것입니다. 그들이 베드로를 대신해 쉬지 않고 계속 기도를 드렸기 때문에 하나님의 기적적인 구원이 베드로에게 임한 것입니다. 비록 그날은 베드로가 처형되기 바로 전 날이었지만 제자들은 낙담하지 않았습니다. 인간의 관점에서 볼 때, 이미 희망이 없는 상황인 것 같지만, 그들은 여전히 함께 모여 기도했습니다. 그렇게 그들은 제대로 기도를 시작했을 뿐만 아니라, 계속해서 기도를 드림으로써, 그들이 마땅히 하여야 할 기도를 한 것입니다.

"베드로가 대문을 두드린대 로데라 하는 여자 아이가 영접하러 나왔다가."(13절) 이 구절에서 문을 열어준 여자 아이의 이름이 기록되어 있습니다. 그 이유가 무엇일까요? 이 사건이 성경으로 기록될 때에, 이 사건의 진실에 대하여 의문이 있었을 것입니다. 그렇기 때문에 아마도 당시 살아있던 이 로데라는 여자 아이가 이러한 의문을 해소할 증인이 되었을 것입니다.

"베드로의 음성인 줄 알고 기뻐하여 문을 미처 열지 못하고 달려 들어가 말하되 베드로가 대문 밖에 섰더라 하니."(14절) 이 말씀에서 우리는 매우 사실적인 설명을 보게 됩니다. 그렇다면 우리가 무엇을 말할 수 있겠습니까? 로데는 베드로의 목소리를 듣고 그가 베드로인 줄 알았습니다. 이 여자 아이는 그 집에 모인 사람들이 베드로가 구출되도록 기도하고 있다는 것도 알고 있었습니다. 그래서 그녀는 기쁨에 가슴이 벅차올라 제일 먼저 함께 모여 기도하는 사람들에게 달려가서 베드로가 문 앞에 서 있다고 말한 것입니다. 그녀는 감히 문을 열 수가 없었습니다. 그렇지만 그리스도 안에서 사랑하는 형제 된 이 믿음의 사람들의 입에서 어떤 말이 나왔으리라고 생각하십니까? 날마다 하나님의 응답을 기다려온 이 거룩한 사람들의 입에서 말입니다. 분명 그것은 하나님을 향한 찬양이어야 할 것입니다.

### 실패한 믿음

아! 그렇지만 그들이 뱉은 첫 말은 우리가 누구인지를 여실히 보여 줍니다. "네가 미쳤다."(15절a) 이 말씀을 여러분 앞에 펼치면서, 제가 특별히 말씀드리고자 하는 것은 우리는 우리가 기본적으로 어떤 존재인지를 깨달아야 한다는 점입니다. 비록 이 믿음의 사람들도 처음에는 기도드리고 응답을 기다리는 일을 잘 시작했고, 계속해서 잘 해왔지만, 결국에 마지막에 이르러서는 철저하게 실패하고 말았습니다. 처음에는 믿음이 있었고, 계속 기도하는 내내 그 믿음을 실천했지만, 마지막에는 결국 믿음이 없었습니다. 사랑하는 형제들이여! 여러분이 특별히 경계해야 할 것은 바로 처음에는 믿음이 있었으나 마지막에는 믿음이 없는 상태로 변화하는 그것을 우리가 반드시 피해야 할 행동이라는 것입니다. 비교적 처음 시작을 잘하고, 날마다, 주마다, 달마다 그 처음 시작해 온 것을 잘하는 일은 비교적 쉽습니다. 그렇지만 마지막까지 믿음을 유지하기란 어렵습니다. 심지어 이것은 우리가 "우리는 그들의 신발끈을 풀기도 감당하지 못하겠노라"고 생각하는 그 거룩한 믿음의 사람들에 대한 이야기인 것입니다. 우리보다 훨씬 더 대단한 믿음의 사람들인 그들이 실패했다면, 우리는 어떻겠습니까? 그들이 뭐라고 말했습니까? "네가 미쳤다." 그들은 그들이 바라는 베드로의 구원 그것을 위해 기도를 하고 있고, 그들이 기도한 그 일이 이루어졌습니다. 그럼에도 불구하고 그들은 그 소식을 전하러 온 여자 아이에게 "네가 미쳤다"라고 말한 것입니다. 이 믿음의 사람들은 믿음으로 기도를 시작했고, 믿음으로 기도를 계속 해왔지만 결국에 그들의 믿음이 사라져 버렸습니다. 그들은 외적으로는 하나님의 응답을 계속 기다렸지만, 마지막에는 그 응답에 대한 아무런 기대 없이 기도한 것입니다. 만약 그들이 믿음으로 기도를 계속한 것이라면, 그들이 이 여자 아이가 전한 소식을 들었을 때, 이렇게 말했을 것입니다. "주님께서 축복을 내려주셨다. 주님의 이름을 찬양하자." 마치 하늘로부터 제 귀에 직접 들리는 목소리인 것처럼, 그들이 이렇게 말했어야 했다고 확신합니다. 만약 그들의 믿음이 사라진 것이 아니라면, 그들은 베드로가 풀려났다는 소식을 가져 온 로데에게 "네가 미쳤다"라고 말할 수 없었을 것입니다.

### 하나님께 구한다면 응답이 있을 줄 기대합시다.

"여자 아이는 힘써 말하되 참말이라 하니 그들이 말하되 그러면 그의 천사라 하더라. 베드로가 문 두드리기를 그치지 아니하니 그들이 문을 열어 베드로를 보고 놀라는지라."(15절b-16절) 그들이 당시 믿음이 없었다는 것을 보여주는 또 다른 증거는 "그들이 베드로를 보고 놀랐다"는 것입니다. 우리가 알다시피 진정한 믿음이란, 우리가 믿음으로 기도를 시작하고, 믿음으로 기도를 계속한다면, 그 기도에 대한 응답이 우리에게 주어질 때 우리는 절대 놀라지 않습니다. 예를 들어, 여러분 중 몇 사람이 사랑하는 아들이나 딸이 있는데, 그들이 아직 믿음의 사람으로 회심하지 않았기에 여러분은 그들이 회심하도록 오랫동안 기도하고 있다고 가정해 봅시다. 결국에 그 믿지 않던 아들, 딸이 주님께로 나아왔습니다. 그렇다면 여러분이 믿음으로 계속 기도를 해왔는지 아닌지를 판단하는 시험은 바로 이것입니다. 만약 여러분이 "이 일을 행하신 주님께 찬양을 드립니다"라고 말하고 이 소식을 기쁘게 받아들인다면, 여러분은 계속해서 믿음을 실천하고 있는 것입니다.

만약 올바른 의미로 말하면, "우리는 하나님의 응답이 당연한 것으로 받아들입니다." 그렇기 때문에 영적인 의미에서, 우리는 하나님께서 우리를 축복해 주실 것이며, 우리가 구하는 기도에 하나님께서 응답해 주실 것에 대해 확신을 가져야 합니다. 그리고 그 응답이 우리에게 주어졌을 때, 우리는 또한 이렇게 자신있게 말할 수 있어야 합니다. "우리는 하나님의 응답이 당연한 것으로 받아들입니다. 하나님의 응답 외에 다른 것은 기대할 수 없습니다. 이것은 반드시 이루어집니다. 왜냐하면 하나님께서는 축복을 주시기로 맹세하셨기 때문입니다."

"베드로가 그들에게 손짓하여 조용하게 하고 주께서 자기를 이끌어 옥에서 나오게 하던 일을 말하고 또 야고보와 형제들에게 이 말을 전하라 하고 떠나 다른 곳으로 가니."(17절)

 # 모든 은혜의 하나님께서 여러분을 완벽하게 하시고, 여러분을 세워주십니다[11]

"모든 은혜의 하나님 곧 그리스도 안에서 너희를 부르사 자기의 영원한 영광에 들어가게 하신 이가 잠깐 고난을 당한 너희를 친히 온전하게 하시며 굳건하게 하시며 강하게 하시며 터를 견고하게 하시리라." (벧전 5:10)

이 말씀을 잠깐 묵상하면서, 첫 번째로 우리가 주목해야 할 것은 우리의 귀한 하늘 아버지께 위의 성경 본문이 올려드리는 칭호입니다. 우리 하늘 아버지는 "모든 은혜의 하나님"으로 불립니다. 우리 하늘 아버지는 전능하신 하나님입니다. 우리 하늘 아버지는 권능의 하나님, 정의의 하나님, 거룩한 하나님, 지혜의 하나님, 무한한 사랑의 하나님이십니다. 하나님은 이렇게 귀한 여러 이름들을 가지시기에 합당한 분이십니다. 왜냐하면 이러한 이름들을 통해, 하나님의 속성이 드러나고 이 모든 이름들은 곧 하나님의 품성을 증명하기 때문입니다.

자, 오늘 말씀에서 하나님은 "모든 은혜의 하나님"이라는 칭함을 받

---

11  1897년 3월 28일 주일. 브리스톨, 그레이트 조지 스트리트, 베데스다 교회 설교

습니다. 이 칭호는 하나님을 지칭하는 이름 중에서 우리에게 평안을 주는 가장 귀한 이름입니다. 우리는 모두 죄인이고, 여러 가지 일들에 실패하고, 이미 이전부터 셀 수 없이 많은 실패를 경험한 존재입니다. 그렇기 때문에 우리는 전능하고 공의로우시며 무한히 거룩하고, 무한히 지혜로우실 뿐만 아니라, 불쌍한 죄인들, 바로 저와 여러분과 같은 그 죄인들을 향한 동정과 연민으로 가득하신 그 한 분 하나님이 필요한 것입니다. 또한 그렇기 때문에 이 말씀, 곧 "하나님은 모든 은혜의 하나님이시다"라는 이 말씀은 우리에게 훌륭하게 들어맞는 말씀입니다. 우리는 바로 이러한 하나님이 필요합니다. "하나님은 모든 은혜의 하나님이시다." 만약 하나님이 모든 은혜의 하나님이 아니라면, 오! 우리에게 도대체 어떤 일이 벌어질까요? 그러나 "하나님은 모든 은혜의 하나님"이시기 때문에, 우리 가운데 가장 나이가 많고, 가장 큰 죄를 지었으며, 가장 악한 죄인에게도 소망이 있는 것입니다. 따라서 가장 악한 죄인이라고 해서 절대 절망할 필요가 없습니다. 왜냐하면 "하나님은 모든 은혜의 하나님"이시기 때문입니다. 즉 하나님에게서 찾을 수 있는 은혜란 한이 없으며, 어떤 품성을 가진 사람이든지 상관없이, 수많은 실패를 경험하고 결점을 가진 모든 사람에게 적용될 수 있는 그런 은혜입니다.

심지어 하늘 아래 살았던 가장 큰 도둑이나 최악의 강도와 같은 가장 악한 사람들조차도 자신들이 지은 범죄에 대해 용서를 받을 수 있는 가능성이 있습니다. "하나님은 모든 은혜의 하나님"이시기 때문에, 우리가 얼마나 많은 양의 은혜가 필요하든, 그것을 하나님으로부터 받을 수 있는 것입니다. 은혜는 오직 하나님에게서만 찾을 수 있습니다. 이 세상에서 가장 악한 죄조차도 용서받을 수 있습니다. 이스라엘의 왕이었던 므낫세의 이야기를 한번 살펴보십시오. 그리고 하나님께서 그에게 어떤 일을 하셨는지 생각해보십시오. 그는 말 그대로 자신이 살해한 사람들의 피에 헤엄칠 정도였습니다. 그리고 그가 지은 모든 다른 죄 중에서도 우상 숭배는 그 모든 것들을 다 능가합니다. 그러나 그가 나중에 감옥에 갇히게 된 후, 므낫세는 하나님 앞에서 겸손하게 자기를 낮추었습니다. 므낫세는 진심으로 하나님 앞에서 자신을 낮추었습니다. 그러자 하나님께서 그에게 얼마나 자비롭고 선한 일을 하셨는지 보십시오. 므낫세가 지은 모든 죄를 용서받았습니다. 이것이 바로 "모든 은혜의 하나님"의 특별한 예시입니다.

초대 그리스도인을 박해하던 최악의 박해자, 사울에 대해 생각해 봅시다. 사울은 모든 회당에서 그리스도를 믿는 사람들을 때리고 박해하는 일에서 기쁨을 느꼈습니다. 그리고 믿음의 사람들을 감옥에 던져 넣었습니다. 그는 계속해서 이 박해를 반복하면서 마음에 큰 기쁨을 느꼈습니다. 그는 그리스도인들이 주 예수님의 귀하고 소중한 이름을 모독할 때까지 그들을 고문하면서 즐거워 한 사람입니다. 또한 그리스도를 믿는 믿음의 사람들을 죽이는 일에 기꺼이 참여한 사람입니다. 그런데 이렇게 악한 박해자 – 사울이 그 당시에 박해자 중 가장 악한 박해자였다고 믿을 만한 이유가 충분할 것입니다 - 조차 용서받았습니다. 사울은 스스로 말했습니다. "내가 자비를 받았다." "내가 자비를 받았다." 왜 그런 것입니까? 바로 하나님께서 "모든 은혜의 하나님"이시기 때문입니다. 이것이 바로 사울이 용서받을 수 있었던 이유입니다. 절대 그가 용서받을 만한 자격이 있어서 용서받은 것이 아닙니다. 사울이 이제 다른 사람보다 더 나은 사람이 되었기 때문에 용서를 받은 것이 아닙니다. 그렇지 않습니다. 사울이 다메섹으로 향하고 있을 때, 그는 자신이 예루살렘에 있던 그리스도인들에게 행한 대로, 다메섹에 있는 그리스도인들을 박해하기 위해서 가고 있었던 것입니다. 그때, 주 예수님께서 사울을 만나주셨고 사울의 마음이 완전히 바뀌었습니다. 그리고 사울은 이 땅 위에 살았던 모든 존재(여기서 저는 사람들만 이야기합니다)보다 가장 거룩한 사람 중 한 사람이 되었습니다. 이것은 하나님께서 "모든 은혜의 하나님"이시기 때문에 그렇게 된 것입니다. 어떻게 사울의 이런 놀라운 변화와 같은 일이 우리처럼 그리스도인으로 회심을 한 이후에도 여전히 실패하고 결점이 많은 우리와 같은 죄인에게도 적용될 수 있을까요? 비록 회심한 믿음의 사람들조차도 스스로 죄를 미워하고 거룩함을 사랑하지만, 여전히 실패하고 결점이 많고 그들의 말조차도 하나님의 마음과 정반대인 경우가 얼마나 많이 있습니까. 아무리 회심한 믿음의 사람이라도 죄 가운데 살지 않고, 악하고 못된 길을 계속 걷지 않더라도 여전히 실패와 결점이 많습니다. 그것이 행위나 말이 아니더라도 말입니다. 그러한 실패와 결점이 말에 있는 것은 아니지만, 생각과 감정, 욕망과 목적, 그리고 우리 성향 가운데 있는 것입니다. 오! 이 얼마나 많은 약점과 실패입니까. 우리의 실패와 결점이 얼마나 많은가요. 그렇지만 하늘에 계신 우리의 친구이자 조력자이신 그리스도 예수의 아버지께서는 "모든 은혜의 하나님"이십니다. 하나님은 우리의 모든 약점과 실패를 용서하기에 충분한 은혜를 소유하신 분입니다.

오! 이 얼마나 귀한 칭호입니까. 저는 감히 여기 계신 사랑하는 믿음의 그리스도인 친구들에게 말씀드립니다. 모든 은혜의 하나님이라는 이 칭호를 계속 더 깊이 더 많이 연구하십시오. 그리고 모든 은혜의 하나님이라는 이 칭호에 대해 더욱더 많이 생각하고, 우리 하늘 아버지께 올리어진 이 칭호에 대하여 기도를 드리십시오. 우리가 더 연구하고 기도하고 생각할 때마다. 우리는 "우리를 자기의 영원한 영광에 들어가게 하신", "하나님의 은혜"를 통해 크게 위안을 받게 될 것입니다. 이것이 바로 우리가 가진 소망입니다. 하나님의 자녀들 중에서 가장 약하고, 가장 교육을 받지 못한 사람들조차도 하나님의 영원한 영광을 함께하게 될 소망을 가지고 있습니다. 이 얼마나 놀라운 일입니까.

그리고 중보자로서의 사역을 감당하는 우리 주 예수 그리스도께 하나님께서는 영원한 영광을 주실 것인데, 가장 약한 하나님의 자녀들조차 이 영원한 영광을 그리스도와 함께 나누게 될 것입니다. 왜냐하면 하나님의 자녀들은 그리스도의 신비한 몸의 지체이기 때문입니다. 그리스도가 머리되시는 그 신비한 몸에 그들이 지체로 속해 있기 때문입니다. 그것이 바로 하나님의 자녀들이 하나님의 아들의 영원한 영광을 공유하는 이유입니다. 하나님 아버지의 이 영원한 영광에, 그리고 성자 하나님의 영원한 영광에 우리가 부름을 받았습니다. 또한 우리는 (우리가 영원한 영광을 분명히 함께 누리게 될 것임을 확증하게 하기 위하여) 가장 성실하게 돕는 조력자이신 하나님의 성령을 얻었습니다. 우리가 성령 하나님과 함께 하는 존재임을 확신하기만 한다면, 우리는 분명히 성부와 성자의 영원한 영광을 함께 누리게 될 것입니다. 이 얼마나 밝고 복되며 영광스러운 소망입니까.

그렇다면 우리는 어떻게 이 모든 영광스러운 소망에 이르게 되는 것일까요? 이 모든 소망에 대하여 우리가 갖게 되는 칭호는 무엇입니까?

오늘 본문을 보면, "그리스도 예수 안에서 너희를 부르사 자기의 영원한 영광에 들어가게 하신 이"라고 되어 있습니다. 더 정확하게 말하면, 그리스도 예수 안의 영광으로 우리를 부르신 것입니다. 왜냐하면 우리는 모두 그리스도에 속한 사람들이기 때문입니다. 사실 우리 자신에게서는 어떠한 선함도, 어떠한 공로도, 어떠한 가치도 찾을 수 없습니다. 우리가 하나님의 영원한 영광에 들어갈 수 있는 것은 우리가 다른 사람보다 더 나은 사람이기 때문도 아니며, 우리가 엄청 많이 기도를 드려서도 아닙니다. 더욱이 우리가 하나님을 위해 엄청나게 많은 일을 해서도 아닙니다. 그런 일을 했다는 이유 때문에 우리가 하나님의 영광에 참여하는 것이 아닙니다. 오히려 우리가 그리스도 예수 안에 있는 사람들, 곧 그리스도의 신비한 몸의 지체들이기 때문입니다. 그리스도의 공의로움이 우리에게 덧씌워졌기 때문입니다. 그리스도는 셀 수도 없이 많이 율법을 어긴 우리를 대신해 율법을 온전하게 이루셨습니다. 그렇게 하심으로써 우리는 하나님 앞에서 의롭다 인정을 받게 되는 것입니다. 즉 우리 스스로는 정의롭지 않고 공의롭지 않지만, 하나님 앞에서는 정의로운 존재로 간주되는 것입니다.

주 예수 그리스도가 죽기까지, 곧 십자가에 달려 죽기까지 순종하신 그 완전한 순종이 우리를 죄와 심판에서 속량하시고, 그의 순종으로 우리는 그리스도의 의로움으로 덧씌워진 채 자유롭게 된 것입니다. 그렇기 때문에 우리는 그리스도 예수를 통해 하나님의 영원한 영광으로 부름을 받았다라고 말할 수 있습니다. 우리 주 예수 그리스도는 중보자로서 우리의 처지에서 우리를 대신해 고통을 당하셨고, 너무나도 많은 죄를 지은 우리가 받아야 할 모든 처벌을 다 감당하셨습니다. 그렇게 하나님께서는, 정의롭고 거룩하며 공의로운 분이시면서도, 그리스도 예수 안에서 우리에게 이런 놀라운 축복을 주신 것입니다. 바로 하나님 자신의 영원한 영광을 함께 누리고, 주 예수 그리스도의 영원한 영광을 누리도록 말입니다. 오! 이 얼마나 놀랍고 경이로운 소망을 우리가 가진 것입니까. 만약 이러한 경이로운 소망이 우리 삶에 들어온다면, 우리는 모든 상황 속에서도, 모든 시험 중에도 하루 종일 내내 찬양하고 즐거워해야만 합니다. 그러나 우리는 여전히 이 소망에 온전히 들어가지 않기 때문에, 그리고 이 소망에 대해서 제대로 이해하지 못하기 때문에, 하나님의 말씀을 통해 선포된 이 모든 소망을 그대로 지나쳐 버리는 일이 많습니다. 그리고 그렇게 우리는 행복을 누리지 못하고 살고 있습니다. 이제 하나님께서 허락하신 이 모든 복된 축복과 소망에 대해서 좀 더 풍성하게 생각해 봅시다. 그러면 우리 마음이 아마 기쁨으로 가득하게 될 것입니다. 이것이 매우 중요합니다. 왜냐하면 "주님의 기쁨"이 우리가 영원의 편에 있는 동안 우리 믿음의 사람들에게 영적인 큰 힘이 되기 때문입니다.

"그리스도 안에서 너희를 부르사 자기의 영원한 영광에 들어가게 하신 이가 잠깐 고난을 당한 너희를.", 좀 더 세밀하고 정확하게는 "잠깐 고난을 당한 너희를"에 집중해 봅시다. 우리가 당하는 고난은 영원에 비하면 사실 아주 작은 순간일 뿐입니다. 우리가 당하는 고난이 20년, 50년, 아니면 80년이라고 가정해봅시다. 그 기간이 아무리 길다한들, 영원에 비하면 그것은 정말 잠깐인 것입니다. 아주 잠깐일 뿐입니다. 오! 영원에 비한다면 우리가 겪는 고난의 기간이란 실로 얼마나 짧은 순간이겠습니까. 우리가 절대 놓치지 말아야 할 것은 영원이란 곧 끝이 없는 기간을 의미한다는 것입니다. 천년을 하루같이! 영원에 비한다면 천 년도 아주 짧은 잠깐일 뿐입니다. 10억 년은 어떤가요. 그것 또한 짧은 시간일 뿐입니다. 영원이란 10억 년이 지난다 하더라도 여전히 시작하고 있을 뿐입니다. 10억 년이라는 시간 조차도 영원의 시작점에 불과합니다. 5천만 년이든 50억 년이든, 영원에 비한다면, 오! 이 얼마나 짧은 잠깐인 것입니까.

그렇다면 우리의 고난이 잠깐 지속되는 이생 이후에는 무엇이 나타나겠습니까? 주님께서 "여러분을 온전하게 하시며 굳건하게 하시며 강하게 하시며 터를 견고하게" 하실 것입니다. 너무나도 긍정적인 선언 아닙니까. 이 말씀은 단순히 사도가 만들어낸 소원이나 열망이 아닙니다. 단순히 기도문 정도가 아닙니다. 하나님께서는 여러분을 온전하게 하실 것입니다. 여러분이 지금 영적인 충돌을 보게 된다면, 그 충돌은 영원히 지속될 것이 아님을 기억해야 합니다. 우리 주 예수 그리스도를 통해, 우리는 결국 온전히 승리하게 될 것입니다. 더 이상 어떤 유혹도 우리에게 영향을 미치지 못할 것입니다. 우리가 어떤 일을 해야 할지, 말아야 할지에 대해서 어떠한 주저함도 없을 것입니다. 이 모든 것은 온전히 이루어질 것입니다. 하나님의 뜻은 일초의 망설임도 없이 즉각적으로 우리에게 선포됩니다. 우리가 어떤 것을 해야 할지 말아야 할지 깊이 생각할 시간도 필요 없습니다. 그저 하나님께서 인도하시는 대로 우리 마음이 "하나님의 뜻이 곧 저의 온전한 기쁨입니다. 저는 주님께서 내게 바라시는 그 일을 함으로써 하나님께 영광 돌리는 일을 기뻐할 것입니다"라고 고백해야 합니다. 이것이야 말로 우리가 주저함 없이 서둘러 해야 할 일들입니다. 곧 그리스도의 마음에 온전히 부합하는 것입니다. 또한 우리 하늘 아버지께 온전히, 보편적이고 영원히 순종하는 것입니다. 이후로 영광 가운데, 하나님의 거룩한 기쁨을 우리가 이해하게 될 때, 즉각적으로 우리는 그 하나님의 말씀을 따라야 합니다. 이것이 곧 하나님께서 우리에게 약속하신 온전하게 된다는 말씀의 의미인 것입니다.

하나님께서는 우리로 하여금 온전한 거룩함과 지식을 갖게 하십니다. 더 이상 우리에게 무지란 있을 수 없습니다. "그때에는 주께서 나를 아신 것 같이 내가 온전히 알리라." 우리는 온전히 하나님을 알게 될 것이고, 온전히 주 예수를 알게 될 것입니다. 우리는 어떤 것이 하나님의 마음을 따르는 것인지, 어떤 것이 하나님 마음에 반하는 것인지 온전히 깨닫게 될 것입니다. 이제 우리 안의 무지의 조각이 모두 다 온전히 사라져 버리게 될 것입니다. 오! 이 얼마나 밝고 복되며 영광스러운 소망입니까. 또한 우리는 온전히 거룩하게 될 것이며, 온전한 지식을 갖게 될 것입니다. 오! 이 또한 얼마나 밝고 영광스러운 소망입니까. 비록 지금은 우리가 지식에서나 하나님의 은혜에 있어서 온전하지는 않습니다. 아직 멀었다고 할 수 있습니다. 우리는 주 예수를 믿는 믿음의 사람이지만, 아직 우리 스스로는 약하고 미약합니다. 비록 우리가 죄를 미워하고 거룩함을 사랑하지만, 여전히 우리는 온전함과는 거리가 먼 존재입니다. 그렇지만 우리는 온전하게 될 것입니다. 이것이 바로 밝고 복된 소망인 것입니다. "하나님께서는 여러분을 온전하게 하시며, 굳건하게 하시며, 강하게 하시며 터를 견고하게 하실 것입니다."

굳건하게 하신다. 즉 하나님께서는 실제로 우리 마음에 두 마음을 품지 않도록 하실 것입니다. 특히 하나님의 일을 하는데에 있어서, 우리는 한 마음으로 하나님의 마음을 따라 행하게 될 것입니다. 이것이 우리 앞에 놓인 밝은 소망입니다. 그렇게 되면 우리는 강하게 됩니다. 다른 말로 하면, 온전히 하나님의 뜻을 견고하게 따르기 때문에, 우리는 무슨 일을 하든지 두 마음을 품지 않게 됩니다. 오직 한 마음, 즉 하나님께 영광을 돌리기 위함이라는 한 마음만 남게 됩니다. 한 목적, 바로 하나님을 위해 살고, 하나님을 위해 일한다는 그 한 목적만이 남게 됩니다. 그리고 하나님의 마음에 반대되는 모든 것들은 온전히 우리에게서 사라질 것입니다. 가장 미약하고 연약한 우리들이 이 땅에서 33년 6개월을 사신 우리 주 예수 그리스도처럼 될 것입니다. 이것이 바로 밝고 복된 소망인 것입니다. 그렇게 되면 주 예수 그리스도와 마찬가지로, 이 땅에 사는 동안 하나님께 영광을 돌리는 일을 위해 온전히 마음을 다하는 사람들이 될 것입니다. 이것이 바로 우리 앞에 놓인 소망입니다.

그리고 마지막으로 우리의 터가 견고하게 세워져야 합니다. 이 말은, 온전한 영성이라는 기초가 우리에게 세워지기 때문에, 이러한 견고한 기초를 흔드는 것은 전적으로 불가능하게 된다는 말입니다. 오! 이렇게 견고한 기초를 가지고 견고하게 세워진다는 것이 바로 우리가 누리게 될 소망인 것입니다. 더 이상 우리는 어떤 변화에도 의문을 가질 필요가 없습니다. 영원히 우리는 오직 한 가지 목적에만 집중하게 될 것입니다. 그것은 곧 하나님께 영광을 돌리고, 하나님의 뜻대로 행하며, 하나님을 위해 일하고, 우리 자신의 의지가 아니라 하나님의 의지를 갖는다는 것을 의미합니다. 오! 우리 연약하고 미약하며 실수가 많은 우리들이 이러한 연약한 상태로 남아 있는 것이 아니라 견고하게 세워진다는 이 소망이 얼마나 밝고 귀합니까. 우리가 그리스도인으로 회심한 이후, 얼마나 자주 우리 자신이 그리스도와 같지 못하고, 항상 하나님의 마음을 따라 어떤 일을 행하려는 마음을 갖지 못함을 보고 스스로를 경멸해 왔습니까? 물론 결국에는 우리가 하나님 뜻을 따라 일을 행하는 그러한 경지에 이르게 될 것이지만, 잠시 동안 우리는 여전히 망설이며, 우리가 어떤 일을 행할지 말지 고민할 것입니다. 이러한 망설임의 모습이 결국은 우리에게서 사라지게 될 것입니다. 여전히 이런 망설임이 우리에게 나타나는 이유는 우리가 아직 하나님의 뜻을 전적으로 따르지 않기 때문이며, 우리에게는 아직까지 타락한 본성이 남아 있고, 악마가 여전히 우리에게 권세를 부리기 때문입니다. 그리고 우리가 아직 온전히 거룩한 존재가 아니기 때문입니다.

이러한 우리의 모습이 결국은 온전하게 변화될 것입니다. 영원히 우리에게는 하나의 목적만이 남게 될 것입니다. 영원히 우리에게는 하나의 마음만이 남게 될 것입니다. 그것은 곧 하나님을 위해 살고, 하나님께 영광을 돌리는 것입니다. 하나님의 뜻이 우리에게 주어지고, 우리가 그 뜻을 따르도록 인쳐주시고, 우리가 하나님께 순종하기만 하면 언제라도 하나님의 일을 할 때 우리 마음에 최소한의 주저함도 사라지고, 즉시 일을 하게 될 것입니다. 즉각적으로 하나님께 영광을 돌리고 하나님의 뜻을 행하게 될 것입니다. 이 얼마나 밝고 복되며 영광스러운 소망입니까. 자, 여기 아직도 믿지 않는 사람이 있습니까? 만약 그렇다면, 사랑하는 친구들이여! 제가 지금 여러분이 행복을 찾기 위해 어떤 일을 하든지, 여러분은 그 행복을 절대 갖지 못할 것이고, 가질 수도 없을 것이라고 말하겠습니다. 오직 여러분이 추구하는 행복은 제가 지금 여러분들에게 말씀드린 대로, 오직 예수 그리스도를 통해서만 이룰 수 있습니다. 사도들, 곧 거룩한 사람들조차도 그리스도를 통해서 가장 거룩한 사람이라는 칭호를 얻을 수 있었습니다. 그들 자신의 노력으로 얻은 것이 아닙니다. 그들 또한 우리와 마찬가지로 불쌍하고 죄책감에 사로잡혀 있었으며, 지옥에 갈 수밖에 없는 죄인들이었습니다. 그렇지만 그들은 그리스도 예수 안에서 하나님께서 주시는 은혜를 받음으로써 거룩한 사도라는 칭호를 받은 것입니다.

우리들도 스스로 하나님 앞에서 죄인임을 고백해야 합니다. 우리가 죄인임을 깨닫지 못한다면, 하나님께 우리의 죄인됨을 보여달라고 구해야 합니다. 그리고 하나님 앞에 우리가 죄인임을 고백하는 기도를 드려야 합니다. 그렇게 할 때에, 우리는 우리를 구원해주실 분은 오직 그리스도 예수시라는 믿음을 가져야 합니다. 이것이 바로, 오직 이것만이 우리에게 축복을 주며, 우리가 축복을 받는 길입니다. 그러므로 아직 그리스도를 믿지 않으면서 진심으로 행복하기를 바라는 사람이 있다면, 예수 그리스도만이 우리를 구원해주실 분임을 믿는 믿음만이 그들이 바라는 행복을 얻을 수 있는 유일한 길임을 깨달아야 합니다. 만약 믿지 않는 그들이 천국에 가고자 한다면, 예수님이 유일한 구원자임을 믿는 믿음만이 천국에 들어갈 유일한 길임을 알아야 합니다. 하나님께서는 예수 그리스도를 위해 이 묵상의 말씀을 듣는 모든 사람들에게 동일한 은혜를 허락하실 것입니다. 아멘.

# 11 하나님께 만족하는 삶[12]

뮬러 여사는 몇 일간 심하게 앓은 후, 1870년 2월 6일, 일요일 오후, 브리스톨 킹스다운 폴 스트리트 21번지에서 향년 73세로 생을 마감했습니다. 그 다음날, 뮬러 목사는 매주 있는 기도 모임에서 요청받은 기도 제목들 대신에 몇 가지 주제에 대해서 언급한 후에, 다음과 같이 말했습니다.

"마지막으로 저 자신과 가족들을 대신해 감사드리기를 원합니다. 주님께서는 제 사랑하는 아내의 고통과 고난으로부터 그녀를 구원하시기를 원하셨고, 주님께서는 또한 제 아내가 수년간 바랐던 열망을 이루어주셨기 때문입니다. 제 아내의 열망은 바로 예수님과 함께 하는 것

---

12 조지 뮬러가 자신이 사랑하는 아내가 죽은 직후, 그녀의 장례식장에서 설교한 설교를 구술 정리한 것이다.

이었습니다. 그리고 제가 또 감사드릴 것은 주님께서 제게 주신 엄청난 마음의 평안입니다. 그 평안이 나와 내 사랑하는 딸 모두를 지탱해 주고 있습니다."

그 기도 모임에서 뮬러는 자리에서 일어서서 말했습니다. "제가 사랑하는 아내의 마지막 순간에 읽어주었던 성경 구절입니다. "여호와 하나님은 해요 방패시라 여호와께서 은혜와 영화를 주시며 정직하게 행하는 자에게 좋은 것을 아끼지 아니하실 것임이니이다." 지금, 우리가 주 예수 그리스도를 믿는다면, 그리고 은혜를 받았다면, 우리는 모두 은혜를 함께 나누는 사람이어야 합니다. 그리고 은혜를 함께 나누는 모든 사람에게 주님께서는 또한 영광을 주십니다. 저는 이 말씀의 뒷부분을 저 자신에게도 말했습니다. "하나님께서는 정직하게 행하는 자에게 좋은 것을 아끼지 아니하실 것임이니이다." 물론 나 자신은 불쌍하고 무가치한 죄인에 불과하지만, 그리스도의 피로 구원받은 존재입니다. 그렇기 때문에 이제는 죄 가운데 살지 않고, 하나님 앞에서 정직하게 살아가고 있는 것입니다. 그러므로 만약 제게 있어서 가장 좋은 일이라고 한다면, 하나님께서는 내 사랑하는 아내를 다시 일으켜 세워주셨을 것입니다. 다시 질병으로 고통을 당한다 해도, 하나님께서 제 아내를 다시 회복시켜 주셨을 것입니다. 그러나 제 아내는 다시 회복되지 않았습니다. 그렇다고 한다면 제 아내가 다시 회복하는 것이 제게는 유익한 일이 아니었다는 말입니다. 그렇게 생각하니 제 마음에 평안이 생겼습니다. 그래서 저는 하나님만으로 만족하게 되었습니다. 이 모든 마음의 평안과 만족감은, 제가 전에도 말씀드렸듯이, 하나님의 말씀을 말 그대로 받아들이고, 하나님께서 말씀하신 모든 것을 믿을 때마다 제 마음에 용솟음쳤습니다. 사실 저는 원래 아내가 숨을 거둔 당일인 어제 밤에 설교를 하려고 했습니다. 제가 아내가 숨을 거둔 그날 오전에 집에 머물러 있었습니다. 그 이유는 아픈 아내를 대신해 가족들을 돌봐야 했었고, 나 자신도 아픈 아내를 돌보느라 몇 날을 잠을 제대로 자지 못해서 완전히 지쳐 버렸기 때문에 쉬어야겠다고 생각했기 때문입니다. 그러나 그날 오후 늦은 시간에 제 사랑하는 아내가 숨을 거두었고, 저는 여러 가지 이유 때문에 집에 있어야만 했습니다. 만약 제가 당일 밤에 설교를 했다면, 그날 제가 전할 본문은 "주는 선하사 선을 행하시오니"이었을 것입니다. 여러분은 제가 전에 자주 하나님이 얼마나 사랑스러운 존재이신지에 대해 강조한 말씀을 들었을 것입니다. 저는 여전히 하나님은 사랑스러운 존재라는 그 말씀을 믿습니다. 그리고 하나님이 행하시는 일에 만족하고 있습니다. 제 사랑하는 아내가 병으로 고생하던 6일 동안, 저는 그녀를 간호하면서 말로 표현할 수 없는 특권을 누렸습니다. 매일 내 사랑하는 아이를 돌보았고, 밤엔 스스로를 돌볼 수가 있었습니다. 물론 지금 정말 잠을 자고 싶은 상태이긴 합니다. 매주, 일주일 내내 극심한 정신적 노동을 하고 나면, 저는 많은 잠을 자야하고, 대개는 잠을 너무 자고 싶어서 고생하기도 합니다. 그렇지만 이 순간만큼은 제 자신의 경험을 통해 하나님의 신실하심을 깨닫게 됩니다. "네가 사는 날을 따라서 능력이 있으리로다." 지난 밤 제가 깨어 있는 동안, 저는 제 아내가 지금 예수님과 함께 계시겠구나 하는 생각으로 제 마음에 기쁨이 넘쳤습니다. 제 아내는 자신이 바라는 일을 한 것입니다. 자신의 마음의 열망대로 예수님과 함께 하기 위해 가는 것보다 더 귀한 일이 어디 있겠습니까."

그리고 뮬러 목사는 이어서 말했습니다. "몇 주 전에, 제 사랑하는 아내가 아주 심각한 기침을 하기 시작했는데, 그로 인해 저는 그녀의 맥박이, 너무나도 슬프게도, 그녀의 맥박이 너무 약하고 불규칙하고 간헐적으로 뛰는 것을 알게 되었습니다. 그리고 그로 인해 급성 류머티즘, 또는 류머티즘성 열이 이어졌고, 저는 인간적인 생각으로 이 급성 류머티즘이 그녀의 심장에 영향을 주기 때문에, 이 고통이 어떻게 끝나게 될지 아내가 숨을 거둘지도 모른다는 최악의 상황까지도 일어날 수 있다고 판단했습니다. 이러한 예상을 하면서도, 저는 스스로에게 말할 수 있었습니다.

"최고의 축복을 주님께서 우리에게 주신다. 우리에게는 좋은 것만 일어나리라. 주님께서 우리를 보호하시니 영광에 안전히 거하리. 오! 주님께서 우리를 얼마나 사랑하시는지요."

여러분은 제가 전에 자주 이 찬양을 드리는 것을 들었을 것입니다. 이 찬양은 제가 진심으로 하는 말입니다. 지금 저는 이 찬양을 제 마음에 새겼습니다. 그리고 저는 온전히 평안합니다. 제 사랑하는 아이가 거의 죽음의 문턱에 있던 것이 바로 16년 전 일입니다. 제 사랑하는 아내와 저는 그때에도 평안했습니다. 왜 그렇겠습니까? 우리가 그녀를 사랑하지 않았기 때문일까요? 아닙니다. 우리는 그녀를 너무나도 사랑했습니다. 그렇지만 우리는 하나님께 만족했습니다. 하나님이 어떤 결정을 내리시든 말입니다. 지금은 제가 어떻게 평안할 수 있겠습니까? 제가 제 아내를 사랑하지 않기 때문인가요? 아닙니다. 저는 제 아내를 너무나도 사랑합니다. 해가 갈수록, 서로에 대한 우리의 사랑은 점점 더 커졌습니다. 그렇지만 저는 하나님의 뜻에 만족하기 때문에 제 아내를 잃은 지금도 평안할 수 있는 것입니다.

뮬러는 한 남자로서, 그리고 한 사람의 남편으로서 자신이 겪은 시험이 얼마나 자신의 마음을 아프게 하는지에 대해서 이야기하고, 그가 외로움으로 인해 점점 삶에 어려움이 커져만 가겠지만, 그래도 하나님만을 의지할 것임을 이야기하고 설교를 마무리했습니다.

그 주 금요일, 뮬러 여사의 시신은 아노스 베일(Arno's Vale) 묘지로 이송되었고, 수많은 무리의 사람들이 그녀의 시신과 함께 행진했습니다. 아쉴리 다운(Ashley Down)의 다섯 개 고아원에 있는 1400명의 고아들이 그들의 후원자였던 고인의 마지막 길을 함께 따라갔습니다.

모든 장례 예식은 뮬러 목사가 집례했으며, 아노스 베일의 교회에서 그는 다음과 같이 설교했습니다.

이제 하나님께서 주신 가장 귀한 말씀 몇 마디를 읽고, 그에 대해서 몇 가지 말씀을 덧붙이고자 합니다. 먼저, 데살로니가전서 4장을 보면, "형제들아 자는 자들에 관하여는 너희가 알지 못함을 우리가 원하지 아니하노니 이는 소망 없는 다른 이와 같이 슬퍼하지 않게 하려 함이라 우리가 예수께서 죽으셨다가 다시 살아나심을 믿을진대 이와 같이 예수 안에서 자는 자들도 하나님이 그와 함께 데리고 오시리라 우리가 주의 말씀으로 너희에게 이것을 말하노니 주께서 강림하실 때까지 우리 살아 남아 있는 자도 자는 자보다 결코 앞서지 못하리라 주께서 호령과 천사장의 소리와 하나님의 나팔 소리로 친히 하늘로부터 강림하시리니 그리스도 안에서 죽은 자들이 먼저 일어나고"라고 되어 있습니다.

'그리스도 안에서 죽은 자들' 말입니다. 모든 죽은 자들이 아닙니다. 주님과 함께 죽은 자들이 다시 살아 돌아오는 그때 이전에 죽은 모든 자들이 아닙니다. 오직 '그리스도 안에서 죽은 자들.' 그들은 주 예수 그리스도를 믿는 자들로서 단지 깊은 잠에 빠져 있는 것입니다. 바로 이 사실 때문에 저는 평안을 얻었고, 제가 너무나도 사랑하는 저의 소중한 아내의 시신을 무덤에 넣는 이 날에도 말로 표현할 수 없는 기쁨을 얻었습니다. 왜냐하면 언젠가 저도 제 아내와 함께 영원한 행복을 누릴 것이기 때문입니다. 지난 39년 4개월 동안 저와 제 아내는 함께 가장 사랑하며 하나가 된 삶을 사는 동안, 우리가 곧 영원한 행복을 누릴 것이라는 이것이 우리 대화의 주제였습니다. 이런 대화가 몇 번이나 계속되었는지 모릅니다. 아마 수천 번은 이런 대화를 나누었을 것입니다. 그리고 우리는 몇 번이고 자주 그녀의 손을 잡고, 또 내 사랑하는 딸의 손을 잡고 말했습니다. '우리는 영원히 함께 할 거야.' 그러자 우리의 마음은 우리가 사랑하는 주 예수와 함께 영원한 행복을 보낼 것이라는 소망으로 황홀한 기쁨의 전율을 느꼈습니다. 그렇기 때문에, 그녀의 시신이 이제 무덤에 누이게 되겠지만, 우리는 영생의 소망과 성경의 약속을 통해 확신합니다. 그녀는 지금 예수님과 함께 있습니다. 우리의 사랑하는 주님께서 다시 오실 때, 제 아내는 영광스러운 몸을 가지게 될 것입니다. 그리고 그녀가 여기 이 땅에서 사랑한 사람들이 모두 그녀와 함께 다시 하나가 될 것입니다. 그러니까 저는 '소망 없는 다른 이와 같이 슬퍼하지 않는 것입니다.'

> "주께서 호령과 천사장의 소리와 하나님의 나팔 소리로 친히 하늘로부터 강림하시리니 그리스도 안에서 죽은 자들이 먼저 일어나고 그 후에 우리 살아 남은 자들도 그들과 함께 구름 속으로 끌어 올려 공중에서 주를 영접하게 하시리니 그리하여 우리가 항상 주와 함께 있으리라 그러므로 이러한 말로 서로 위로하라."(살전 4:16-18)

저는 진심으로 이 말씀을 제 마음에 계속 새기고자 합니다. 또한 고린도전서 15장 말씀 몇 절을 다함께 읽겠습니다.

> "우리가 흙에 속한 자의 형상을 입은 것 같이 또한 하늘에 속한 이의 형상을 입으리라."(고전 15:49)

이 얼마나 밝고 복된 소망입니까. 분명 제 아내는 흙에 속한 사람 아담의 형상으로 태어났기 때문에 죄인이며 타락한 존재입니다. 그러나 그녀는 다시 하늘로부터 오시는 하늘에 속한 새 아담 예수 그리스도의 형상을 입고 다시 태어날 것입니다.

> "형제들아 내가 이것을 말하노니 혈과 육은 하나님 나라를 이어 받을 수 없고."(고전 15:50)

이 말씀은, 우리의 현재의 상태로는 우리가 가까운 장래에 주님의 임재에 참여하지 못한다는 것을 말합니다. 우리는 먼저 우리의 육체를 벗어던져야 합니다.

> "또한 썩는 것은 썩지 아니하는 것을 유업으로 받지 못하느니라 보라 내가 너희에게 비밀을 말하노니 우리가 다 잠 잘 것이 아니요 마지막 나팔에 순식간에 홀연히 다 변화되리니."(고전 15:50-51)

이 말씀 또한 바로 전 구절에서 이야기한 것처럼, 그리스도 안에서 죽은 자들은 썩지 않는 모습, 또는 타락하지 않는 존재로 부활할 것이라는 말입니다. 제가 사랑하는 제 아내를 생각할 때, 제 영혼에 울리는 밝고 복된 소망이 아닐 수 없습니다. 제 아내는 이제 썩지 않을 몸으로 다시 부활할 것입니다. 약하고 깨지기 쉬운 장막, 이 고통의 장막을 제 아내는 이 땅에서의 순례의 마지막 몇 일간, 너무나 큰 고통과 아픔을 견뎌내야만 했습니다. 그런데 이 약하고 깨지기 쉬운, 고통의 장막이 주님께서 재림하실 때에 썩지 않을 몸으로 부활할 것입니다. 모든 믿음의 사람들이 주님의 재림의 때에 영광의 몸을 지닌 주님처럼 다 영광스럽게 변화될 것입니다.

> "이 썩을 것이 반드시 썩지 아니할 것을 입겠고 이 죽을 것이 죽지 아니함을 입으리로다. 이 썩을 것이 썩지 아니함을 입고 이 죽을 것이 죽지 아니함을 입을 때에는 사망을 삼키고 이기리라고 기록된 말씀이 이루어지리라. 사망아 너의 승리가 어디 있느냐 사망아 네가 쏘는 것이 어디 있느냐? 사망이 쏘는 것은 죄요 죄의 권능은 율법이라 우리 주 예수 그리스도로 말미암아 우리에게 승리를 주시는 하나님께 감사하노니. 그러므로 내 사랑하는 형제들아 견실하며 흔들리지 말고 항상 주의 일에 더욱 힘쓰는 자들이 되라. 이는 너희 수고가 주 안에서 헛되지 않은 줄 앎이라."(고전 15:53-58)

사랑하는 여러분, 그리스도 안에서 친구된 여러분들께서 특별히 이 말씀을 마음에 새기기를 원합니다. '견실하며', 그리고 그리스도께 사랑받는 여러분, 그 뒤의 말씀에도 집중하시기 바랍니다. "흔들리지 말고 항상 주의 일에 더욱 힘쓰는 자들이 되라."

제 사랑하는 아내는, 보시는 바와 같이, 주님의 일을 하다가 숨을 거두었습니다. 그녀의 생애 마지막 순간까지 제 아내는 주님을 위해 일하고 있었습니다. 심지어 침상에 누워 죽음을 앞두고 있는 순간에도 그녀는 주님께 영광을 돌리는 일을 위해 이것, 저것 지시를 했습니다. 특히 집 밖에 있는 아픈 사람들을 잘 돌보고, 그들이 회복된 후에야 내보내야 하며, 고아들을 또한 잘 돌보라는 그런 일들에 대한 지시를 남겨두었습니다. "항상 주의 일에 더욱 힘쓰는 자들이 되라." 제 아내에게는 주님의 보혈로 자신을 구원하신 그 복된 예수님을 위해 일하는 것, 이것이 바로 마음의 기쁨이자 즐거움이었던 것입니다. 그녀는 이 말씀의 축복이 그대로 성취될 것을 확신한 것입니다. "이는 너희 수고가 주 안에서 헛되지 않은 줄 앎이라."

제가 빌립보서 1장 말씀의 몇 구절을 읽겠습니다.

"이는 내게 사는 것이 그리스도니 죽는 것도 유익함이라."(빌 1:21)

"내게 사는 것이 그리스도니." 제 아내를 생각할 때, 이 말이 얼마나 옳은 말인지 모릅니다. 지난 39년 4개월 간의 결혼 생활 내내, 저는 이 사랑스러운 여인과 함께 부부의 연을 맺고 마음의 기쁨과 특권을 누릴 수 있었습니다. 바로 제 아내에게 사는 것은 곧 그리스도였기 때문입니다. 저와 부부의 연을 맺자마자, 제 아내는 제 목회 사역을 진심으로 도와주었습니다. 당시 제가 목회하던 테인머스(Teignmouth) 교회에 나가 봉사하고 헌신하기 시작했습니다. 그녀는 정말로 참 많이 일했습니다. 그리고 하나님께서는 기쁨으로 우리가 브리스톨에 오도록 인도하셨습니다. 지난 37년 9개월간, 우리는 이 브리스톨에서 사역을 했고, 제 아내는 특히 주님의 자녀들을 위해 일하는 데에 온전히 헌신했고, 가능한 모든 방법을 통해, 그리스도를 위해 살려고 노력했습니다. 하나님께서는 더 큰 사역의 기회를 허락하셔서, 아쉴리 다운(Ashley Down)에서 사역할 기회를 갖게 되었습니다. 매일, 매주, 매달, 매년, 제 아내는 꾸준히 이 한 가지를 위해 헌신했습니다. 왜냐하면 그녀에게 사는 것은 오직 그리스도였기 때문입니다. 그렇기 때문에, 제 마음이 그녀의 생애 전체를 되돌아 볼 때, 기쁨이 넘치는 것이 아니겠습니까? 그러니 "그녀가 지금 어디에 있는가?", 곧 "이제는 죽어서 시신만이 무덤에 남겨지게 되는 것은 아닌가?"라고 질문하며 슬픔에 빠질 필요도 없는 것이 아닙니까? 오! 오히려 제 영혼은 말로 표현할 수 없는 기쁨과 즐거움으로 가득합니다. 예수님과 함께 있는 그 복된 여인을 생각할 때면 말입니다. 제 아내에게 사는 것은 그리스도였습니다. 그녀가 자신의 육신의 장막을 벗을 때, 그녀의 영은 이제 예수님의 현존과 함께 하는 것입니다. 그렇기 때문에 그녀에게 죽는 것은 또한 유익한 것입니다.

왜 제 아내에게 죽는 것이 유익인지 몇 가지 이유를 말씀해 드리겠습니다. 왜냐하면 그녀에게 더 이상 육신의 장막의 약함이나 피로가 이제는 전혀 없을 것이기 때문입니다. 거의 지난 2년 내내, 고아원에서 사역을 마치고 제 아내가 저와 함께 집으로 돌아오는 시간은 늘 밤 9시쯤이었습니다. 그럴 때마다 제 아내를 보면 완전히 지쳐있는 모습을 보게 되었습니다. 종종 제가 말했습니다. "여보, 조금만 덜 일하세요. 그리고 집에서 좀 쉬어요." 그러나 저는 그녀의 헌신하고자 하는 열망을 이긴 적이 없습니다. 그녀는 꾸준히 주님을 위해 헌신했습니다. 제 아내는 저와 함께 있는 것을 좋아했습니다. 저도 마찬가지로 제 곁에 아내가 있는 것을 좋아했습니다. 그렇지만 그렇게 헌신하는 것이 점점 그녀에 힘에 부치기 시작했습니다. 그러나 이제 그녀에게 피곤함은 과거가 되었습니다. 완전히 사라졌습니다. 물론 이외에도 죽음이 유익한 이유에 대해서 수많은 이유를 말씀드릴 수 있지만, 그 중 최고의 유익은 이것입니다. 바로 그녀가 너무나도 열망했던 그 소원, 즉 사랑하는 예수 그리스도, 하늘에 계신 그분을 직접 만날 수 있게 되었기 때문입니다. 제 아내는 주님과 함께 하기를 정말로 갈망했습니다. 예수, 예수, 예수, 이분이 언제나 제 아내의 마음의 주제였던 것입니다. 제 아내가 죽은 후, 그저께 하나님께서는 제 아내가 남기고 간 가장 귀한 보석을 발견하게 하셨습니다. 제 딸이 말해주었지요. 사실 이미 2년 전에 그것을 본적이 있다고 말입니다. 그것은 바로 제 아내가 작은 수첩에 기록한 한 문장입니다. 그녀는 예수님과 함께 하기를 열망했습니다. 그리고 그녀의 영혼은 주님 안에서 행복하다는 사실을 늘 의식했습니다. 제 아내는 자주 지금 바로 이 육신으로부터 떠나 주님께 가고 싶다고 말했습니다. 그때마다 자신의 사랑하는 남편과 딸, 그리고 다른 친구들이나 친척들을 놀라게 하곤 했습니다. 그렇지만 결국에 제 아내는 자신의 열망을 이루었습니다.

"내 뜻대로가 아니라, 사랑하는 예수님 당신의 뜻대로 하소서." 이것이 바로 제 아내가 마음속에 깊이 간직했던 열망입니다. 이 열망은 단지 주일이나 다른 특별한 날 같은 어떤 특별한 때에만 있었던 것이 아닙니다. 제 아내는 주 예수님과 함께 하기를 원하는 열망을 늘 가지고 있었습니다. 그러니 그녀에게 죽음은 유익한 것입니다. 그밖에 다른 무언가를 제가 바라야 할까요? 아! 몇몇 분에게는 이상하게 들릴지도 모릅니다만, 제가 드릴 수 있는 말은 오직 제 아내가 육신을 벗어나 주님과 영원한 행복을 누리게 되었기에 저는 기뻐할 수 있다는 것 뿐입니다. 오! 제 아내가 평생 가졌던 마음의 열망에 대해서 생각할 때마다 말로 표현할 수 없는 평안과 기쁨이 제 안에 넘칩니다. 저는 이제 아래에 놓여진 제 아내의 손에 키스합니다. 한 사람의 남자로서 제 아내의 죽음에 대해 제가 어떤 기분일지 질문한다면, 저는 물론 뼈저리게 슬픔을 느낍니다. 한 사람의 남편으로서 제 기분 말입니까? 너무나도 큰 슬픔을 느낍니다. 그렇다면 고아원 원장으로서 저의 기분에 대해 물어보시렵니까? 거듭 말하지만, 저는 정말로 큰 슬픔과 상실감을 느낍니다. 그녀의 빈자리를 과연 채울 수 있을지, 어떤 소망도 보이지 않습니다. 그렇지만 그 모든 일을 했던 제 아내의 손에 키스합니다. 제 사랑하는 아내가 떠났지만 저는 기쁨으로 그녀의 죽음을 받아들이고자 합니다. 이 순간 그녀의 죽음을 되돌릴 수 있다 하더라도, 저는 그런 소망을 갖지 않을 것입니다. 그녀를 향한 저의 사랑의 깊이는 너무나 크기 때문에 저는 그녀가 다시 살아나기를 바랄 수조차 없습니다. 제 아내는 예수님과 함께 하기를 갈망했고, 이제 그녀 마음의 그 간절한 열망이 이루어졌습니다. 그러니 그녀의 기쁨이 곧 저의 기쁨인 것입니다. 저는 이제 온전히 확신합니다. 예수 그리스도를 믿는 믿음의 사람으로 죽은 자들, 모든 정의롭고 사랑받는 사람들이 다시 부활하여, 천국에서 다시 만나게 될 것을 말입니다. 이제 저는 기쁨으로 제 아내의 시신을 무덤에 내려 놓습니다. 여기 있는 모든 분들은 저의 아내와 함께 영원을 누릴 준비가 되어 있습니까? 누가 사랑하는 사람들을 천국에서 다시 만나게 될까요? 오직 주 예수 그리스도를 믿는 믿음의 사람만이 천국에서 그녀를 만나게 되고, 저를 만나게 될 것입니다. 천국에 들어가기 전에 우리 모두는 거듭나야 합니다. 주 예수 그리스도를 믿는 믿음으로 우리 마음에 변화가 일어나야만 합니다. "거듭나지 아니하면 하나님의 나라를 볼 수 없느니라." 여기 계신 모든 분들을 사랑하는 마음으로 질문을 드립니다. 여러분은 천국에 갈 준비가 되었습니까? 주 예수를 믿는 믿음의 사람으로서 이 세상을 떠나도록 선택된 사람들만이 천국에 들어갈 것입니다.

그리고 나서 뮬러 목사는 다음과 같이 기도를 드렸습니다.

"오! 주님. 제가 주님께 드리는 감사를 받아주시옵소서. 주님께서는 제게 최고의 아내이자 친구, 최고의 동역자이자 위로자였던 사람을 제게 주시는 귀한 축복을 저에게 허락하셨습니다. 오! 그녀를 제게 주시고 저와 함께 하도록 하신 지난 39년 4개월 동안 주님께서 얼마나 선한 일을 하셨는지 모릅니다. 주님, 이제 기쁨으로 당신께 그녀를 돌려보냅니다. 그녀를 주님께 돌려보내는 일이 당신께 기쁨임을 믿습니다. 그것이 최선임을 믿습니다. 주님께서는 정직한 길을 걷는 자들에게서 어떤 선한 것을 빼앗아 가시지 않으시는 분입니다. 주님의 불쌍한 종, 연약하고 허약한 그 종이 정직한 길을 걷고 있습니다. 그리고 그 종이 사랑하던 사람 또한 정직한 길을 걸었습니다. 이제 당신께서는 그녀를 도로 취하셨습니다. 그것이 그녀에게 최선일 뿐만 아니라, 당신의 불쌍한 종과 그 사랑하는 자녀, 그리고 모든 다른 친척들과 친구들에게 최선이기 때문임을 믿습니다. 그러므로 당신의 불쌍한 종인 저는 당신께서 사랑하시기 때문에 그리하신 것임을 믿습니다. 만약 그 사랑하는 아내가 이 종과 함께 계속 헌신하기를 하나님께서 바라셨다면, 주님께서는, 비록 고령의 연약한 육신의 장막일지라도, 그녀의 생명을 더 연장해주셨을 것입니다. 그런 까닭에 당신의 불쌍한 종은 주님의 뜻을 인정하고 받아들이며, 지난 39년 4개월 간의 행복한 결혼 생활 동안에 주님께서 허락하신 유익들을 잊지 않을 것입니다. 주님 당신의 종은 언젠가 그녀를 다시 만나게 될 것이며, 주님의 현존 앞에서 영원한 행복을 누릴 것임을 알기 때문에, 그녀를 위로해주시고, 그 사랑하는 딸을 위로해주시며, 그리고 사랑하는 자매들과 모든 다른 친척, 친구들을 위로해 주심에 주님을 찬양합니다. 오, 주님! 우리 모두에게 선을 행하소서! 당신께서는 은혜롭게 교회인 우리들에게 이러한 축복을 허락하셨습니다. 우리뿐만 아니라, 이 커다란 도시와 다른 곳에 사는 수천 명의 주님께서 사랑하시는 자녀들에게 축복을 허락하셨습니다. 그리고 당신의 섭리 가운데, 마지막에는 주님의 사랑하는 종의 아내가 하나님께 부름받은 이 사건을 통해 선한 축복이 고아들에게까지 미치게 되었습니다. 주님, 이제 우리는 무덤으로 갑니다. 우리와 함께 가소서. 우리를 도우소서. 우리를 축복하소서. 만약 당신의 불쌍한 종과 다른 사랑하는 친척들이 주님께서 그들이 사랑하던 한 사람을 도로 취하신 일로 인해 언젠가 외로움을 느끼게 된다면, 주님의 현존 가운데 그녀가 경험한 기쁨을 우리가 기억하게 도우소서. 우리가 구하는 것은 오직 사랑하는 주 예수 그리스도를 위한 것뿐입니다."

그 주일, 뮬러 목사는 평소와 마찬가지로 베데스다 교회 강단에 섰습니다. 그가 전날 밤새 계속 묵상했던 에베소서 4장 14절, 15절, 16절에 대해 이야기하기 전에, 이렇게 말했습니다.

말씀을 시작하기 전에 우리가 찬양드렸던 찬양의 마지막 절을 다 함께 읽어봅시다.

"최고의 축복을 주님께서 우리에게 주시리. 오직 선한 일만이 언제나 우리에게 일어나리."

만약 우리가 주님과 교제하며, 주님을 안다면, 주님과 교제하며 주님을 안다는 이것이 가장 복된 것임을 안다면, 우리 가장 깊은 영혼으로부터 우리는 이렇게 말할 것입니다.

"최고의 축복을 주님께서 우리에게 주시리. 오직 선한 일만이 언제나 우리에게 일어나리."

오! 예수를 사랑하는 마음으로 이렇게 자신감을 발휘할 수 있다니 얼마나 감사한지요. 이런 자신감을 통해 우리가 얼마나 마음의 안식을 얻고, 평온함을 얻으며, 고요함을 얻었는지요. 예수를 찾고 그를 우리 친구로, 우리의 전능한 친구로, 절대 실패하시지 않으시는 친구로 모시는 일이 얼마나 말로 표현하지 못할 정도로 축복인지요. 주님의 마음은 절대로 우리를 져버리지 않으며, 주님은 하늘과 땅의 모든 권세를 가지신 분입니다. 주님은 자신의 영광과 우리에게는 진정한 축복을 주시기 위해 우리를 대신해 자신의 권세를 행사하시는 분이십니다.

"오직 선한 일만이 우리에게 일어나리."

이것이 바로 지난 한 주간 제 마음을 가득 채운 찬양입니다. 또한 제 마음을 채우고 있던 찬양은 "주는 선하사 선을 행하시오니"라는 것입니다. 그렇게 매일매일 저는 주님께서 선하시며 선을 행하시는 분임을 증명했으며, 제 영혼은 평안과 행복으로 가득했습니다.

제가 여기 계신 모든 분들, 특별히 젊은 친구들에게 사랑하는 마음으로 간곡히 드리고자 하는 말씀은 이것입니다. 종교적 감정에만 만족하지 마십시오. 그리고 하나님의 축복의 책인 성경과 가까이 하십시오. 이것이 바로 제가 독일에서 주님에 대해 알게 되었을 때 가졌던 마음의 상태입니다. 사실 제가 루터교 교회(Lutheran Establishment)에서 설교하려고 할 때에나 그 이후로도 하나님의 축복의 책에 대해서는 그렇게 신경을 쓰지 않았습니다. 저의 종교란 단지 감정의 종교였으며, 그렇기 때문에 저는 3년 6개월간 기독교 교육 과정에 있는 동안은 여전히 영적인 아이에 불과했습니다. 그렇지만 1829년 7월, 하나님께서 충만한 은혜를 제게 부어주시고, 저를 이 축복의 책으로 인도해 주셨습니다. 그래서 성경에 대해 더욱 알고자 노력했습니다. 이는 제가 처음 그리스도를 만나고 신학 교육을 받는 동안에 가졌던 생각과는 전혀 다른 것이었습니다. 그제서야 저는 하나님의 것들로 채워지기 시작했고, 하늘나라를 향해서 더 분명한 한 걸음을 걷게 되었으며, 어둠의 권세에 대항하여 싸우는 싸움을 더욱 성공적으로 하게 되었습니다. 절대 여러분의 종교가 감정의 종교가 되어서는 안 됩니다. 오히려 여러분의 종교는 오로지 이 축복의 책에서 여러분이 보게 되는 것으로부터 터져 나오는 것이어야만 합니다. 여러분이 여기 이 저녁에 제 말씀을 통해서 깨닫게 되는 모든 것들은 사실 제가 성경을 통해서 보았던 것이기 때문입니다. 이 얼마나 저의 영혼에 평온함과 평안함을 주는지요. 이미 알고 계신 분들 외에는, 여기 계신 그 누구도 생각지도 못할 것입니다. 인간에게 일어날 수 있는 가장 큰 고통을 제가 겪었다는 사실을 말입니다. 그렇지만 저는 여전히 아주 평온하고 평안합니다. 어떻게 그럴 수 있을까요? 왜냐하면 저는 하나님의 말씀을 그대로 믿기 때문입니다. 그리고 제 종교는 절대 감정의 종교가 아니기 때문입니다. 한 사람의 남편으로서 제 아내에 대한 깊은 사랑에도 불구하고, 지난 주 내내 저에게 아내를 잃은 슬픔보다는 평온함과 평안함이 터져 나온 것은 무슨 까닭이겠습니까? 그것은 바로 하나님의 은혜로 인하여 제가 하나님께서는 성경을 통해 스스로를 드러내시는 분임을 이해할 수 있었기 때문입니다. 그러한 믿음을 통해, 오직 그 믿음을 통해, 저는 거룩한 평온함을 가지고 지금 이 자리에 서 있을 수 있는 것입니다. 지난 주일, 제 사랑하는 아내가 숨을 거둔 직후, 육체의 강건함이 있었다면 저는 분명 이 자리에 서 있었을 것입니다. 그러나 아내가 숨지기 전까지 며칠 밤을 계속 새우고 그녀를 간병해야 했기 때문에, 저는 그날 이 강단에 설 수 없었습니다. 또한 여러 가지 이유로 인해, 제가 집에 머물러 있는 것이 우리 남겨진 가족들을 위해서 제가 해야 할 의무라고 생각했습니다. 그렇지만 제 마음의 상태에 대해서만 말한다면, 제가 지금 느끼는 것과 마찬가지로 그날 저녁에 강단에 섰다면 여전히 저는 평온하고 평안하게 말씀을 전할 수 있었을 것입니다. 제가 이 말씀을 드리는 이유는 무엇일까요? 여러분이 하나님을 알게 되기를, 하나님을 바로 알기를 독려하기 위함입니다. 저는 하나님의 은혜로 하나님을 알고, 하나님 안에서 그러한 만족을 찾게 됩니다. 그리고 제 영혼이 하나님만으로 만족하게 된 데에는 저를 향한 주님의 사랑이 있었음을 압니다. 그러므로 하나님의 말씀에 나아오는 일이 얼마나 중요한 일인지 깨달아야 합니다. 왜냐하면 성경에 "주의 이름을 아는 자는 주를 의지하오리니"라고 기록되어 있기 때문입니다. 저는 하나님을 압니다. 그렇기 때문에 하나님을 의지합니다. 하지만 여러분이 하나님에 대해서 듣기만 하고, 하나님에 대해서 읽기만 한 채, 하나님이 성경을 통해 스스로를 계시하심을 깨닫지 못한다면, 여러분이 시험과 고난을 만날 때, 여러분은 스스로 하나님에 대해 얼마나 모르고 있었는지를 알게 될 것입니다. 그렇다면 예수 안에서 성경의 진리를 그대로 믿는 것이 얼마나 중요한지 깨달아야 합니다. 하나님께서 이 세상의 허망함에 대하여 하신 말씀과 이 세상의 진정한 축복은 하늘의 현실로 나타나게 됨을 말씀 그대로 믿어야 합니다. 제 영혼은 영원한 생명을 붙잡을 수 있었고, 성경의 진리를 실제로 믿었으며, 성경의 진리를 개념이 아니라, 믿음을 통해 이해할 수 있었기 때문에, 제 삶에 나타난 풍랑 한 가운데에서도 저는 태연하고 평온할 수 있었던 것입니다. 그리고 저의 결혼식 날이나 제 아내의 장례식 날에 제 영혼의 평온함에는 어떤 다른 점이 티끌만큼도 없었던 것입니다. 오! 내 영혼의 거룩한 평온함이여! 여러분은 하나님을 알아야만 합니다. 제가 하나님에 대하여 여러분께 기쁨으로 말할 수 있는 것은 제 거룩한 믿음이 현실이기 때문입니다. 성경의 하나님은 태초에나 19세기 후반기에나 모두 동일하신 분입니다. 사천년 전에 살아계신 하나님과 지금 살아계신 하나님 사이에는 어떤 차이도 없습니다. 복된 예수님께서 이 땅에 오셨던 모습이나 지금 우리가 믿는 하나님 사이에는 아무런 차이가 없습니다. 오직 하나님을 알기 위해 노력합시다. 하나님에 대해 기록한 성경 말씀을 그대로 믿읍시다. 어린아이와 같은 단순함으로 성경에 나오는 말씀을 믿고, 그 말씀을 확고하게 붙잡읍시다. 오! 이 얼마나 복된 일입니까. 참 복된 일입니다. 오! 이 저녁 저의 사랑하는 친구이자 죄인인 사람들이 이 자리에 모였습니다. 저에게는 친구가 하나 있습니다. 아주 절친한 친구이지요. 바로 주님이십니다. 주님께서는 저에게 가장 절친한 친구이듯이, 여기 있는 모든 사람들에게도 기꺼이 친구가 되어주실 분입니다. 먼저 그리스도를 찾으십시오, 그리고 그의 사랑과 권능, 그의 지혜 앞에 여러분의 모든 것을 내어 놓으십시오. 그러면 여러분은 행복할 것입니다. 여러분은 평생 매일 행복할 것입니다. 여러분 안에 평안이 강물처럼 흐를 것입니다. 때로는 잠잠하다가 때로는 출렁이는 바다와 같은 평안이 아닙니다. 여러분의 평안은 매일, 매주, 매달, 매년 강물처럼 평안하게 흐를 것입니다. 오! 주 예수의 제자가 된다는 것은 말로 표현할 수 없이 복된 일인 것입니다. 사실 이런 말씀을 드리려고 했던 것은 아니었지만, 여기 이 시간에 모여 있는 모든 분들께 하나님의 축복을 전하는 것을 하나님께서도 즐거워하실 것입니다.

설교를 마치면서 뮬러 목사는 다음과 같이 덧붙였습니다. "그리스도 안에서 친구된 많은 분들께서 제가 소위 장례식 설교라고 불리는 그런 말씀을 전하거나 세상을 떠난 사랑하는 제 아내에 대한 이야기를 할 것이라 예상했으리라 생각합니다. 저도 그러고 싶었습니다. 제 마음에서조차 그렇게 하고 싶었습니다. 저는 그 이외에도 우리 결혼 생활 가운데 있었던 많은 중요한 사건들에 대해서 이야기하고 싶었고, 가능하면 가장 공적인 방식으로 이를 전하고 싶었습니다. 사실 이 교회 예배당의 수용 규모를 넘어서는 수백 명의 사람들이 이 자리에 오기를 원했으리라 믿습니다. 그렇게 믿을 만한 이유가 있습니다. 하나님께서 제게 이것을 행할 수 있는 힘을 허락하자마자, 그리고 제가 이를 행할 만큼 진정이 되었을 때, 저는 그렇게 한 것입니다. 기쁨으로 그렇게 한 것입니다. 하나님께서는 영광스럽게도 제가 그렇게 하도록 허락하셨습니다. 물론 시기적절하게 어떤 안내가 미리 있었을 수도 있지만, 언제, 어디서, 그리고 어떤 방식으로 할지에 대해서는 이 순간 말할 수 없습니다. 저는 그저 하나님을 기다릴 뿐이고, 하나님께서 저를 지시하실 것입니다. 저는 저와 세상을 떠난 제 사랑하는 아내에게 보여주신 모든 분들의 진심어린 깊은 사랑에 감사를 드립니다. 특히, 가장 고통스러운 시험의 때, 삶의 모든 깊은 의문들이 넘쳐나던 그때에 보여주신 여러분의 사랑에 감사드립니다. 저와 제 사랑하는 딸, 그리고 다른 친척들에게 보여주신 여러분의 친절함에 감사드립니다. 저는 저 자신과 저의 딸에게 주신 여러분의 모든 기도에 감사를 드립니다. 하나님께서는 우리가 계속해서 하나님 안에서 기쁨을 누리도록 도와주셨습니다. 우리가 어떤 상황에 처해 있든 말입니다. 하나님의 은혜로 저는 우리가 하나님 안에서 더욱더 큰 기쁨을 누리고 살게 될 것을 믿습니다."

# 신실한 하나님의 말씀
## (딤전 1:15-16)[13]

"미쁘다 모든 사람이 받을 만한 이 말이여 그리스도 예수께서 죄인을 구원하시려고 세상에 임하셨다 하였도다 죄인 중에 내가 괴수니라 그러나 내가 긍휼을 입은 까닭은 예수 그리스도께서 내게 먼저 일체 오래 참으심을 보이사 후에 주를 믿어 영생 얻는 자들에게 본이 되게 하려 하심이라."(딤전 1:15-16)

믿음의 동역자 여러분, 사실 저는 여러분을 개인적으로 거의 알지 못합니다. 여러분이 구체적으로 어떤 삶의 자리에 계신지, 오늘 저녁 어떠한 말씀이 여러분에게 힘이 될지 전혀 알지 못합니다. 저는 설교자로의 이러한 저의 약함을 잘 알기에, 주님께서 여러분에게 말씀하셔야 할 것을 저를 통해 말씀해 주시기를 기도했습니다. 기도 후에 저는 오늘 읽은 말씀, 딤전 1:15-16, 두 구절에 마음이 끌렸습니다. 왜냐하면 이 구절은 우리 모두의 상태를 잘 말해주고 있는 말씀이기 때문입니다. 우리는 한 치의 예외도 없이 모두 죄인입니다. 이것이 바로 오늘 제가 여러분에게 특별히 강조하고 싶은 핵심입니다. 하나님의 은혜로 저는 확신합니다. 여기에 계신 모든 분들도 확신하십니까? 우리는 모두 죄인입

---

13 브리스톨 근처의 노스 컴몬, 살렘 개회 예배 설교(1872. 2. 27).

니다. 그것도 아주 큰 죄인입니다. 어떤 분은 살인이나 강도질과 같은 나쁜 일을 하지 않는다면, 사람들이 그렇게 나쁘지는 않다고 말씀하실 수도 있겠습니다. 그러나 저는 그러한 도덕성에 관한 것을 말하는 것이 아닙니다. 우리는 본능적으로 하나님이 원하시는 길을 가지 않고, 하나님이 기뻐하시는 일을 살피지도 않고, 우리가 가고 싶어 하는 길을 마음대로 가는 경향이 있습니다. 이것은 하나님께서 매우 싫어하시는 것입니다. 우리는 일반적으로 자기의 것만을 구하고, 하나님을 마음에 두기를 싫어하는데, 이것이 바로 우리가 죄인이라는 것을 여실히 보여주는 증거입니다. 이러한 우리의 죄는 우리를 지옥으로 이끌고 갈 뿐입니다. 그러나 오늘 말씀의 구절에는 우리가 아무리 죄인 중에 괴수일지라도 아직 희망이 있다는 것을 보여줍니다. 아무리 죄악이 우리를 덮고 있을지라도 하나님의 정하신 방법 안에서 구원받기를 기대하고 있다면, 아직 절망할 필요는 없다는 것입니다. 사도 바울에 의하면, 성령께서 죄인이 구원받기 위한 방법을 명하셨습니다. 하나님은 명령하시거나 위협하시는 형태로도 말씀하실 수는 있습니다. 예를 들어, "네가 믿지 않으면 나는 너를 지옥에 보낼 것이다"와 같은 형태의 말씀 말입니다. 그러나 하나님은 죄인들을 불쌍히 여기시고, 자비로운 마음으로 다루십니다. 바로 죄인들을 자신에게로 이끄시기 위함이기 때문입니다. 그러므로 하나님은 이것을 "믿음의 복된 소식"이라고 하십니다. 바로 그리스도 예수께서 죄인들을 구원하기 위해 이 세상에 오셨다는 진실하고 참으로 거짓이 없는 기쁜 소식인 것입니다. 여러분은 어떠한 어려움도 겪지 않고, 어떤 것을 내놓지 않고도, 이 복된 소식을 바탕으로 구원을 받을 수 있는 것입니다.

예수님의 오심으로 인해 우리는 모두 구원 받을 수 있습니다. 지금 이 선언을 모두 받아들이십니까? 하나님의 은혜로 저는 이 복된 소식을 받아들입니다. 그리고 여기 계신 분들, 한번 여러분들 자신에게 질문해 보십시오. 나이 드신 분이나 젊은이나 모두에게 필요한 질문입니다. 나는 복음을 받아들였는가? 여러분이 보다시피 저는 하나님의 증언자이고, 복음을 받아들였다고 여러분에게 말합니다. 그러나 중요한 것은 우리 모두가 다 예수의 복음을 받아들였는가입니다. 아직도 의심하고 있는 분이 계십니까? 이 복음을 받아들이시기를 권고합니다. "그리스도 예수께서 이 땅에 오셨습니다." 이것은 무엇을 의미합니까? 그것은 그가 창세 전에 존재하고 계심을 뜻합니다. 또한 주님이신 예수 그리스도의 신성을 가르쳐줍니다. 예수님은 살아계신 창조주 하나님의 아들이며, 그에 의해 모든 것이 만들어졌고 유지되고 있습니다. 하나님의 영광과 존귀를 위해 모든 것이 창조되었고, 하나님이 없이는 우리도 존재할 수 없습니다. 어떻게 그가 세상에 오셨습니까? 그가 고귀한 왕자의 신분으로 오셨습니까? 아닙니다. 그는 말구유의 작은 아기로, 목수의 아들로 오셔서 30세가 되시기까지 그렇게 평범하게 지내셨습니다. 이처럼 예수님은 고귀한 신분의 왕자처럼 세상에 오신 것이 아니라, 종의 형태로 가난한 자로 오셔서 33살까지 그렇게 사셨습니다. 그는 왜 세상에 오셨습니까? 바로 죄인들을 구원하기 위해서입니다. 예수님은 선한 사람들을 구하러 세상에 오신 것이 아닙니다. 여러분들 가운데 자신이 선하다고 생각하신다면, 예수님이 가져오신 구원의 이득을 아무도 얻지 못할 것입니다. 우리 모두는 주님이 없으면 벌을 받아 마땅한 죄인들입니다. 우리가 하나님을 기쁘시게 할 어떤 선함을 가지고 있다고 믿는다면, 우리 모두는 잘못 알고 있는 것이며 천국으로 가는 길을 전혀 알지 못하고 있는 것입니다. 우리는 우리 모두가 죄인이라는 것을 먼저 깨달아야 합니다. 우리가 술주정뱅이가 아니더라도, 살인자가 아니더라도, 도둑이 아니더라도 우리는 악한 존재입니다. 우리가 성실하다할지라도, 남을 속인 일이 없다할지라도 우리는 죄인입니다. 왜냐하면 우리는 본성적으로 하나님이 우리에게 원하시는 길을 가지 않고, 우리 자신만을 기쁘게 할 우리가 좋아하는 길만을 가는 경향이 있기 때문입니다. 우리는 본질적으로 하나님의 영광으로부터 벗어났습니다. 우리는 잃어버린 양처럼 하나님으로부터 떠나 헤매고 있습니다. 만일 하나님이 죄인인 사람들을 기록하려 하신다면, 모든 사람들이 기록될 것입니다. 저도 그 죄인의 명단에 기록될 것이며, 여러분도 그렇고, 이 세상에서 그 기록을 피할 사람은 아무도 없을 것입니다. 만일 "여기서 가장 큰 죄수가 있습니까?"라고 질문한다면, 만일 하나님이 가장 큰 죄인들을 기록하신다면, 하나님은 저와 여러분과 우리 모두를 기록할 것입니다. 그러나 저와 당신과 우리 모두를 위해 하나님이 예비하신 희망이 있습니다. 그것은 바로 예수 안에 있는 희망입니다. 다른 길은 전혀 없습니다. 하나님의 유일하신 아들에게 우리가 받아야 할 모든 죄악의 대가를 씌우셔서 우리로 하여금 구원의 희망을 갖게 하신 것입니다. 거룩하신 하나님은 우리의 모든 죄들과 잘못들을 예수님에게 전가시키셔서 우리를 구원코자 하신 것입니다.

여러분은 최근 독일과 프랑스 사이에 있었던 전쟁을 기억하실 것입니다. 이 국가들의 국민들은 그들이 좋던 싫던지 간에 그들의 건강이 허락하는 한 그가 속한 나라의 군인들이 되어야 합니다. 만일 어떤 남자가 자신 대신에 군대에 갈 사람을 돈을 주고 사서 그 사람 대신 전쟁터에 싸우러 내보냈다고 가정해 봅시다. 바로 여러분과 내가 나가야 할 전쟁터에 대신 나가주신 분이 예수 그리스도이십니다. 우리는 우리의 과실들, 악한 행동들과 악한 생각들, 우리의 교만, 거만, 자기 의, 화 등 모든 잘못들로 인해 벌을 받아야 합니다. 그러나 우리 주님이신 예수께서 그 벌을 자기에게 돌리시고, 우리가 심판받아야 할 자리에서 모든 질고를 다 견디셨습니다. 예수님은 진정한 인간이 되셔서 우리의 죄에 대한 형벌들을 받으셨습니다. 그러나 예수님은 고난에 가치를 더하시기 위해 사람이 되신 동시에 신성한 분이셔야만 했습니다. 그리고 우리가 받아야 할 모든 저주와 괴로움, 고난들이 예수님이 십자가에 달리실 때 그에게로 돌려졌습니다. 그는 죄인들을 지옥으로부터 구출할 뿐 아니라, 죄의 세력으로부터 건져 하나님의 나라로 인도하기 위해 이 세상에 오신 것입니다. 이제 여러분은 죄인이 무엇을 해야 할지 아실 것입니다. 바로 여러분의 구원을 위해 예수님께 의존하는 것입니다. 우리는 구원을 얻기 위해 파리나 베스나 브리스톨로 갈 필요가 없습니다. 바로 여기 이 시간에 구원 받을 수 있으며 여러분의 돈이 드는 것도 아닙니다. 단지 하나님께서 그의 독생자를 통해 제공하신 엄청난 은혜와 자비를 받아들이는 것입니다. 그리하면 우리는 죄에 대한 용서를 받게 될 하나님께 받아들여지며 의롭다 칭함을 받고 그리스도와 함께 하나님의 상속자가 되며, 결국에는 천국으로 가게 되는 것입니다. 얼마나 많은 분들이 이 축복을 받을 준비가 되셨습니까? 어떤 분은 이것이야말로 복음이라고 하겠지요. 이것을 받아들이겠습니까? 아니면 그것을 아직도 미뤄놓으시겠습니까? 몹시 나쁜 사람, 가장 마음이 굳은 사람, 가장 비열한 사람조차도 지금 예수를 통해 완전한 축복을 받을 수 있습니다.

바울 사도는 "내가 죄인 중에 괴수이다"라고 고백합니다. 바울은, 예수님은 여러분과 같은 비참한 죄인들을 구원하기 위해 세상에 왔고, 자신은 매우 선한 존재이고 구원이 필요하지 않다고 이야기하지 않습니다. 그는 자신이 죄인 중에 괴수라고 말합니다. 그는 다른 사람들을 나쁘다고 지적하지 않고, 자신을 좋은 사람으로 나타내지 않습니다. 친애하는 여러분, 저는 여러분들이 저보다 더 죄인이라고 감히 말할 수 없습니다. 만일 제가 제 마음 중심으로부터 정직하게 말한다면, 저는 세상에서 만족을 얻고자 욕심을 가지고 많이 추구했지만 찾지 못했던 그런 사악한 사람 중의 하나입니다. 여러분과 저를 위해 이 말씀에서 얻을 수 있는 용기는 "제 안에 계신 예수 그리스도께서 먼저 모든 고난을 겪으셨다는 것"입니다. 이것이 무슨 의미입니까? 바울이 아주 악하고 많은 죄를 지은 죄인으로 혐오스러운 일을 많이 했더라도 예수님께서는 그를 받아주셨다는 것입니다.

큰 박해자인 사울은 예수를 믿는 사람들을 채찍질하고 감옥에 가두며 그들로 하여금 예수를 저주하도록 하고 그래서 그들이 예수를 멀리하도록 하였습니다. 그는 다메섹의 믿는 자들을 예루살렘으로 데리고 와서 감옥에 넣고 괴롭히기 위해 다메섹으로 가고 있었습니다. 다메섹의 도상에서 주님은 사울에게 나타나 말씀하셨습니다. "사울아, 사울아, 왜 너는 나를 박해하느냐?" 이렇게 혐오스러울 만큼 사악한 사울도 예수님에게 용서받았을 뿐 아니라, 복음을 전하는 하나님의 도구가 되었습니다. 얼마나 여러분에게 용기가 되는 이야기입니까? 사도 바울은 회심하였고, 그 이후 어떤 죄인도 절망하지 않아도 된다는 것을 우리에게 예시해 준 것입니다. 여러분은 "내가 너무 큰 죄인이구나"라고 말하기보다 "아, 바울도 회심했구나"라고 말하고, 결코 스스로 절망해서는 안 됩니다. 바울은 주님이 그에게 어떠한 은혜를 베푸셨는지, 그리고 다른 사람들에게도 어떻게 은혜를 베푸실지 보여주는 한 예시가 됩니다. 여기 계신 분들 가운데 저는 그리스도를 믿기에 너무 나이가 들었다라고 말씀하시는 분이 계신다면, 여러분은 결코 늦지 않았습니다. 나는 너무 마음이 강퍅하다고 생각하시는 분, 사울을 보십시오. 여러분은 그렇게 마음이 강퍅하지 않습니다. 나는 너무 오랫동안 예수님을 무시해왔다고 느낀다면 회개하시고, 하나님의 시간에 축복을 받으시길 원하신다면, 희망이 있습니다. 나는 빛과 지식(진리)에 대항해 죄를 지어왔고, 마음에 이것들을 두지 않았으며, 오늘날까지도 거부하고 있다고 생각하셔도, 여러분이 오늘밤 그리스도를 받아드리고 모시기를 원하신다면, 여러분은 그렇게 늦지 않은 것입니다. 주님께서 말씀하십니다. 너희 있는 모습 그대로 오라, 나는 여기서 너를 받아 안아주기를 기다리고 있다. "수고하고 무거운 짐 진 자들아 다 내게로 오라, 내가 너희를 쉬게 하리라." 오라는 것은 예수님을 믿는 것이고, 그분을 신뢰하는 것을 의미합니다.

결론적으로, 예수님을 믿는 여러분과 저를 위한 특별히 귀한 말씀이 여기 있습니다. 우리는 무엇을 위해, 어떤 것을 믿습니까? 우리 믿음의 궁극적인 목적은 영원한 생명입니다. 이것은 우리 주님이신 예수 그리스도 안에 있는 믿음을 통하여 주님이신 예수님과 연합을 이루는 것입니다. 우리는 예수 그리스도 안에서 믿음을 통하여 영원히 살고 계신 부활하신 예수님과 하나가 되는 것입니다. 우리가 예수님을 믿으면, 그분의 생명이 영원히 우리의 것이 됩니다. 죄인인 우리가 예수님 안에서 영원한 생명을 얻다니 얼마나 큰 축복입니까. 우리 몸은 죽을 수 있습니다. 그러나 구원을 위해 예수를 믿는 우리의 영은 영원한 생명을 얻습니다. 왜냐하면 그것은 천국의 삶이고, 거룩한 삶이며, 부활하셔서 하나님의 우편에 앉아계신 예수 그리스도의 생명이기 때문입니다. 우리는 영원을 통하여 행복한 사람들이 될 것입니다. 영원을 통하여 우리는 영적으로 살게 됩니다. 영원을 통하여 하나님 우편의 기쁨의 강에서 하나님과 그의 사랑하는 독생자의 현존을 즐거워할 것입니다. 이 세상의 짧은 인생이 끝날 때, 예수 그리스도를 믿는 우리에게 영원한 삶이 지속될 것이라는 것이 얼마나 복되고 소중합니까. 아, 하늘에 보장된 말할 수 없을 정도의 큰 축복이여! 시대가 지날수록 우리의 기쁨은 계속 커지고 있습니다.

지금 예수님의 사랑받고 있는 제자 동료 여러분, 인생의 짧은 시간동안 우리는 이 지구상에서 열매 맺는 사람들임을 기억합니다. 우리는 우리를 사신 분을 찬양하기 위해 부름 받았습니다. 우리는 더 이상 우리 자신의 것이 아니라 우리를 위해 자신의 생명을 내어주신 분의 것입니다. 이제 우리는 그분께 우리 자신을 드려야 합니다. 이 세상에 잠시 사는 동안 그분의 이름을 높여드리고 찬양 드리기 위해 열매를 맺어야 합니다. 삶의 열매를 맺기 위해 우리의 영적인 성장과 힘을 얻기 위해 이 귀중한 말씀 책을 봅시다.

여러분은 성경의 독자들이십니까? 현재 많은 종교적인 출판물들이 있습니다. 그 책들은 이 축복의 책을 무시하도록 유혹하고 다른 모든 종류의 책들, 잡지들, 신물들을 보도록 부추깁니다. 만일 여러분이 참된 행복, 진정한 영적인 힘을 원하신다면, 매일매일 이 축복의 책을 가까이 하십시오. 매일 성경을 규칙적으로 읽는 습관을 가지고 계십니까? 어떤 분은 그냥 성경을 아무데나 펴고 그 펴진 곳을 읽습니다. 그러나 잠시 후에 그는 그에게 언제나 똑같은 곳이 펼쳐진다는 것을 발견할 것입니다. 다른 책들은 어떻게 읽으십니까? 우리는 처음부터 시작하여 한 장 한 장 넘깁니다. 우리는 하나님의 축복된 책을 읽어야만 합니다. 저는 40년 동안 제가 알아온 것을 추천해 드리려고 합니다. 저는 회심 이후 성경을 많이 읽지 않았습니다. 그 대신 선교적인 논문들과 다른 책들을 읽었습니다. 그러나 1829년 7월 이후로 (지금으로부터 약 43년 전입니다) 저는 하나님의 축복의 책을 읽어왔습니다. 때로는 구약을 때로는 신약을 읽고 난 후에는 북마크를 꽂아 놓았습니다. 이 43년 동안 저는 성경을 약 100번 정도 읽었습니다. 그래도 그것이 전혀 지겹지 않았고 항상 신선했고 전혀 읽어보지 않았던 것처럼 새로웠으며 읽을 때마다 기쁨을 주었습니다. 43년 반 동안 이렇게 해 왔던 사람이 여러분에게 말씀드립니다. 저는 성경을 읽을 때마다 기쁩니다. 딱히 어떤 부분을 선택하지 않습니다. 성경의 모든 부분이 하나님의 말씀으로 구성되어 있습니다. 우리가 하나님의 축복의 말씀을 가지고 있지만 한 번도 읽지 않았다면 창피한 일이지 않겠습니까?

만약 여러분의 어떤 부자 삼촌이 돌아가실 때, 여러분의 이름이 포함된 유언을 남겼다고 가정해 봅시다. "나의 조카에게 3개의 별장을 주고, 매년 10 파운드를 나의 조카 사라에게 주며 나의 조카 제인과 나의 조카 엔에게 준다." 만일 여러분의 이름이 그 유언장에 있다는 것을 알았다면, 여러분은 그것이 모두 옳은지, 또는 "삼촌이 나에 대해서 더 이야기 한 부분이 있을 거야"라고 말하면서 전부를 읽어보고 싶어 할 것입니다. 성경은 여러분과 저의 축복을 위해 쓰인 것입니다. 이 축복은 3개의 별장보다. 천 파운드보다 더 좋은 것입니다. 하나님이 우리에 대해 말씀하시는 것은 얼마나 중요한지 모릅니다. 여러분이 읽을 수 없다면, 여러분이 읽을 수 있도록 하나님께 도움을 요청하십시오. 나는 성경이 없다고 말씀하신다면, 여러분에게 제 자신이 성경을 구입하여 드리고 싶습니다. 여러분의 영혼에 관해 정직하십시오. 영원한 것에 대해 사소하게 대하지 마십시오. 우리가 우리의 영혼에 대해 정직해야 할 시간입니다. 우리는 하나님이 축복의 영으로 우리를 가르치시는 것을 보아야 합니다. 우리는 우리 자신을 알기에 똑똑하다고 자만해서는 안 될 것입니다. 겸손함으로 그분을 기다린다면 하나님께서 우리를 가르치실 것입니다. 하나님이 우리를 가르쳤다면, 우리는 그 빛을 전하도록 노력해야 합니다. 그 빛을 전하는 특별한 방법 중의 하나는 하나님이 우리에게 주신 말씀을 실천하는 것입니다. 그렇지 않으면, 하나님께서는 우리에게 "나는 너에게 이러저러한 것을 가르쳤다. 그리고 너는 그것을 하지 않았다"라고 말씀하실지 모릅니다. 그러므로 우리가 지속적으로 말씀을 읽고 실천한다면, 우리의 평화와 기쁨은 점점 더 늘어날 것입니다. 하나님께서 주시는 힘으로 우리는 전진할 것입니다. 그리고 우리의 길은 완전한 날에 더욱더 밝게 빛날 것입니다.

# 전능하신 하나님 (시 122:7; 사 9:6; 요 16:33)[14]

"네 성 안에는 평안이 있고 내 궁중에는 형통함이 있을지어다."(시127:7)

"이는 한 아기가 우리에게 났고 한 아들을 우리에게 주신 바 되었는데 그의 어깨에는 정사를 메었고 그의 이름은 기묘자라, 모사라, 전능하신 하나님이라, 영존하시는 아버지라, 평강의 왕이라 할 것임이라."(사9:6)

"이것을 너희에게 이르는 것은 너희로 내 안에서 평안을 누리게 하려 함이라 세상에서는 너희가 환난을 당하나 담대하라 내가 세상을 이기었노라."(요16:33)

하나님의 은혜로 우리 주 예수 그리스도를 잘 아시는 분은 이사야 9장 6절과 7절이 그분에 대해 알려주는 것에 어떤 의심도 갖지 않습니다. 우리는 이 말씀에서 예수 그리스도의 인성과 신성을 보게 됩니다. 예수님의 제자들인 우리는 주님의 진정한 인성과 신성에 대해 흔들림이 없어야 합니다. 우리는 이러한 진리를 날마다 실질적으로 경험해야 합니다. 즉 하나님의 우편에 승천하여 살아계신 주 예수 그리스도가 하나님의 현존 안에서 하나님인 동시에 인간이시라는 것을 경험해야 합니다. 예수님은 진정한 인간인 동시에 완전한 우리의 아버지, 하나님이십니다. 그는 하나님이시고 사람이라는 것을 지속적으로 기억해야 합니다. 왜냐하면 그분의 진정한 인성과 신성의 관점을 기억해야만 하는

---

14 클리프톤에서 열린 기독교인들의 연회 설교(1870. 10. 4).

때가 올 것이기 때문입니다. 저는 이 사실을 인지하지 못하시는 분께, 우리 주님이 성육신하시기 약 750여 년 전, 이사야 선지자를 통해서 성령께서 말씀하셨다고 전합니다. 살아계신 하나님의 말씀이 축복된 성경을 통해 얼마나 우리의 마음을 새롭게 하고 우리를 강하게 하는지요. 1870년 7월 1일에 나폴레옹 3세가 빠른 시일 안에 감옥에 간다고 누가 선언했습니까? 누가 썼습니까? 누가 말했나요? 누가 그것을 확신했지요? 그러나 하나님은 알고 계셨습니다. 우리의 귀한 주, 예수님의 성육신도 그러합니다. 그것이 발생하기 몇 백 년 전에 성령에 의해 명백하게 계시되었습니다.

우리 주님이 "보혜사" 라고 말씀하시니 얼마나 위로가 됩니까? 우리가 특별히 상담과 조언이 필요할 때 우리 주님이 상담자 되시고 위로자 되신다는 것을 반복적으로 기억해야 할 것입니다. 우리의 복된 주 예수님은 우리의 형제며, 친구, 구원자, 주님, 우리 하나님이십니다. 이 주님이 그분의 교회에, 그리고 각 제자들에게 위로자, 조언자가 되십니다. 저는 어떤 복잡한 상황을 만났을 때 제 자신에게 이렇게 이야기해야 합니다. "오! 주님의 품에 안기게 하소서." 주님께 이렇게 기도합니다. "당신의 비천한 종이 어떻게 행동해야 할지, 무엇을 해서는 안 되는지 알고 있습니다. 그러나 당신은 당신 백성의 조언자이십니다. 지금 나의 행복한 경험 안에서 나의 조언자 되심을 증명하소서." 결과는 무엇일까요? 우리가 주 예수 그리스도 안에서 우리의 믿음을 보일 때, 우리가 기도에 헌신할 때, 하나님의 말씀을 통해, 성령에 의거해 구할 때, 조언자이신 주님을 만나게 될 것입니다.

우리가 육적으로 영적으로 약할 때, 어떤 어려움이나 시련, 슬픔에 사로잡혀 있을 때, 우리가 시험 받을 때, 특별한 도움이 필요할 때, "전능하신 하나님"을 기억하는 것이 얼마나 복된 일인지요. 이것의 의미에 대해서는 의심의 여지가 없습니다. 위대한 히브리어 학자들도 합리주의자들을 통해 그 의미를 인정하고 이 단어들을 번역했습니다. 얼마나 위로가 되는지요. 나의 친구, 나의 주님, 나의 구원자, 나의 신랑이신 그분은 전능하신 하나님입니다. 나는 너무나 약해서 내 원수를 대적할 수 없습니다. 오! 얼마나 약한 지, 나 자신이 얼마나 극히 약한 자입니까. 그러나 내가 전능하신 하나님께 매달리면, 나의 소중한 구세주, 위대한 하나님을 믿는 신앙을 행사한다면, 그분은 나를 기꺼이 도와주실 것입니다. 그분은 나를 위해 자신의 삶, 즉 자신의 생명을 내려놓음으로써 그분의 사랑의 깊이를 증명해 주셨습니다. 그는 우리의 가장 좋은 친구, 우리의 가까운 친구인 동시에 전능한 하나님입니다. 오! 전능하신 하나님께로 나아가 그분께 매달립시다.

"영존하시는 아버지"라는 말이 얼마나 위안이 되는지요. 이 말은 이전의 설교자들에 의해 많이 언급되었기 때문에 제가 더 말할 필요는 없을 것 같습니다. 그럼에도 불구하고 이 말씀은 우리에게 얼마나 큰 위안이 됩니까. 이 세상의 모든 것들이 바뀌는 동안 소중한 예수님, 우리의 친구는 "어제나 오늘이나 영원토록 동일합니다." 수백만 년이 지나도 그분은 그때나 지금이나 동일합니다. 유대와 사마리아와 갈릴리를 걸었던 그분은 지금도 부드러움으로, 연민으로, 자비로 가득하신 분입니다. 오! 얼마나 인내심이 있고, 얼마나 사랑스럽고, 얼마나 자비로운 분이신지요. 오! 얼마나 사랑스러운 예수님입니까? 이번 컨퍼런스의 광고를 보았을 때, 우리 모임의 주제가 특별히 예수님이 될 것임을 기억하면서 저는 새로운 힘을 얻었습니다. 저는 이 저녁 모임이 8년 동안 진행되는 기간 중에 모두 참석할 수 있는 특권을 누렸고, 예수, 예수, 예수님이 모든 모임의 주제가 되어왔습니다. 주님의 사랑받는 제자 동료 여러분, 실제적으로, 실험적으로, 우리의 옷장에서, 우리의 걸음마다, 우리의 노동과 봉사, 매일매일의 순간에 우리의 마음은 예수님으로 가득 차 있어야만 합니다. 그리고 특별히 예수님과의 우정은 매일매일 깊어져야 할 것입니다. 시련과 어려움과 슬픔이 찾아올 때, 우리는 예수님께서 1800년 이상 제자들에게 해오셨듯이 우리를 위로하고 용기를 주실 준비가 되어 있다는 사실을 기억해야 합니다. 그분은 우리의 친구, 돕는 자, 위로자이심을 증명하십니다.

우리는 다음과 같이 말해야 합니다. "지금 주 예수님은, 어제나 오늘이나 영원토록 동일하신 분이십니다. 말씀에 쓰여 있는 것처럼, 당신은 학자의 혀로 때에 맞게, 지쳐있는 자를 어떻게 위로하실 것을 아십니다; 나를 위로할 적절한 말씀을 주옵소서; 당신은 기꺼이 저를 위로하십니다. 당신의 불쌍한 종은 지쳐 있습니다. 당신은 유대와 사마리아와 갈릴리에 있을 때에 당신의 종들을 위로하신 것처럼 현재 연약한 종을 위로하옵소서." 그러므로 우리는 예수께서 실제적으로, 그리고 경험적으로 우리의 가장 친한 친구라는 사실과 함께, 그분이 전능하신 하나님이며, 변함없는 분이라는 것을 증명해야 합니다. 만일 나의 모든 친구들이 위로하지 못하더라도, 이 소중한 예수님은 언제나 계시고 나를 결코 버리지 않으실 것입니다. 그는 결코 지치지 않을 것입니다. 얼마나 위안이 되는 말입니까. 하나님께서 우리를 위해 은혜의 풍성함으로 예수님 안에서 기꺼이 주시기를 기뻐하신 것을 함께 누립시다. 이것은 실제적인 일입니다. 하나님은 우리 앞에 이 귀중한 진리를 가져 오심으로써 우리가 지탱되고 위로받을 수 있게 하셨습니다. 실제적으로, 그리고 실험적으로 우리가 그리스도의 팔에 기대게 된다면, 어려움에 처하고 모든 것이 어둡고 우울할지라도 주 예수님의 제자가 얼마나 행복할 지 마지막 날에는 보게 될 것입니다. 이것뿐 아니라, 우리는 주님 안에서 강할 수 있습니다. 우리는 사도가 될 수는 없지만 사도들의 은혜를 추구할 수 있습니다. 우리가 결코 그 은혜에 도달하지는 않더라도, 그것은 거룩한 목적이 될 것이며 하나님은 그것에 만족하실 것입니다. 우리 자신은 완전히 연약한 존재입니다. 그러나 성령은 교회에 계시며 모든 믿는 자에게 거하시며, 우리에게는 기록된 말씀이 있고 예수님은 우리의 가장 가까이 계신 친구입니다. 그러므로 우리가 모든 어려움과 시련 가운데서 우리의 마음을 하나님 앞에서 쏟아 부으면, 우리의 영혼을 살리는데 어떤 힘을 얻지 않겠습니까? 그리스도 안에서 사랑받는 자로, 예수님과 함께 살아갑시다.

더 나아가 예수님은 "평화의 왕"입니다. 나는 형제들이 이미 말한 이 주제의 요점에 머무르지는 않습니다. 그러나 제가 말씀드리려 하는 한 가지가 있는데, 그것은 우리 주 예수 그리스도의 오심과 관련된 희망적이고 축복의 메시지입니다. 즉 그분께서 전쟁을 끝내실 때 그분 자신이 권세를 가지고 통치할 것이며 세상은 하나님의 그리스도의 나라가 될 것입니다. 축복의 예수님이 오실 때, 그가 전에 계시던 존재로 오시는 것이 아니라 "왕의 아름다움"으로 올 것입니다. 그분이 오셔서 통치하시고 그분에게 반역하는 모든 세력을 정복하시고 모든 권세가 그에게 돌려질 날을 즐거운 기대감으로 고대해야 합니다. 이것은 우리 앞에 있는 밝고 축복된 일이며, 현재 우리 자신의 마음과 관련하여 가장 축복받은 것입니다. 그분은 축복받은 마음에 반대되는 우리의 모든 것을 정복하실 것입니다. 주 예수님은 그의 소유된 축복의 마음을 우리 안에서 충분히 보게 될 것입니다. 소중하고, 밝고 영광스럽게 바라보아야 할 소망입니다. 우리가 잠시 기다린 후에 우리는 예수님을 만날 수 있고 그분처럼 될 수 있습니다.

그러나 우리는 거듭났습니까? 주 예수 그리스도를 믿고 구원을 얻음으로, 복음을 믿음으로 우리가 거듭나지 않는 한, 예수님과 같이 된다는 것은 불가능합니다. 우리가 먼저 복음의 진리를 믿고, 주 예수 그리스도에 근거한 구원을 얻는 우리의 영혼만이 천국 생활에서 진보를 이룰 수 있습니다. 여기에 주님이신 예수 그리스도를 믿는 분들이 계시므로, 그분들에게 애정을 가지고 묻습니다. 예수님을 아십니까? 그분을 믿으십니까? 여러분은 전적으로, 완전히, 그가 죄인을 구원하기 위해 한 일에 의지하십니까? 이외에 다른 기반은 모래밭일 뿐입니다. 여러분이 예수 그리스도를 믿지 않으면 구원받을 수 없습니다. 오직 우리의 구원은 오직 하나의 이름, 주 예수 그리스도를 믿음으로만 가능합니다. 그러므로 만약에 여기 계신 분들 가운데 믿지 않는 분이 있다면, 간절히 바랍니다. 예수님을 마음에 모십시오. 그릇된 길을 버리십시오. 여러분의 공로나 행위를 의지함으로, 또는 성경을 읽거나 예배에 참석하는 것으로 여러분의 구원을 이루려하지 마십시오. 저는 여러분의 구원을 위한 오직 한 가지 방법을 제시합니다. 주 예수 그리스도를 신뢰하십시오. 죄인으로 저주받을 수밖에 없는 여러분의 죄의 대가를 그분에게 전가하십시오. 형벌 외에는 아무 가치가 없지만, 구원의 방법이 있으니, 주 예수 그리스도를 신뢰하십시오. 하나님이 그리스도를 위해서 당신을 용서하실 것입니다. 여러분이 세상에서 가장 위대한 분이라 할지라도, 가장 오래된, 그리고 가장 완악한 죄인에 불과합니다. 여러분이 빛과 참된 지식(진리)에 대해 지속적으로 죄를 지었더라도, 그리스도를 지금 신뢰하십시오. 용서받을 것입니다. 왜냐하면 어떤 큰 죄라도 없앨 수 있는 그리스도의 피의 능력이 있기 때문입니다. 어떤 사악한 죄인일지라도, 즉시 믿을 때 하나님께서 그리스도를 위해 그 죄인을 받아들이시고 마치 죄가 전혀 없는 것처럼 다루십니다. 믿는 사람은 그의 무수한 허물에 대해 완전하고, 자유롭고, 영원한 용서를 얻습니다. 그러면 예수님을 주신 하나님을 사랑하기 시작하고, 자신을 주신 예수님을 사랑합니다. 그리고 당신의 영혼은 "말할 수 없는 선물과 내 소중한 주 예수님을 위해서 하나님께 무엇을 드릴 수 있을까?"라고 고백하게 됩니다. 여러분의 영혼이 예수 그리스도와 더 가까워지기를 추구하십시오. 우리가 예수님과 가까워질수록, 우리는 그분을 닮아가고자 노력하게 됩니다. 사랑하는 믿음의 동역자 여러분, 그분을 닮고자 지속적으로 추구해 갑시다.

"이 세상은 없어질 것들입니다." 우리는 여기서 하나의 생명으로 아주 짧은 생을 살지만, 우리의 회심 이후에 이 악한 세상에서 우리가 추구해야 할 것은 예수님의 마음을 드러내는 것이어야 합니다. 그리고 우리의 믿음의 동료들을 서로 사랑해야 합니다. 제자들은 어떤 약함과 결점들이 있다 하더라도 서로 사랑해야 합니다. 주님을 위해 그렇게 해야만 합니다. 왜냐하면 그것이 우리를 향한 하나님의 뜻이기 때문입니다. 그러므로 서로를 사랑하는 것을 신앙의 목표로 삼으십시오. 이렇게 하여 우리가 예수님의 마음을 나타내면 나타낼수록, 우리가 그분을 위해 얻는 명예는 더욱더 커질 것입니다.

# 믿음의 선한 싸움
## (딤후 4:7-8)[15]

"나는 선한 싸움을 싸우고 나의 달려갈 길을 마치고 믿음을 지켰으니 이제 후로는 나를 위하여 의의 면류관이 예비 되었으므로 주 곧 의로우신 재판장이 그 날에 내게 주실 것이며 내게만 아니라 주의 나타나심을 사모하는 모든 자에게도니라."(딤후 4:7-8)

사도 바울은 이전 구절에서 디모데에게 다음과 같이 편지를 썼습니다. "나는 이제 드려질 준비가 되었고 나의 떠날 시각이 가까왔도다." 그는 이제 모든 문제를 디모데의 손에 맡기고, 디모데가 자신의 복음의 수고와 섬김의 계승자임을 증명하기 위해 최선을 다할 것이라고 말합니다. 그는 "나에 관해서는, 이제 막 하나님을 위한 희생제물이 되는 시점에 있다. 나는 희생할 준비가 되어 있으며 이제 출발 할 때가 왔다"고 말합니다. 그리고 이 말을 함에 있어서 과거의 삶을 한눈에 알 수 있는 평가로 "나는 선한 싸움을 싸웠다"고 이야기합니다. 게임에서의 싸움, 경주에서 뛰는 것이 여기서 비유로 사용되지만, 사실 싸우고 뛰는 것은 우리의 삶을 의미합니다. 믿음을 지키는 것은 우리가 믿음을 가지고 있

---

15  벳세다 채플 주일 저녁 예배 설교(1871. 5. 14).

음을 의미합니다. 자연적으로, 우리는 죄와 허물로 죽습니다. 우리는 영적인 생명이 없으므로 악마나, 우리 자신의 악의적인 경향, 세상의 습관과 관습에 맞서 싸우는 것과 같은 것은 없습니다. 그러나 가장 나쁜 것은 우리가 그 사실조차도 모른다는 것입니다. 우리는 몸과 마음에 대한 생명을 가집니다. 마음에 대해 생명을 가지고 있다는 것은 우리가 생각할 수 있다는 것입니다. 몸에 대한 생명을 가지고 있음으로, 오른쪽 팔이나 왼쪽 팔을 사용할 수 있고, 다른 장소로 이동할 수 있습니다. 그러나 영적으로 우리는 죄와 허물로 죽었습니다. 그래서 영적 싸움을 수행하는 것은 전적으로 불가능합니다. 모든 사람은 영적으로 활발하게 살아나서 거듭날 필요가 있습니다. 이것이 우리 모두에게 필요한 것입니다. 그러므로 우리가 이것에 대해 더 묵상하기 전에, 우리는 스스로에게 질문해야 합니다. "나는 영적으로 살아 있는가? 아니면, 죄와 허물로 죽은 사람인가?" 이제는 주 예수 그리스도의 은혜로 말미암아 영원한 생명을 얻고 믿음으로 거듭난 사람들이 수백 명 있습니다. 그러나 여기에는 죄와 허물로 죽은 자들과 선한 싸움을 할 수 없는 이들 역시 많이 있습니다. 그분들에게 무슨 말씀을 드릴까요? 당신이 죄인임을 하나님 앞에서 인정하십시오. 당신이 죄인임을 보지 못한다면 로마서의 처음 3장을 주의 깊게 읽으십시오. 여러분이 정직하게 어떠한 사람인지 보기를 원한다면, 하나님께서 당신에게 보여 주실 것입니다. 그러면 여러분은 자신이 죄인이라는 것을 알 수 있을 것입니다. 그리고 로마서의 말씀에서 하나님께서 독생자를 통하여 죄인들을 위해 행하신 놀라운 일을 발견하게 될 것입니다. 우리의 죄들을 짊어지시고 온갖 고통을 당하신 주 예수 그리스도를 믿는 자들은 구원 받을 것입니다. 구원받을 뿐만 아니라, 주 예수 그리스도를 믿는 믿음을 통해 다시 태어나게 될 것입니다. 주 예수 그리스도를 믿는 신앙을 통해 새로운 거듭남이 가능해집니다. 갈라디아서 3장 26절과 요한1서 5장 1절을 보십시오. "너희가 다 믿음으로 말미암아 그리스도 예수 안에서 하나님의 자녀가 되었으니."(갈 3:26) "예수께서 그리스도이심을 믿는 자마다 하나님께로부터 난 자니라."(요일 5:1)

지금 이것이 우리 모두와 관련된 경우입니까? 우리 모두가 죄인임을 인식하고, 우리의 영혼 구원을 위해 주 예수 그리스도를 의지하셨습니까? 그렇다면, 우리는 영적인 삶을 누릴 수 있습니다. 오직 이 길만이 영적인 삶을 누릴 수 있는 방법입니다. 종교적인 예식과 율법을 지키는 것이 우리를 영적으로 살아있게 만들지 못합니다. 성경을 읽는 것조차도 우리를 살아있게 만들지 않습니다. 우리가 성경을 읽어야 하는 것이 당연하지만, 그것이 그 자체로 우리를 살리지는 않을 것입니다.

이제, 우리가 주 예수 그리스도를 믿을 때 우리 인생의 경주는 시작되는 것입니다. 사도 바울은 여러 해를 되돌아보면서 이러한 결론에 도달했습니다. 하나님의 은혜로 저는 선한 싸움을 싸웠습니다. 이후로는 그리스도 안에서 사랑받는 여러분, 우리 모두가 선한 싸움을 추구해야 합니다. 여기에 사도가 있으며, 그는 분명히 선한 싸움을 싸웠습니다. 그러나 저와 같이 가난하고 약한 죄인, 많은 갈등과 시련에 노출되어 있고, 많은 가족이 의지하고 있는 상태에 있는 죄인이 어떻게 "나는 선한 싸움을 싸웠다"고 말할 수 있겠습니까? 그러나 그렇게 생각한다면, 우리는 하나님을 불명예스럽게 하는 것입니다. 우리는 주 예수 그리스도가 살아 계신 주님이라는 것을 명심해야 합니다. 우리를 강건케 하시는 그리스도를 통해서만 모든 것을 할 수 있습니다. 그분을 바라보고 신뢰함으로, 우리가 어느 정도 도움을 받을 수 있는지 말할 수는 없습니다. 그러나 바울은 그것을 말할 수 있었습니다. 그가 사도였기 때문도 아니고, 어떤 시련도 없었기 때문도 아닙니다. 오히려 그는 많은 시련과 어려움을 겪었습니다. 그가 사악한 본성을 가지고 있지 않았기 때문도 아니라, 자신의 약함과 무력함을 깊이 인식하고, 주 예수 그리스도를 바라보고 있었기 때문에 가능한 것이었습니다. 그리고 여러분이 가능하다면, 이러한 하나님의 사람처럼 우리의 무력함과 아무것도 아닌 존재임을 인정하면서 주 예수님을 바라 볼 수 있다면, 그분께서 얼마나 기꺼이 우리를 도우시고 강하게 하시고 싶어 하시는지 알게 될 것입니다.

그러나 날마다 우리는 하나님의 말씀을 통해 영적인 힘을 공급받기 위해 노력해야 합니다. 몸을 사용해 일해야 하는 사람이 영양가 있는 음식을 먹지 않는다면 지속적으로 일할 수 없습니다. 하나님의 자녀는 자신의 내적인 건강을 위해 영적인 영양을 공급하는 이 축복받은 책을 몇 번이고 또 다시 읽어야 합니다. 우리가 무릎을 꿇고 그 축복의 말씀 책을 하루 종일 24시간 내내 읽어야 한다는 것은 주님의 뜻이 아닙니다. 하나님의 자녀들은 그들에게 맡겨진 일이나 섬겨야 할 봉사들이 있고, 이것으로 그들은 건강한 상태로 유지됩니다. 저는 42년 전에 한 경건한 형제가 저에게 말한 것을 기억합니다. "당신의 영혼을 하나님의 말씀으로 채우고 영혼이 강건하기를 실행하십시오." 이것은 매우 중요합니다. 우리는 영적으로 힘을 얻고 섬기는 삶을 위해 하나님의 말씀을 읽어야 합니다. 우리는 하나님께서 주시는 힘으로 그분을 섬겨야 합니다. 가정에서 엄마의 역할도, 가장의 역할도 모두 하나님의 영광을 위해, 그분의 도우심과 축복으로 그분을 바라보며 행해야 하는 것입니다. 무엇보다 우리는 모든 삶의 자리에서 하나님이 공급하시는 힘으로 하나님의 영광을 위해 일해야 합니다. 만일 누구든지 습관적으로 하나님의 말씀 읽는 것을 무시한다면, 그 사람은 자기 안에 악의 세력과 부패함을 이겨낼 수 있는 능력이 거의 없음을 알게 될 것입니다.

자 이제, 우리는 특히 이것을 기억하도록 노력합시다. 기도는 최우선임에도 불구하고 여전히 기도만큼 또는 기도 자체보다 말씀을 가까이 하는 것이 더 중요하다는 사실 말입니다. 왜냐하면 우리가 하나님께 기도 할 때, 우리는 하나님께 말합니다. 그러나 우리가 성경을 읽을 때는 하나님이 우리에게 말씀하시기 때문입니다. 우리에게는 이것이 더 필요합니다. 더불어 우리는 기도에 대한 응답을 기대해야 합니다. 그러면 다음번에 유혹이 찾아오더라도 넘어지지 않을 것입니다. 하나님께서 인간 내면에 있는 성령의 능력으로 우리를 도우실 것입니다. 그리고 이 한 가지 점은 특별히 주목되어야 합니다: 우리가 성경에서 정직하게 이행하려고 추구한 어떤 것을 발견했을 때 특별한 위험이 있을 수 있습니다. 우리는 하나님의 뜻이 무엇인지 명확하고 분명하게 볼 수 있습니다. 하지만 우리는 우리의 본성과 뜻에 거스르는 일을 하지 않을 것입니다. 만일 우리가 이것은 싫다고 말한다면, 그때 우리는 하나님의 뜻에 따르는 일들을 하지 않게 될 것입니다. 그러나 우리 스스로에게 말해봅시다. 오! 하나님께서 나를 위해 죽으신 독생자를 주심으로 얼마나 놀라운 사랑을 보여주셨습니까. 나는 그분을 위해 무엇을 할 수 있을까요? 비록 작은 일일지라도 제가 하게 하소서라고 기도해야 합니다. 우리는 지속적으로 그리스도의 십자가를 상기해야 합니다. 우리는 당신의 아들을 주신 하나님의 사랑과 우리 마음에 성령을 보내주신 하나님의 사랑에 감사해야 하고, 그것을 기억함으로써 우리는 어둠의 세력에 대항할 만큼 강해져야 합니다. 그리하면 시작뿐 아니라 매주, 매달 한 달에 한 번씩, 매년 계속해서, 여러분과 제가 마침내 "선한 싸움을 싸웠다"라고 고백하게 될 것입니다. 수만 명의 진실한 하나님의 자녀들이 세상을 떠났습니다. 그들은 선한 싸움을 싸웠습니다. 그리스도 안에서 사랑하는 여러분과 제가 왜 그 반열에 들지 못하겠습니까? 오! 이러한 것들이 우리 미래에 있는 것이라면, 축복의 영원함, 기쁨, 영원을 위한 왕관, 그분의 기쁨의 강물, 그분의 아름다움 안에서 왕을 만나는 것, 예수님 안에서 행복한 영원을 보낼 것을 기대하며 기다리겠습니다.

사도 바울은 더 나아가 "나는 나의 길을 마쳤다"라고 덧붙였습니다. 이것은 달리기 경주에서의 연습을 말하는 것으로, 사람들이 익숙해 하는 개념을 그의 영적인 여정에 적용하는 것입니다. 따라서 세상의 사람들이 마침내 승리로 얻을 면류관과 상과 존경을 받기 위해 큰 고난과 어려움을 겪는 것처럼, 바울 사도 역시 신실함으로, 충만한 기도로 그의 몸을 지키며 경주했습니다. 그리고 마침내 그의 여정을 끝냈습니다. 이제 그리스도 안에서 사랑받는 여러분, 우리 모두에게는 각자의 길과 달려야 할 경주가 있습니다. 우리의 섬김이 모두 동일하지는 않습니다. 우리에게는 다른 일, 다른 노동이 있습니다. 하나님 자신이 우리를 우리의 자리에 두셨고, 우리의 어려움과 시련들, 우리의 본성을 아십니다. 그분께서 우리 일을 임명하십니다. 축복받은 예수님께서 하나님의 사람 바울을 위해 하셨던 일을 우리를 위해서도 개별적으로 행하실 준비가 되어 있습니다. "나의 첫 응답에 어떤 사람도 나와 함께 하지 않았습니다. 그럼에도 불구하고 주님은 나와 함께 하시고 나를 강하게 하셨습니다." 그러므로 어떤 어려움과 시련이 찾아와도 우리는 예수님을 생각할 수 있습니다. 그렇다면 오늘 저녁부터 우리는 이 거룩하고 경건한 목적을 이루어 갑시다. 하나님의 도움으로 저는 경주를 새롭게 시작하도록 열심히 노력할 것입니다. 오! 그분의 손에 있는 위대한 일을 기대하면서, 힘을 얻기 위해 그분을 바라보고, 그럼으로써 주님께 영광을 돌립시다. "나는 내가 가야 할 길을 마쳤다." 세례 요한이 그의 길을 마쳤습니다. 다윗이 그 길을 마쳤습니다. 바울도 그 길을 마쳤고 많은 다른 사람들도 마쳤습니다. 왜 여러분과 저는 그렇게 할 수 없겠습니까? 왜 우리는 하나님의 영예와 영광에 성공적으로 달리지 않겠습니까? 찾아오는 유혹은 오히려 우리가 약해지지 않기 위해서입니다. 아! 그러나 천사들이 보고 있고, 마귀들이 보고 있으며, 세상의 눈이 바라보고 있습니다. 그러므로 그리스도 안에서 사랑을 받고 있는 여러분, 하나님의 사람이 그랬던 것처럼, 우리에게 주어진 길을 완성하도록 기도하고 소망하십시오. 우리가 비록 사도들의 직분을 감당할 수는 없지만, 사도들의 은혜는 추구합시다.

"나는 믿음을 지켰다." 이 말은 처음에는 사도 바울이 자신에게로 어떤 공적을 돌리는 것처럼 보일 수 있습니다. 그러나 여기서 이 하나님의 사람은 어떤 자랑을 하는 것이 아닙니다. 우리는 그가 자신에 대해, 하나님의 자녀로 불리기에 합당치 못하다고 몇 번이고 반복하여 말한 것을 잘 알고 있습니다. 이것은 하나님의 사람의 겸손한 마음이었습니다. 이것은 우리에게 일어날 수 있습니다. 한편으로, 우리 자신의 힘으로는 할 수 없지만, 가능한 수단들을 사용한다면 우리도 '믿음을 지켰다'고 말할 수 있습니다. 중요한 것은 우리가 믿음이 깨질 위험의 상황에서도 선한 양심을 유지하는 것입니다. 양심이 더럽혀지면 우리는 영적으로 약해집니다. 우리가 하나님의 뜻에 위배되는 어떤 것에 빠질 때마다 우리는 그것을 고백하고, 그리스도의 보혈로 선한 양심이 더럽혀지지 않도록, 그 일을 지속해서는 안 되는 것입니다. 이제 이 하나님의 사람은 다음과 같이 말할 수 있었습니다. "여기에서 나는 항상 하나님과 사람을 향한 양심의 가책을 갖기 위해 스스로 훈련합니다." 그는 아그립바 왕 앞에 서 있었을 때 이렇게 말할 수 있었고, 우리가 이 축복받은 하나님의 사람의 삶을 읽을 때, 비록 그가 연약한 죄인이었음에도 불구하고, 하나님 앞에서 선한 양심을 지키기 위해 자신을 훈련했다는 것을 발견하게 됩니다. 그리스도 안에서 사랑받는 여러분, 이러한 바울의 삶의 태도를 쫓아갑시다. 이것은 무엇을 의미합니까? "나는 내 영혼의 구원을 위해 그리스도를 신뢰하고, 의지해 왔습니다. 나는 연약하고 비천한 죄인이지만, 하나님 앞에서 내가 받아들여질 수 있는 근거인 우리 주 예수 그리스도를 바라봅니다. 나는 하나님의 자녀요, 하나님의 상속자로, 마침내 영광을 공유하게 될 것입니다"라는 사실을 말하지 않겠습니까?

그리고 이제 믿음의 경주를 행하고 믿음의 선한 싸움을 싸우며 지킨 결과는 다음과 같습니다. "이제 후로는 나를 위하여 의의 면류관이 예비 되었으므로 주 곧 의로우신 재판장이 그날에 내게 주실 것이며 내게만 아니라 주의 나타나심을 사모하는 모든 자에게도니라." "의의 면류관이 나를 위해 예비되었다"는 말은 얼마나 놀랍습니까. 이것은 하나님이 보존하고 계시고 돌보고 있다는 것과 같습니다. 우리는 어떤 상황에서도 결코 상급을 잃지 않을 것입니다. 그리고 우리에게도 마찬가지로 일어날 입니다. 하나님의 아들들이 증언할 때, 우주 앞에서 하나님의 사람은 그에게 수여된 이 면류관을 가지고 있을 것입니다.

그리고 그분의 오심을 사모하는 사람들에게도 그렇게 될 것입니다. 오직 사도나 베드로, 스데반과 같은 사람에게 뿐만 아니라 그의 오심을 사랑하는 모든 사람들에게도 발생할 일입니다. 이제 우리는 스스로에게 물어야 합니다. 주 예수 그리스도의 재림에 관해서, 내 마음은 어떨까요? 나는 그분이 오기를 바라고 있습니까? 그분 보기를 고대하고 있습니까? 아니면 그분이 다시 오심을 별로 신경 쓰지 않습니까? 우리가 죄를 지으면 축복받은 주 예수 그리스도와 같은 분을 볼 수는 없습니다. 그분을 사랑하지 않는 사람들은, 만일 그들이 솔직하게 자신의 마음을 말하면, "나는 그분을 만날 필요가 없기를 소원합니다"라고 할 것입니다. 그러나 모든 진실하고 정직한 신자들은, 죄로부터 자유하지 않을지라도, 마침내 예수님처럼 죄로부터 자유하다는 것을 매우 좋아합니다. 따라서 그들이 바라는 죄로부터의 자유함은 그들의 영혼에게 매우 소중한 것입니다. 이제 우리 주 예수 그리스도의 오심을 기대하는 사람들은 사도 바울과 같은 의의 면류관을 받게 될 것입니다. 이것은 우리가 바라는 미래입니다. 하나님의 자녀들이 모이게 될 날이 올 것입니다. 주 예수님은 이 사람과 저 사람을 개별적으로 지적하시고 "이는 나의 제자다"라고 말씀하실 것입니다. 이 사실이 우리 모두에게 일어날까요? 여기 있는 모든 사람들이 주 예수님의 소유가 되어 의의 면류관을 받을 수 있을까요? 주 예수님이 지금 오신다면, 여러분은 어떤 자리에 있을지 생각해보십시오. 준비된 상태입니까? 아니면 아직 준비가 되지 않았습니까? 준비가 안 된 사람은 누구나 스스로에게 예수 그리스도와 함께하기를 좋아하지 않는다고 말할 것입니다. 이것은 올바른 마음의 상태가 아님을 증명합니다. 예수님을 사랑하는 사람은 예수님과 함께하고 싶어 합니다. 바울 사도 역시 한때 그런 적이 있었지만, 얼마나 큰 변화가 있어왔는지 보십시오. 하나님께서 이 큰 죄인을 위해 하신 일을, 여기 계신 아직 회심하지 않은 모든 분들을 위해서도 기꺼이 하실 것입니다. 오직 하나님의 복음만을 믿으십시오. 이것이 여러분이 구원받는 길입니다.

# 영원하신 팔이 아래에 있도다
## (신 33:26-29)[16]

"여수룬이여 하나님과 같은 이가 없도다. 그가 너를 도우시려고 하늘을 타고 궁창에서 위엄을 나타내시는도다. 영원하신 하나님이 네 처소가 되시니 그의 영원하신 팔이 네 아래에 있도다 그가 네 앞에서 대적을 쫓으시며 멸하라 하시도다. 이스라엘이 안전히 거하며 야곱의 샘은 곡식과 새 포도주의 땅에 홀로 있나니 곧 그의 하늘이 이슬을 내리는 곳에로다. 이스라엘이여 너는 행복한 사람이로다 여호와의 구원을 너같이 얻은 백성이 누구냐 그는 너를 돕는 방패시요 네 영광의 칼이시로다 네 대적이 네게 복종하리니 네가 그들의 높은 곳을 밟으리로다."(신 33:26-29)

"여수룬이여 하나님과 같은 이가 없도다. 그가 너를 도우시려고 하늘을 타고 궁창에서 위엄을 나타내시는도다." "여수룬"은 이스라엘 사람들의 이름입니다. 그 의미는 "의로운 자들"이란 뜻입니다. 그들은 메시아의 역사를 근거로 의로운 자들로 불리는 것입니다. 그들은 대부분 그렇게 많이 경건하지 않고, 종종 우상 숭배도 할 수 있지만, 메시아와의 연합을 이유로 그들은 "의로운 민족"이라고 불립니다. 신명기 33장의 첫 부분에는 각 지파에 대한 축복이 나옵니다. "주의 둠밈과 우림"(8절). 이스라엘 사람들은 처음부터 그들의 행동과 관련하여 고안된 수단인 "둠밈과 우림"을 통해 여호와께서 그들에게 어떤 길로 가고, 어떻게 행동하고, 구체적인 상황에서 무엇을 해야 하는지 알 수 있도록 하셨습

---

16  브리스톨의 조지 스트리트에 있는 베세다 교회 주일 저녁 설교(1897. 7. 2).

니다. 그들이 하나님의 마음을 알기를 원했을 때 둠밈과 우림이 사용된 것입니다. "너의 둠밈과 우림이 거룩한 분과 함께하도록 하라."

이스라엘의 열두 지파가 모세의 둠밈과 우림을 통해 개별적으로 축복 받은 후에, 전체 이스라엘, 즉 여수룬에 대한 축복이 선언됩니다.(26절로 시작) "여수룬의 하나님과 같은 분은 없습니다." 이것이 바로 살아 계시고 유일하게 참되신 하나님, 우리 주 예수 그리스도의 아버지에 대해 우리 마음이 지속적으로 고백하는 바입니다. "당신과 같은 분은 없습니다." 이 고백은 우리의 마음을 큰 위안으로 채웁니다. 유일하신 그 분, 어떤 것과도 비교할 수 없고, 전능하시며 사랑과 지혜와 은혜, 자비, 참음에 관하여 한계가 없으신, 무궁무진하신 그분 안에서 모든 축복이 발견되어야 합니다. "여수룬의 하나님과 같은 분은 없습니다." 그러면 그분의 권능에 관해서는 "당신을 돕기 위해 궁창을 타시는 분"으로 소개됩니다. 우리의 도움이 되시기 위해 그렇게 하신다니 얼마나 소중합니까. 그러므로 우리는 우리 적들의 세력마저도 능히 이길 수 있습니다. 왜냐하면 우리를 돕기 위해 구름을 타시는 분, 우리의 유익을 위해 모든 일을 하실 수 있는 분이 우리 편에 계시기 때문입니다. 그것이 바로 "당신을 돕기 위해 궁창을 타시는 분"이 의미하는 바입니다.

"하늘에서 위엄을 나타내심으로." 그는 전능함과 권능으로 궁창을 타십니다. 이것이 지속적으로 우리 앞에 펼쳐진다면, 우리의 친구로서 도와주시는 그분이 모든 것을 할 수 있다는 것을 기억하면서 평화롭게 살아갈 수 있습니다. 그분은 주 예수 그리스도를 신뢰하는 모든 죄인들을 구원하기 위해 기꺼이 모든 것을 하실 수 있습니다. 그러므로 인생에서 해야 할 가장 위대한 일은, 첫 번째로 주 예수 그리스도를 믿는 믿음으로 하나님과 화목하게 하는 것입니다. 이것이 사실이 되려면 우리는 죄인으로 형벌을 면치 못하는 존재라는 것을 인정해야 하며, 구원은 주 예수 그리스도께로부터 온다는 것을 믿어야 합니다. 우리가 그렇게 하는 순간, 우리는 거듭나며 영적인 삶을 얻게 됩니다. 그리고 우리는 하나님의 자녀이자 주 예수 그리스도 안에서 하나님의 상속자가 됩니다. 우리가 영원토록 받는 이 축복은 우리가 구원을 위해 예수님을 신뢰하는 한 결코 빼앗길 수 없습니다.

"영원하신 하나님은 네 처소가 되시니 그의 영원하신 팔이 네 아래에 있도다. 그가 네 앞에서 대적을 쫓으시며 말씀하시길 멸하라." 이 얼마나 소중한 말씀입니까. "영원하신 하나님은 여러분의 피난처입니다." 또는 여러분이 머물러야 할 거처입니다. 우리는 그분 안에 있고, 그분과 함께 있어 전혀 분리되지 않을 것입니다. 왜냐하면 우리가 그분 안에 거하기 때문입니다. 시편 90편에서 우리가 읽은 것처럼 그분은 우리가 거할 처소입니다. 영원하신 하나님은 우리의 피난처이며 우리의 처소는 그분 안에 있고, 모든 종류의 해악으로부터 우리를 지키고 방패가 되어주실 영원한 팔이 있습니다. 실제로, 우리는 모든 종류의 해악으로부터 보호됩니다.

때로는 우리가 육체적으로 정신적으로 영적으로 상처 입은 것처럼 보입니다. 그러나 그것은 겉모습만 그럴 뿐입니다. 실제로 우리는 하나님의 전능하심과 영원하고 변하지 않는 하나님의 사랑, 그리스도 예수 안에서 우리를 사랑하신 하나님에 대한 영원하고 변함없는 사랑에 의해 지켜지고, 돌보아지고, 보호받고 있습니다. 오! 얼마나 소중하고 귀중한지요. 우리가 그것을 삶 속에서 적용하며 실현한다면, 그 결과는 성령 안에서 평안과 기쁨일 것입니다. 그때 어떤 두려움이나 불안함, 걱정 근심이 사라지게 됩니다. 왜냐하면 우리는 스스로에게 "하나님이 우리 편이시고 우리를 위하시는데, 누가 우리를 해할 수 있겠는가"라고 말할 수 있기 때문입니다. 우리는 비록 연약하지만, 그의 영원하신 팔은 우리 아래에 있으며, 우리를 보호하고, 우리를 지켜줍니다.

"그리고 그가 네 앞에서 대적을 쫓으시며 멸하라 하시도다." 우리는 여기서 이스라엘 사람들이 약속의 땅에 들어가기 전 이 말씀은 시작되었고, 그래서 실현되었음을 목도해야 합니다. 그들이 마침내 땅을 얻을 수 있었던 것은 칼 때문이 아니라, 하나님이 그들 편이었기 때문입니다. "하나님은 그들 앞에서 적들을 물리치셨습니다." 그리고 이 일들은 다양한 방법으로 이루어졌습니다. 모든 방법들 중에서, 사용된 수단은 하나님께서 그들의 대적을 멸망시키기 위해 왕벌을 보내셨습니다. "그는 네 앞에서 대적을 쫓으실 것이다." 이스라엘은 비록 일곱 개의 강대한 나라들과 싸워야했지만 그들은 땅을 얻게 되었습니다. 그러나 일곱 개의 민족들은 그들 앞에서 당해 낼 수는 없었습니다. 왜냐하면 하나님이 이스라엘 자손들의 원수를 대적하셨기 때문입니다. 하나님께서는 어떤 상황에서도 이스라엘을 대표하고 그들을 위해 싸우셨습니다. 전투가 있을 때, 50kg 이상의 무게를 지닌 큰 우박이 이스라엘의 원수들에게 임했고, 이스라엘의 힘이 아닌 그들의 유익을 위한 여호와의 능력으로 그들의 원수들이 패하게 되었습니다. "그는 네 앞에서 적을 물리칠 것이다."라고 선언하신 말씀대로 하나님은 그렇게 하셨고 그들을 멸하셨습니다. 왜냐하면 전능하신 하나님께서 말씀하셨기 때문입니다.

"이스라엘은 홀로 안전히 거할 것이다"라고 하나님이 말씀하셨기에 원수들은 멸망하고 이스라엘 사람들은 남아서 땅을 정복했습니다. 그러나 "홀로 안전히 거할 것"이라는 말씀을 특히 주목해 보십시오. 이스라엘 사람들의 진정한 안전은 그들이 가나안 부족들로부터 분리되어 있기 때문입니다. 그들이 가나안 민족들과 섞이는 순간 그들의 안전은 끝이 났습니다. 그리고 특별히, 진정한 영적 축복은 경건하지 않은 자들로부터 분리될 때 이루어진다는 사실에 주목해야 합니다. 모든 현세의 일에서 세상 사람들과 만나고 섞이는 일은 지금 당장 필요한 일이지만, 모든 영적인 문제에서 우리는 경건하지 않은 사람들과 분리되어 살아가도록 노력해야 합니다. 그렇게 하면 우리의 참되고 진정한 영적 안전이 이루어집니다.

"야곱의 샘은 곡식과 새 포도주의 땅에 홀로 있나니 곧 그의 하늘이 이슬을 내리는 곳에로다." 단순히 곡식과 포도주의 땅이 아니라 샘이 더불어 주어지게 됩니다. 그 땅에는 곡식과 포도주가 많이 있었습니다. 물과 하늘에서 내리는 이슬도 풍부했습니다. 이 모든 것이 이스라엘 자손에게 주어진 것은 그들이 마땅히 받아야 할 것이 아니라, 그들에 대한 그들 아버지의 사랑의 표징이었습니다. 현재까지 하나님께서는 그분의 자녀들과 관련하여 이 일들을 계속 진행하고 계십니다. 그들이 정말 필요로 하는 모든 것, 그들에게 정말 유익한 모든 것, 축복으로 증명될 모든 것을 하나님께서는 그들에게 주시고자 하십니다. 우리의 상황으로 적용하자면, 곡식과 포도주가 우리에게 축복이 된다면 그것은 우리에게 주어질 것입니다. 하나님께서는 그분의 자녀들에게 진정한 축복들을 부여하시는 것을 기뻐하십니다. 모든 시간과 모든 상황에서 선을 행하는 것이 그분 마음의 기쁨입니다. 그분은 곡식과 포도주와 풍성한 물이 있는 곳에서 기꺼이 주실 뿐만 아니라, 이 외에도 덧붙여 이슬을 주실 준비가 되어 있습니다. 그래서 열매 맺는 모든 일이 가능합니다. 이 모든 것들은 그들을 행복하게 만들어 주기 위한 것입니다.

자, 이 모든 결과는 "이스라엘이여 너는 행복한 사람이로다. 여호와의 구원을 너 같이 얻은 백성이 누구냐 그는 너를 돕는 방패시오 네 영광의 칼이시로다. 네 대적이 네게 복종하리니 네가 그들의 높은 곳을 밟으리로다"라고 말씀하신 하나님의 약속 때문입니다. "이스라엘이여 너는 행복한 사람이로다." 여기 엄숙하고 중대한 질문이 있습니다. "우리는 행복합니까?" 우리는 이 순간 "내가 행복한가? 정말 행복한가? 영적으로 행복한가?"라고 개인적으로 스스로 질문해야 합니다. 단순히 "삶의 필수품을 충분히 가지고 있는가?", "나는 현재 큰 문제와 어려움을 겪지 않도록 충분히 가지고 있는가?"라는 질문이 아니라, "나는 영적으로 행복한가?" 이것이 중요한 포인트입니다. 진실하고 진정한 행복은 그리스도를 믿는 신앙을 통해서만 얻을 수 있는 것입니다. 우리는 하나님 앞에서 우리가 어떤 행복도 누릴 수 없는 죄인임을 인정해야 합니다. 우리는 하나님 앞에서 형벌을 받을 수밖에 없는 죄인이라는 것을 인정해야 한다는 것입니다. 그리고 우리 영혼의 구원을 위해 오로지 예수 그리스도를 신뢰하는 믿음을 가져야 하는 것입니다. 이것은 영적인 행복을 가져옵니다. 처음에는 그것이 작을 수 있습니다. 그러나 하나님께서 그리스도 안에서 우리를 위해 행하신 일을 깊이 생각하면 할수록, 우리는 주 예수 그리스도에 의하여 영적으로 충만해져서 하나님 안에 있는 평화와 기쁨이 더욱 풍성해질 것입니다. 그러나 우선, 시작이 있어야 합니다. 그러므로 던져야 할 질문은 "내 영혼에 참되고 진실한 행복이 있는가? 나는 주 예수 그리스도를 알고 있는가? 내 영혼을 구원하기 위해 그분께 나아가는가? 단순히 구원을 위해 그분을 바라보는가?" 이것 없이는 참되고 진정한 행복은 없습니다.

"오! 이스라엘이여, 너는 행복한 사람이로다. 여호와의 구원을 너 같이 얻은 백성이 누구냐?" 우리는 주님으로 인해 구원을 받았습니까? 다시 말하면, 우리는 하나님께서 사람들을 구원하시기 위해 그의 거룩한 말씀에 계시하신 조건들을 지키고 있습니까? 우리는 우리 영혼의 구원을 위해 예수님을 온전히 신뢰합니까? 그렇게 하면 결국 평화와 기쁨과 행복을 누리게 될 것입니다. 우리가 그리스도와 함께 살면 살수록, 진정한 평화와 참된 기쁨과 행복이 늘어날 것입니다. "여호와의 구원을 너 같이 얻은 백성이 누구냐?" 우리 가운데 어떤 이는 다음과 같이 말할 수 있습니다. "나는 주님께 구원받았습니다. 만일, 주 예수님이 다시 오시면 나는 구원받은 자로 여겨져야 합니다." 우리 중에 누가 이 말을 할 수 있습니까? 하나님의 은혜로 저는 그것을 말할 수 있는 사람들 중 한 사람입니다. 그리고 저를 진정으로 행복하게 해주는 것이 바로 이것입니다. 이것을 알지 못하면 진정한 참된 행복과 같은 것은 없습니다. "오! 주께 구원받은 사람들이여" 여호와께서는 더 나아가 "그분은 당신의 도움의 방패"라고 말씀하셨습니다. 하나님은 우리를 보호해 주십니다. 방패는 특히 칼의 타격을 물리치기 위한 것이거나, 화살을 피할 수 있는 힘이었습니다. 따라서 방패는 보호를 위해 사용되었습니다. 그러므로 하나님 자신이 방패가 되시기에 우리는 영적으로 보호를 받고 있는 것입니다.

"당신의 영광의 검은 누구입니까?" 하나님 자신이 우리의 검이요, 힘이며, 전능함입니다. 그래서 어떤 사고도 우리에게 일어날 수 없습니다. 이것은 사실입니다. 그것은 우리의 힘에 의한 것이 아니라 하나님의 팔, 즉 하나님의 능력에 의한 것입니다. 그리고 우리를 위해 계시는 그분이 우리 편이시고, 우리가 주 예수 그리스도를 믿는 자들이라면, 그분은 영원토록 우리와 함께 계실 것입니다. "네 대적이 네게 복종하리니." 즉 상황은 전복되고 원수들은 여러분에게 어떤 힘도 발휘하지 못하게 될 것입니다. "네가 그들의 높은 곳을 밟으리로다." 즉 그들을 몰아내고, 압도하고, 극복할 것입니다. 원수들은 그들의 높은 곳에서 자랑합니다. 그러나 여러분은 그들의 높은 곳을 취하고 정복할 것입니다.

자, 다시 한 번, 오늘 말씀의 중요한 핵심은 그리스도를 알고 그 안에서 믿는 자가 되고 그 안에서 발견된다는 것입니다. 지금까지 여기 계신 많은 분들이 예수님을 발견하고 믿습니다. 아직도 세상에는 주 예수님을 믿는 사람들이 많지는 않습니다. 따라서 진정한 행복과 안전은 아직 발견되지 않은 것입니다. 그러나 그들도 예수 그리스도를 믿는 우리가 얻은 행복을 얻을 수 있을 것입니다. 왜냐하면 우리가 얻은 것은 우리의 선함이나 합당함에 의해서가 아니라 우리 안에 있는 예수 그리스도를 믿음으로 말미암아 하나님의 은혜로, 성령의 능력으로 얻었기 때문입니다. 우리가 은혜로 축복을 얻은 것처럼, 다른 이도 은혜의 방법으로 축복을 얻을 수 있습니다. 아무도 "나는 하나님으로부터 너무 멀리 떨어져 있다", "나는 너무 큰 죄인이다"라고 말할 필요가 없습니다.

왜냐하면 주 예수 그리스도의 피는 모든 죄를 다스릴 능력이 있기 때문입니다. 유죄를 선고 받은 우리의 모든 죄는 주 예수 그리스도를 믿음으로 용서받을 수 있습니다. 오! 아무도 절망할 필요가 없다는 것이 얼마나 귀중한가요.

하나님의 정하신 방법 안에서 구원을 얻고자 하는 자는, 그들이 죄인 됨을 고백한 후 오직 그리스도께만 의지하면 축복을 얻게 될 것입니다. 그러나 만일 우리가 스스로에게 의존하여 구원받을 수 있다거나 우리 자신을 스스로 구원할 수 있다고 생각한다면 큰 실수를 저지르는 것이며, 결코 축복을 얻지 못할 것입니다. 오직 그리스도를 믿는 믿음을 통한 하나님의 은혜로 가장 오래된 죄인, 가장 큰 죄인은 그 영혼의 구원을 얻을 수 있습니다. 그러므로 우리가 우리의 힘으로 개별적으로 축복을 얻을 수 있고 우리를 방해할 것이 아무 것도 없다는 깊은 신념 하에 주 예수 그리스도를 믿는 사람들이 아니라면, 우리 함께 갑시다. 축복을 받으면 우리는 하나님의 은혜와 성령의 도움으로 조금씩 인도함을 받을 것입니다. 하나님께서는 우리의 필요에 따라 축복을 우리에게 부어주십니다.

하나님이
응답하시는
기도

# 16　염려로부터의 자유[17]

> "아무 것도 염려하지 말고 다만 모든 일에 기도와 간구로, 너희 구할 것을 감사함으로 하나님께 아뢰라. 그리하면 모든 지각에 뛰어난 하나님의 평강이 그리스도 예수 안에서 너희 마음과 생각을 지키시리라."(빌 4:6-7)

"어떤 것도 걱정하지 말라." 다시 말해서, "아무 것도 염려하지 말라." 신자에게서는 어떤 염려도 발견되어서는 안 됩니다. 우리가 겪는 시험들, 고통들, 어려움들은 아마도 엄청나고, 다양하고 많을 수 있습니다. 그러나 어떠한 환경하에서도 우리에게는 염려가 있어서는 안 됩니다. 왜냐하면 하늘에 계신 아버지께서는 전능하시고, 그의 자녀들을 그분께서 그의 독생자를 사랑하신 것처럼 사랑하시는 분이시기 때문입니다. 하나님의 기쁨과 즐거움은 언제나 어떤 환경 가운데서도 그의 자녀들을 구제하고 돕는 것이기 때문입니다.

그러므로 염려는 하나님의 자녀들에게서 발견되어서는 안 되며, 우

---

[17] 1897년 1월 4일에 행한 설교.

리는 다음의 구절에서 우리게 주어진 권면에 주목해야만 합니다: "아무 것도 염려하지 말고 다만 모든 일에 기도와 간구로, 너희 구할 것을 감사함으로 하나님께 아뢰라."

여기에서 우리는 다음의 요점들에 특별히 주목해야 합니다.

(1) "모든 일에", 다시 말해서 집에 불이 났을 때만이 아니라, 사랑하는 아내가 죽어가고 있을 때만이 아니라, 우리 자녀들이 사경에 처했을 때만이 아니라, 삶의 가장 작은 문제들에 있어서까지도 모든 일을 하나님 앞에 가져오라는 것입니다. 작은 문제들, 아주 작은 것들, 세상이 사소한 것들이라 부르는 것들까지, 우리의 하늘 아버지와 그리고 존귀하신 주 예수 그리스도와의 거룩한 교제 가운데 살면서, 온종일 모든 것을 다 가지고 나와야 합니다. 우리가 일종의 영적인 본능, 하나님께로 다시 돌아가려는 본능, 그분께 말하고자 하는 본능, 그리고 잠 못 드는 밤에 우리의 다양한 작은 문제들을 그분 앞에 가져가는 본능에 의해서 밤에 잠에서 깰 때에도, 우리의 가족들, 우리의 종들, 우리의 거래, 우리의 직업, 어떤 방식으로든 우리를 묶고 있는 것들과 연관된 어려움들을 주님께 가지고 나와서 그것들에 관하여 말하십시오. 이러한 영적인 본능을 따라 우리의 기쁨과 우리의 편안한 날들에도 우리 인생의 사소한 것들에 관해 주님께 말하고, 그분께 도움을 구하십시오. 그분께 '모든 일'에 관하여 도움을 구하십시오.

(2) "기도와 간구로." 마치 걸인이 간절하게 구하는 것처럼, 정직함으로 인내함으로 하나님께 지속적으로 나아가고 기다리십시오.

(3) "감사함으로." 우리는 언제나 감사함으로 하나님과의 훌륭한 영적인 관계의 기초를 놓아야 합니다. 다른 모든 일이 부족하다고 할지라도, 하나님께서 지옥으로부터 우리를 구원하셨다는 사실은 언제나 실제이기 때문입니다. 그리고 하나님께서 그의 거룩한 말씀-그의 유일한 독생자, 그가 엄선하신 선물-과 성령을 우리에게 주셨다는 사실도 사실이기 때문입니다. 그러므로 우리는 언제나 하나님께 감사할 풍성한 이유를 가지고 있습니다. 오! 우리가 이것을 지향하게 하소서.

이러한 감사와 간구의 결과는 무엇입니까?

"그리하면 모든 지각에 뛰어난 하나님의 평강이 그리스도 예수 안에서 너희 마음과 생각을 지키시리라."(빌 4:7)

우리는 하나님의 평강을 가질 것입니다. 그리고 이 평강은 엄청난 축복이고, 실제적인 축복이며, 귀중한 축복이기에 실험적으로 그 축복에 참여하는 것을 우리는 알아야만 합니다. 왜냐하면 그 축복은 모든 지각을 뛰어넘기 때문입니다. 오! 하나님의 평강, 이 축복이 얼마나 엄청나고 귀중한 것인지요.

마지막으로 우리가 다음의 권면에 주목함으로써 어떻게 이 하나님의 평강을 얻는지 살펴보도록 합시다. 모든 일에 있어서, 삶의 가장 사소한 일들에 있어서도, 우리는 우리의 간구들을 감사함으로 기도와 간구로 하나님께 아뢰도록 합시다. 더 나아가 우리는 최대한 염려를 피하도록 해야 합니다. 오! 이러한 영적인 원칙에 마음을 둡시다. 그러면 결과적으로, 우리가 이러한 영 안에서의 삶의 습관으로 걸어 나간다면, 우리는 예전에 해 왔던 것보다도 훨씬 더 풍성하게 하나님을 영화롭게 할 것입니다.

## 17　청년들을 향한 설교

"청년이여 네 어린 때를 즐거워하며 네 청년의 날들을 마음에 기뻐하여 마음에 원하는 길들과 네 눈이 보는 대로 행하라 그러나 하나님이 이 모든 일로 말미암아 너를 심판하실 줄 알라. 그런즉 근심이 네 마음에서 떠나게 하며 악이 네 몸에서 물러가게 하라 어릴 때와 검은 머리의 시절이 다 헛되니라."(전 11:9-10)

"너는 청년의 때에 너의 창조주를 기억하라 곧 곤고한 날이 이르기 전에, 나는 아무 낙이 없다고 할 해들이 가깝기 전에."(전 12:1)

저는 오늘 저녁 특별히 청년들에게 말씀을 전해달라는 요청을 받았습니다. 사랑하는 청년들에게 말이죠. 저 역시 한때 청년이었고, 주님 밖에 있는 젊은이란 어떤 것인지, 그리고 주님 안에 있는 젊은이, 곧 우리 주 예수를 믿는 젊은이의 삶이 어떠한지 알기에 기쁘게 이 요청을 받아들였습니다. 저 자신도 막 스무 살이 되고 몇 주가 지났을 때 회심을 했기에, 경험적으로 주님 밖에 있는 젊은이가 어떠한지 잘 알고 있습니다. 특히 비록 스무 살이었지만 저는 서른 살이나 서른다섯 살의 사람이 가질 법한 경험을 가지고 있었습니다. 왜냐하면 10살 반 무렵부터 말하자면 제가 저 자신의 주인이었으니까요. 제가 대략 스무 살이 되었을 즈음엔 인생의 많은 것들을 보았습니다. 그렇지만 제가 회심했을 때가 막 스무 살이 되었던 청년기였기에, 저는 주되신 예수님 안에 있는, 믿음 있는 젊은이가 되는 것이 무엇인지도 경험적으로 잘 알고 있습니다. 그래서 기쁨으로 저의 사랑하는 젊은 친구들, 청년들에게 말씀을 전해달라는 요청에 따르기로 했습니다. 그렇지만 오늘 저녁 여러분 앞에 풀어놓을 이 주제는 젊은 남자 청년들에게도 매우 중요하지만, 젊은 남자이거나 여자이거나, 중년의 남자이거나 여자이거나, 노년의 남자이거나 여자이거나 상관없이, 모두에게 중요합니다. 왜냐하면 예수님 안에 있는 진리야말로 언제나 모든 인류에게 중요한 것이기 때문입니다. 제가 오늘 읽은 본문은 특별히 성령님께서 젊은이들에게 말씀하신 부분이고, 말씀 전체 중에서도 오늘과 같은 때에 더 잘 어울리는 말씀이 없을 것으로 생각됩니다.

이제 다 같이 오늘 말씀을 조금씩 읽어가며 하나님의 도움으로 묵상하도록 하겠습니다. "청년이여 네 어린 때를 즐거워하며 네 청년의 날들을 마음에 기뻐하여 마음에 원하는 길들과 네 눈이 보는 대로 행하라." 우리가 이 말씀을 읽으면서 특별히 새겨야 할 첫 번째 교훈은 성령께서 젊은 남자건 여자건 어떤 사람이든지 상관없이, 자신이 좋아하는 데로 살라고 권장하는 게 아니라는 것입니다. 아주 잠시라도 그렇게 살라고 권장하지 않습니다. 이 말씀은 정확히 하나님의 복된 말씀 중 가장 마지막, 요한계시록 마지막 22장 11-12절 말씀과 같은 성격의 말씀입니다: "불의를 행하는 자는 그대로 불의를 행하고 더러운 자는 그대로 더럽고 의로운 자는 그대로 의를 행하고 거룩한 자는 그대로 거룩하게 하라. 보라 내가 속히 오리니 내가 줄 상이 내게 있어 각 사람에게 그가 행한 대로 갚아 주리라." 이 두 구절은 서로 연결해서 받아들여야 합니다. 전도서 11:9의 처음 부분이 같은 절 내의 뒷부분과 연결해서 이해해야 하는 것처럼 말입니다. 성령께서는 여기에서 청년의 특징에 관해 쓰고 있습니다. 젊은이들이 자연스럽게 마음을 따라 사는 것은, 자신을 즐겁게 하고, 자기 자신의 방법대로 하고, 자신의 욕구를 만족시키고, 자기 눈에 끌리는 대로 걷는 것에 있다는 것입니다. 이 말씀은 성령께서 그들이 그렇게 해야 한다고 격려한다는 뜻으로 쓰인 것이 아닙니다. 이렇게 해도 아무런 해가 없을 것처럼 성령께서 허락해 주신 것은 더욱 아닙니다. 사람이 흔히 나아가는 방향이나 청년의 자연스러운 경향과 같은 사실을 말하고 있을 뿐입니다. 이것은 젊은이들뿐 아니라 중년의 남자와 여자, 노년의 남자와 여자에게도 모두 마찬가지입니다. 우리도 우리 자신의 방법대로 하고, 우리 자신을 즐겁게 하며, 우리 욕구를 만족시키고, 본능의 명령대로 따르길 원합니다. 이것은 성령님의 말씀입니다. 요한계시록 마지막 장에서 본 것과 같지만 요한계시록에는 더 엄숙하고 무겁고 중대한 구절이 붙어 있습니다. "보라 내가 속히 오리니 내가 줄 상이 내게 있어." 그리고 성령님께서는 거기에 다음과 같이 덧붙이셨습니다: "각 사람에게 그가 행한 대로 갚아 주리라."

"청년이여 네 어린 때를 즐거워하며 네 청년의 날들을 마음에 기뻐하여 마음에 원하는 길들과 네 눈이 보는 대로 행하라." 사실 지금 성령님께서는 이것과는 정반대로 따라야 한다고 말씀하고 계십니다.

처음 부분 "청년이여 네 어린 때를 즐거워하며"를 살펴봅시다. 우리는 우리의 어린 때를 즐거워해야 합니까? 성령님께서 계속 반복적으로 말씀하신 것은 "주 안에서 기뻐하라"는 것이었습니다. 우리의 힘은 주 안에서 행복한 것에서 발견됩니다. 우리를 향하신 주님의 명령은 주 안에서 기뻐하라는 것이지 젊음 안에서 기뻐하라는 것이 결코 아닙니다.

더 나아가, "네 청년의 날들을 마음에 기뻐하여"를 살펴봅시다. 우리 자신의 마음이 우리를 기쁘게 합니까? 복된 복음의 위로가 우리를 기쁘게 하지 우리 자신의 마음이 우리를 기쁘게 하지 않습니다. 자신의 마음을 믿고 자신의 마음을 들여다보면서 거기에서 행복의 근원을 찾고자 하는 사람은 바보입니다. 그러기에 이것이 이 말씀의 뜻일 수 없습니다. 이것은 성령님께서 사람은 무엇을 본질적으로 따르는지, 사람의 기질은 무엇인지, 사람의 원함은 무엇인지 단순히 적어놓은 것입니다. 그런 까닭에 이 본문은 우리가 청년이기에 자신을 즐거워하라는 뜻이 전혀 아닙니다.

"마음에 원하는 길들과." 사실 이것이 여기에 쓰인 명령의 본질을 담고 있습니다. 우리 마음에 원하는 길들로만 갈 수 있습니까? 우리의 마음이 시키는 대로 따르는 길은 죄인의 길입니다. 우리는 본질적으로 하나님과 멀어져 있습니다. 우리가 자연스럽게 하는 일들은 하나님께서 미워하시는 일이고 그분께 기쁨이 되는 일이 전혀 아닙니다. 사람에게 주어진 명령은 주님의 길을 걷는 것이기에 여기에 쓰인 말이 하나님께 기쁨이 되는, 하나님의 마음을 따르는 길일 수 없습니다. 이것은 자신의 방법을 따르고 하나님의 질서와 하나님의 길의 지시를 받고 싶지 않는 젊음의 기질을 그대로 적어놓은 것에 불과합니다.

그리고 더 나아가 "네 눈이 보는 대로 행하라"에 대해서 살펴봅시다. 우리는 본능적으로 이렇게 하길 원합니다. 하지만 성경이 반복해서 말하는 본질적인 가르침은 이것입니다. 하나님 앞에서 걷는 것, 하나님의 마음을 따라 걷는 것, 하나님의 얼굴빛 안에서 걷는 것, 그래서 주님의 시선에서 벗어나지 않으며 걷는 것입니다. 이것이 우리를 향한 주님의 뜻입니다. 그러기에 먼저 우리 마음에 깨달아야 할 것은 성령이 이 본문을 통해서 주시는 말씀은 격려 차원에서의 말이 아니라, 그와는 반대로, 사람에게 평범한 것은 무엇이며 타락한 우리 상태의 결과는 무엇인지, 그리스도 안에 있지 않으면 하나님의 마음을 따르는 것들을 즐거워하기보다 본능을 따르는 것을 즐기게 된다는 것을 단순히 설명하는 것입니다. 하지만 하나님의 마음에 합한 것들을 즐거워하는 것이, 그것만이 진정한 기쁨과 평화, 그리고 행복을 사람에게 줄 수 있습니다. 사람의 본능을 따르는 것은 이전에도 그랬고, 앞으로도 절대 우리에게 기쁨과 행복을 가져다줄 수 없습니다. 이 세상이 줄 수 있는 것에도, 자연적인 관계들에서도, 다양한 진보를 이룬 인간의 상태에서도 이러한 기쁨과 행복은 존재하지 않습니다. 세상의 어떤 것들에도 진정한 기쁨과 진정한 행복을 찾을 수 없습니다. 오로지 하나님과의 교제, 하나님과의 하나됨 안에서, 하나님의 은혜로, 주 예수 그리스도를 믿음으로 우리는 참된 평화와 기쁨을 찾을 수 있습니다.

이제, 이것이 저 자신의 추정이 아니라 정확한 근거에 의한 하나님의 마음이라는 것을 살펴보기 위해 위 본문 구절의 두 번째 부분을 살펴보도록 하겠습니다. "그러나 하나님이 이 모든 일로 말미암아 너를 심판하실 줄 알라." 만약 성령께서 청년에게 청년이기에, 젊기에 기뻐하라고 명령하셨다면, 성령께서 청년의 날들을 마음에 기뻐하라고 하셨다면, 성령께서 자신의 마음대로 살라고, 자기 눈에 좋을 대로 하라고 명령하셨다면, 이 덧붙이는 말은 왜 있습니까? 왜 이런 대조가 있는 것입니까? 이 대조적인 질문은 성령께서 우리에게 원하시는 것과 우리가 원하는 것이 완전히 상충된다는 것에 대한 분명한 증거입니다. 이전에도 말했다시피, 성령께서는 우리가 주 안에서 기뻐하길 원하십니다. 복음의 위안 가운데서 기뻐하기를 바라십니다. 하나님의 방법 안에서 걷기를 원합니다. 하나님의 얼굴빛 안에서 걷기를 원하십니다. 이것은 하나님의 마음을 따르는 것이지 다른 것을 따르는 것이 아닙니다. 만약에 청년들이 자신의 방법대로 살려고 한다면, 이 주님의 말씀을 들려주십시오. "그러나 하나님이 이 모든 일로 말미암아 너를 심판하실 줄 알라."

그렇다면 우리가 하나님의 심판을 받으면 어떻게 되는 것일까요? 만약 우리의 모든 잘못들이 하나님 앞에 펼쳐진다면, 그리고 우리의 행위대로 판결을 받는다면, 우리가 이 세상에 나면서부터 이 세상을 떠날 때까지 내뱉었던 수억 수천만 개의 말들이, 우리 마음속에 있던 모든 생각과 바램, 의향과 목적들이 자세히 살피시는 하나님의 눈앞에서 조사되고 하나님의 추로 무게를 달게 된다면, 그 결과는 어떨까요? 우리가 "저주를 받은 자들아 나를 떠나 마귀와 그 사자들을 위하여 예비된 영원한 불에 들어가라"라는 끔찍한 저주의 말을 듣는 것 외에 무슨 다른 대안이 있겠습니까? 우리가 우리의 행위, 말, 생각에 따라서 다루어진다면 우리에게 어떤 일이 닥치겠습니까? 우리는 완전히 파멸될 것입니다. 영원히 파멸될 것입니다. 그러기에 이 구절의 후반부에 등장하는 엄숙하고 중대한 포인트는 구절 전반부의 의미가 전체 구절에서 원하는 바가 아니라는 것을 말하는 것일 뿐만 아니라, 이 후반부를 통해서 우리는 모든 진심과 모든 성실함으로 시급히 그리스도를 가까이하도록, 복음이 주는 것을 움켜쥐도록, 또 우리 영혼의 구원을 위해 주 예수 그리스도를 믿도록 하나님의 애원과 간청, 그리고 마음의 움직임이 최고점에 달하는 것입니다. 이 경고의 목적은 우리가 주 예수 그리스도의 심판대 앞에 서서 앞에서 말한 끔찍한 말을 듣지 않기 위함입니다. 복음을 믿는 것 이외에는 이 심판과 지옥에서 벗어날 가능성은 결코 없습니다. 영원한 기쁨과 행복을 가질 수 있는 길은 주 예수 그리스도의 죄 사함의 죽음을 믿는 것 외엔 없습니다. 만약 사람이 다른 길로 구원을 받을 가능성이 있었다면, 하나님께서는 그분이 가진 모든 것 중에 가장 귀한 당신의 독생자를 내놓지 않으셨을 것입니다. 하지만 하나님께서 길을 잃고 끝나버린 우리를 보셨을 때, 하나님의 마음은 갈망하는 사랑으로 가득 차셨고, 길을 잃고 폐망하여 죄책감 가운데 있는 우리를 향한 불쌍히 여김으로 가득 차셨기에, 그분의 충만한 은혜로 가장 귀한 선물인 자신의 독생자를 우리를 위하여 내어 주셨습니다. 그 아들을 멍들게 하고 상처를 내며 우리 모두의 심판을 그 위에 얹으셨고, 그 복된 이는 우리를 대신해 그것을 참으심으로 그를 믿는 모든 이들이 받았어야 했을 심판을 견디셨습니다.

이제, 우리가 주목해야 할 중요한 가르침들이 있습니다. 첫째로, 제 사랑하는 젊은 친구들, 오늘 저녁 특별히 저의 설교를 듣는 사랑하는 청년들에게 묻습니다. 당신은 어떻습니까? 그리스도와 가깝습니까? 아닙니까? 복음을 받아들였습니까? 아닙니까? 그리스도 안에 있습니까? 아니면 밖에 있습니까? 여러분의 마음을 압니다. 여러분의 상태를 잘 알 수 있습니다. 저 역시 그리스도 밖에서 많은 시간을 보냈습니다. 저는 제가 더 젊었을 때 주님을 알았더라면 얼마나 좋았을까 하고 수천 번을 생각했습니다. 하지만 저와 여러분 사이에는 다른 점이 있습니다. 저는 20년 5, 6주를 살 때까지 한 번도 복음을 듣지 못했습니다. 그때까지는 예수님의 죄 사함의 죽음에 대해 이해하지 못했습니다. 여러분 전부, 아니면 대부분은 이 복음을 여러 번 반복해서 들었을 것입니다. 어떤 사람은 셀 수도 없이 많이 들었을 것입니다. 여러분 대부분은, 혹은 전부는 복음을 믿으라는 간청을, 애원을 받았습니다. 이 차이가 보이시지요. 이제 마지막 간청과 애원입니다. 여러분, 저는 여러분께 간청하고 애원합니다. 여러분의 마음을 주님께 잠시도 지체하지 말고 드리십시오. 여러분이 또 다른 간증을 원한다면, 이제까지 수많은 간증을 이미 들었겠지만, 저는 이렇게 말씀드리고 싶습니다. 만약 젊을 때 예수를 믿으면 그 이후 행복한 시절은 다시는 없을 것이라고 누군가 생각한다면 그것은 완전 착오라는 것입니다. 이런 생각은 참으로 통탄할 만한 착오입니다. 사실은 그와 정반대입니다. 주 예수 그리스도를 받아들이는 것만이 진정한 기쁨, 진정한 행복, 마음의 기쁨을 얻는 유일한 길이기 때문입니다. 다른 기쁨은 겨우 뜬구름과 같은 기쁨입니다. 거기엔 현실성이 없습니다. 그런 기쁨은 기쁜 것처럼 보이는 시간이 지나가면, 마음의 고통만 안겨줄 뿐입니다.

저는 경험상 모든 것을 다해 이 세상의 즐거움을 좇는다는 것이 무엇인지 잘 알고 있습니다. 제가 가장 그랬었기 때문에, 그리고 다른 이들보다 더 그럴 기회가 많았기 때문에 이러한 추구에 대해서 잘 알고 있습니다. 그렇지만 이 세상의 즐거움을 좇는 것은 제게 헛되고 고통스럽고 끔찍함만 가져올 뿐이었습니다.

그렇다면, 다시 반대로, 저는 청년이면서 그리스도인이 된다는 것이 무엇인지도 압니다. 앞에서 말했다시피 제게 주님을 아는 지식이 생기게 된 게 20살이 된 지 5, 6주 지났을 때였기 때문입니다. 주님을 발견했을 때, 저는 행복했습니다. 제가 주님을 받아들였던 그 밤의 첫 번째 저녁 시간이 끝나기 전에 저는 여행을 같이하던 친구에게 이렇게 말했습니다. "우리가 스위스를 여행하면서 느꼈던 모든 기쁨과 즐거움은 오늘 이 저녁에 비교한다면 도대체 무엇일까?" 그것은 아무것도 아니지 않는가? 그것이 제 신앙 여정의 바로 첫 시작점이었습니다. 이제 그로부터 48년이 지난 지금, 저는 하나님께 찬양과 경배와 영광을 돌리며 이렇게 말할 수 있습니다. 저는 단 한 번도 그리스도에게 싫증난 적이 없다고 말입니다. 더 오래 하나님의 길을 걸으면 걸을수록, 저는 주님의 말씀이 얼마나 진짜인지 더 알아갑니다. 지혜의 길은 유쾌함과 평화의 길입니다. 진정한 기쁨, 진정한 행복, 진정한 축복, 진정한 평화, 그리고 진정한 편안함은 주 예수를 믿음에 있습니다. 여기에 한 가지만 더 덧붙인다면, 그리스도를 떠나는 것은 완전히 떠나는 것이지 한 손엔 세상을 쥐고 한 손에는 그리스도를 쥘 수 없다는 것입니다. 그렇지 않으면 비참한 존재가 되고 맙니다. 여기 있는 누가 세상과 그리스도를 다 가지기 원한다면 세상을 가지라고 하십시오. 왜냐하면 절대 둘 다 가질 수 없기 때문입니다. 당신이 세상을 고수하려 한다면 지옥에 떨어지는 벌 밖에는 아무것도 남지 않을 것입니다. 왜냐하면 세상은 심판 아래에 있고, 세상을 놓지 않는다면 당신도 세상과 함께 심판받을 것이기 때문입니다. 하지만 세상을 놓기로 마음먹고 그리스도를 붙든다면, 그리고 완전히 구주 예수의 제자가 된다면, 제가 정직하게 여러분께 확실히 말씀드릴 수 있는 것은 당신은 행복한 사람이 될 것입니다. 이 경험이 얼마나 기쁘고 말할 수 없을 정도로 기쁜 일인지 모릅니다. 주 예수 그리스도의 종이 되는 것이 얼마나 복된지요. 주 예수 그리스도의 제자가 되는 것은 참으로 복된 일입니다.

그러므로 사랑하는 청년 여러분, 사탄의 거짓말에 더 이상 속지 마십시오. 노년의 여러분께도, 여기 있는 모두에게도, 이 자리에 있는 어린이들에게도 똑같이 말합니다. 만약 여러분 마음속에 사탄이 그리스도인이 되는 순간 모든 기쁨과 행복이 사라질 것이라고 속삭인다면, 현실은 그와는 완전히 정반대라는 것을 알아주십시오. 진정한 기쁨, 진정한 행복, 진정한 축복은 주 예수 그리스도를 믿는 믿음으로 열리는 영적인 삶의 첫 날부터 시작됩니다. 그제야 우리의 죄가 용서를 받고, 구주 예수를 믿는 믿음으로 하나님의 자녀가 되며, 주 예수 그리스도를 믿는 믿음으로 그리스도와 함께 하나님의 상속자가 됩니다. 그제야, 그때에 이르러서야 우리는 밤에 잠자리에 누워 만약 내일 다시 이 세상에서 눈 뜨지 못한다 할지라도 우리는 고통 가운데 눈을 뜨는 것이 아니라, 천국에서 눈뜬다는 것을 알며 평안하게 잠자리에 들 수 있습니다. 저는 이 자리에 있는 청년 중 누구라도 이것만큼 행복하게 할 만한 것을 알고 있는지 도전해보고 싶습니다. 오늘이 이 세상 마지막 밤일지라도 고통이 아닌 천국에서 깬다는 확신 말입니다. 무엇이 이것에 견줄 수 있겠습니까? 이 단 하나가 얼마나 복된 일입니까? 오늘이 마지막 밤일지라도 고통의 자리가 아니라 천국이 우리의 유업이라는 이 단 하나의 진실에 견줄만한 것을 세상이 어떻게 줄 수 있겠습니까? 정말 가치 있지 않습니까? 여러분은 당구대에서 행복에 관해 얘기합니다. 저도 알고 있습니다. 하지만 여러분이 경험하는 것은 오직 고통뿐입니다. 다른 것은 없습니다. 여러분은 극장에서 즐거움에 관해 얘기합니다. 저도 여러분들 중 많은 분들처럼, 아니면 여러분 모두 보다도 더 많은 경험이 있습니다. 극장과 당구장에 셀 수도 없이 갔었습니다. 그리고 열과 성을 다해 그곳들을 좋아했었습니다. 하지만 남는 것은 무엇인가요? 비참함과 고통뿐이었습니다. 파티장도 생각해 볼 수 있습니다. 저도 그런 곳에 있었습니다. 새벽 두, 세시까지 파티장에서 놀다가 뒤틀리는 배를 움켜쥐고 떠나곤 했습니다.

저는 참된 행복과 즐거움 대신에 비참함과 고통을 주는 이 모든 것들에 대해서 잘 알고 있습니다. 책 읽는 것에서도 기쁨을 찾습니다. 저도 그랬습니다. 제가 13살 때부터 도서관에서 매월 책을 빌려보았습니다. 온 열심을 다해 순서대로 집어삼킬 듯이 책을 읽어댔습니다. 배움과 배움에서 오는 즐거움에 대해서도 생각해 볼 수 있습니다. 저는 5살 때부터 19살 반이 될 때까지 학교에 다녔습니다. 훌륭한 성적증명서를 가지고 대학에 갔고, 그곳에서 4년을 보냈습니다. 그러고도 공부는 끝나지 않았습니다. 왜냐하면 히브리어와 칼데아어 등을 배우기 위해 영국에 갔기 때문입니다. 그리고 무엇을 깨달았는지 아십니까? 배움 그 자체에는 아무런 행복이 없다는 것입니다. 실제적이고 진정한 행복이 없습니다. 그리스도, 오직 그리스도만이 실제적이고 진정한 행복을 가져다 줍니다. 저는 7개국의 언어를 할 수 있습니다. 하지만 그리스도, 그리스도, 그리스도를 몰랐다면, 저는 이런 능력을 갖추고도 지옥에 가야만 했습니다. 구주 예수의 제자가 되는 것이 얼마나 복된지 모릅니다.

사랑하는 젊은 친구 여러분, 남자든지 여자든지, 아주 어린이라 할지라도 구주 예수 그리스도 안에서 믿는 자가 되는 행복에 대한 제 말을 들어주십시오. 오직 완전한 그리스도인이 되십시오. 반반인 마음이야

말로 사람을 진정 행복하게 하지 못합니다. 세상을 한 손에 잡고 그리스도를 다른 손에 잡길 원하면 절대 행복해질 수 없습니다. 하지만 두 결정 가운데서 더 이상 머무르지 않고 완전한 그리스도인이 되기로 하는 그 순간, 당신은 행복해질 것입니다. 저는 이런 결정을 내릴 때의 어려움에 대해서 잘 알고 있습니다. 제가 회심했을 때, 저는 대학의 1,260명의 학생 중 유일한 그리스도인이었습니다. 그리고 다른 모든 학생들은 제가 만약 누가 나를 모욕할 경우 결투를 위해 펜싱장에서 펜싱을 배울 정도의 사람이라는 것을 알고 있습니다. 학생들은 저를 손가락질하며 "저기 신비주의자가 온다"라고 했습니다. 하지만 그런 비웃음과 조롱은 단지 며칠 또는 많아도 몇 주 정도 지속될 뿐이었습니다. 하나님의 은혜로 저는 1,260명의 학생 중 두세 명의 학생과 함께 주님의 편에 서 있었고, 그 결과는 행복한 자였다는 것입니다. 그리고 그 후로도 계속 행복한 사람이었습니다. 하지만 이것은 그리스도에게 완전히 올인 할 때만 일어나는 일입니다. 그러기에 아직 그리스도 밖에 있는 당신에게 애정을 담아 말합니다. 오직 자신에게 바르고 정직하십시오. 주 예수 안에서 믿음을 가진 사람에게도 애정을 담아 말합니다. 그리스도 편에 완전히 서도록 하십시오. 반반인 마음으로 있지 마십시오. 마귀는 당신을 다시 자기에게로 완전히 끌어오기 위해서, 아니면 최소한 이 세상으로 어느 정도 선에서 다시 끌어오기 위해서 기회를 엿볼 것입니다. 이제 저는 저의 애정을 담아 여러분께 완전히 기독교를 선택하라고 간청하고 애원합니다. 그렇게 한다면, 그 결과는 당신이 완전히 행복한 사람이 되는 것입니다. 그러기에 모든 주 예수님의 제자들은 다 그러해야 합니다. 만약 사람들이 저와 함께 한 달을 저의 집에서 같이 산 후, 제가 그토록 소망하는 것처럼 "뮬러 씨는 정말 행복한 사람이야"라고 얘기하지 않는다면, 저는 정말 고통스러울 것 같습니다. 저를 행복하게 하는 것은 그리스도입니다. 왜냐하면 한 사람이 나이가 들어감에 따라, 그 인생 여정의 끝에서, 그의 집이 천국이기에 그의 장래는 더욱더 밝아지는 이 사실에는 말할 수 없는 복이 담겨 있기 때문입니다. 그리스도 안에 있다는 것이 얼마나 복된 것인지요. 오늘밤 특별히 말씀을 전하고 있는 사랑하는 젊은 친구들에게 이 복됨이 있기를 간절히 기원합니다. 주 예수 안에 있는 믿는 자가 된다는 것은 정말 복된 일입니다.

"그러나 하나님이 이 모든 일로 말미암아 너를 심판하실 줄 알라. 그런즉 근심이 네 마음에서 떠나게 하며 악이 네 몸에서 물러가게 하라 어릴 때와 검은 머리의 시절이 다 헛되니라." 만약 우리가 9절 전반부에 나와 있는 말씀대로 한다면, 그 결과는 말씀대로 마음 속의 근심과 몸 속의 악이 될 것입니다. 여기서 본문의 세부적인 내용에 대해서 잠깐 짚고 넘어가자면, 본문에서 '몸(flesh)'이라는 것은 '육신(the body)'을 의미합니다. 이것은 오래되고 부패한 본성이 아니라 몸 그 자체를 말합니다. 우리가 우리의 마음에 좋은 대로 행하고 우리 눈에 좋은 대로 따른다면 반드시, 곧 근심이 마음에 찾아올 것이고 육신에조차 악함이 찾아올 것이 분명합니다.

하나님의 뜻은 젊은이가 근심을 마음에서 제하고 자신의 몸에서 악이 물러나게 하는 것입니다. 하지만 청년이 자신의 본성이 이끄는 대로 따라간다면, 그것은 분명히 그에게 근심을 가져올 것입니다. 얼마나 깊은 근심이 그에게 찾아올런지 모릅니다. 어떤 사랑스런 젊은이라도 자기 자신의 원함만을 따르게 한다면, 그에게 슬픔에 슬픔을 더한 결과만 가져올 것입니다. 그것은 단지 그의 마음에 근심을 가져오는 것으로 그치지 않고, 그의 육신에도 근심을 가져와서 악한 영향을 미치고 때로 일찍 죽음에 이르게 할 것입니다. 육욕을 따라 본능이 이끄는 대로 사는 것이 몸에 질병을 가져오는 것뿐만 아니라, 일찍 죽음에 이르게 만든다는 것을 우리는 주변에서 얼마나 많이 봅니까. 그러기에 마음에서 근심을 떠나게 하고 몸에서 악을 물러나게 하길 원한다면, 그 유일한 방법은 주님의 마음을 따라 걷는 것입니다. 이것은 먼저 복음을 받아들이고, 그리스도를 영접하고, 그 후 그리스도 안에서 거하는 것으로부터 시작됩니다. 그리스도 안에 거하고 주님을 기쁘시게 하기를 구하며 주님의 마음을 따라 행동하십시오. 이 방법만이, 이 방법으로만 근심은 마음에서 떠나고 악은 몸에서 물러납니다. 이렇게 하는 것이 얼마나 중요한지요. 은혜가 풍성하신 하나님은 우리에게 이러한 방법을 허락해 주셨습니다. 왜냐하면 주님의 뜻은 죄인의 사망에 있지 않고, 그의 악한 길에서 떠나 사는 것이기 때문입니다. 이것이 전부는 아닙니다. 만약 청년이 믿는 자라면, 하나님은 그가 행복하게 믿는 자가 되길 원하십니다. 진정한 행복을 소유하길 바라십니다. 진정한 행복을 소유하는 것은 그리스도 안에 있지 않고는 절대 이루어질 수 없습니다. 이것은 마음에서 근심이 제해지고 몸에서 악이 물러나게 하는 유일한 길입니다. 많은 청년들이 스스로 불러오는 끔찍한 질병들과 일찍 죽게 되는 현상들은 그들이 이러한 영적인 원칙을 따라 행하지 않았기 때문에 일어납니다.

그리고 경고의 의미로 이렇게 덧붙여 쓰여 있습니다. "어릴 때와 검은 머리의 시절이 다 헛되니라." '검은 머리의 시절'이라는 말은 히브리어로 '하루의 시작', '하루의 동틀 무렵'을 뜻합니다. 그러기에 이 표현은 비유적인 표현임을 알 수 있습니다. "어릴 때와 삶의 아침은 다 헛되다"는 것입니다. 여기 '헛되다'는 '일시적인 특징을 말하는 것으로 – 지나간다 – 오래 지속하지 않는다 – 사라진다'를 뜻합니다.

자, 이것 또한 우리가 잘 붙들어야 할 요점입니다. 첫째로 우리의 삶에서 젊음이란 일시적인 것으로 결국은 지나간다는 것은 매우 중요한 의미를 가집니다. 어릴 때와 젊음을 잘 활용하는 것은 시간, 재능과 힘을 잘 이용하는 것을 말합니다. 마음을 잘 일구는 것은 매우 중요합니다. 제가 앞서 이야기한 것들을 잠깐이라도 어떤 분이 오해하여 여러 가지에 대해 알거나 생각을 잘 함양하는 것에 대해 가치가 없다고 말하는 것으로 오해하지 않으셨으면 좋겠습니다. 제가 말한 것은 그런 뜻으로 말한 것이 아니기 때문입니다. 제가 말하고자 한 것은 그러한 것들은 우리가 가질 수 있는 선한 것들 중에서 가장 고귀하고 값진 진리인 주 예수 그리스도 안에서 발견되는 믿음에 비교하면 아무것도 아니라는 뜻이었습니다. 젊은이들이 삶을 대할 때 자신의 시간을 유용하게 쓰는 것은 매우 중요합니다. 왜냐하면 어릴 때와 젊음의 때는 일시적인 것이고 결국은 지나가 버릴 것이기에, 마음을 잘 일궈야 하기 때문입니다.

이 삶에서 유익한 것들을 배워야 합니다. 다른 이유보다도 삶에서 배우게 되는 유익한 것들이 그리스도를 위해서 유용하게 사용될 수 있기 때문입니다. 제가 위에서 언어에 관해 이야기 했었습니다. 한 가지 예를 들면, 제가 프랑스어와 다른 언어들을 배울 때, 이것들이 그리스도를 섬김에 유용하게 사용될 것이라고는 꿈에도 생각하지 못했습니다. 때로는 저의 집에 한꺼번에 5, 6개월 동안 여섯 명의 선교사들이 같이 기거할 때가 있었습니다. 그래서 저의 집 저녁 식탁에서는 독일어, 프랑스어, 영어 등 세 개의 서로 다른 언어들을 함께 써야 했습니다. 제가 여러 언어들을 말할 수 있다는 사실은 하나님의 섭리 안에서 하나님을 기쁘시게 하는 데 사용되었습니다. 이런 언어들이 그리스도를 위해 사용되었습니다. 저는 아직도 프랑스어, 독일어, 영어란 세 가지 서로 다른 언어로 편지를 주고받습니다. 이것은 그리스도를 위해서 매우 유용하게 사용되었습니다. 이러한 유익한 것들이 없다면 행복할 수 없다는 뜻으로 이런 것들을 강조하려고 말하는 것은 아닙니다. 제 말의 핵심은 정말 중요한 것, 끝까지 남는 것은 결국 주 예수님의 제자가 되고 하나님의 길을 걷는 것입니다. 하지만 우리에게 기회가 생긴다면, 그 기회를 잘 활용하자는 것입니다. 기회들을 미뤄두거나 무시해서는 안 됩니다. 젊음이란 지나가기 마련이고 일시적인 것이기에 영원히 남지 않을 것입니다. 그러니까 젊음의 기회를 잘 활용해야 합니다. 그래서 마음을 잘 일구는 데 있어 시간을 효과적으로 사용하고 이 삶의 여러 가지 일들에 대해 잘 알고 있는 것이 나중에 우리 삶을 위해서 뿐만 아니라, 주님을 섬기고 하나님의 영광을 위해 사는 데에도 유익하게 사용될 수 있습니다.

하지만 이 세상의 일들, 이 세상 삶에 연결된 일들을 아는 것이 중요하다고 할지라도, 영원한 일은 이 세상의 일들과 비교할 수 없을 만큼 더욱 중요합니다. 왜냐하면 어릴 때와 젊음의 때는 지속되지 않고 일시적이기 때문입니다. 그러기에 중요한 점은 우리가 아직 어릴 때 우리의 마음을 주께 드려야 한다는 것입니다. 다음 언젠가로 미루면 안 됩니다. 그 언젠가가 만약 오지 않는다면 어떻게 하겠습니까? 그리고 그 언젠가가 오더라도 우리의 마음은 자연적으로 더욱더 강퍅해지기 때문에 미루게 되면 결국은 영원을 잃게 됩니다. 이 세상의 염려가 찾아오게 되면 더욱더 주님께 마음을 드리기 싫어지게 됩니다. 그러기에 이 세상과 다가올 세상을 위한 우리 젊은이들의 큰 목표는 결국은 지나가 버릴 젊을 때와 어릴 때를 잘 활용하는 것입니다.

오늘 주제의 가장 마지막 구절을 보기 전에, 잠시 멈추고 서서 여러분께 질문하도록 하겠습니다. "여러분 중 몇 명이나 자신의 마음을 주님께 드렸습니까?" 제 앞에 많은 남자와 여자 젊은이들이 있는 것이 보입니다. 여러분 중 몇 명이나 자신의 마음을 주님께 드렸습니까? 몇 안 되지만 어린이들도 이 자리에 함께 있는 것이 보입니다. 이 아이들 중 몇이나 주님께 자신들의 마음을 드렸을까요? 저는 저에게 대답하라고 질문한 것이 아닙니다. 하지만 제가 진심으로 강직하게 주님의 전심으로 간청하고 애원하는 것은 하나님 그분께 이 질문에 대한 답을 드리라는 것입니다. 여러분의 마음속에 그분의 성령으로 "너는 나의 것이냐 아니면 마귀의 것이냐? 너는 그리스도를 위하느냐 세상을 위하느냐?"라는 질문을 넣어주시는 그분께 말입니다. 이 두 가지 사이에서 어떻게 멈춰 있을 수 있겠습니까?

어릴 때와 젊을 때는 일시적인 성격의 것이지만, 당신은 결정을 잠시 미루면서 여전히 시간이 충분하다고 여길지도 모릅니다. 여러분은 자신들의 시간이 충분한지를 어떻게 압니까? 만약 오늘 저녁 집에 돌아갔는데 죽어버리면 어떡하실 겁니까? 밤중에 콜레라나 다른 질병이 찾아와 당신을 급하게 데려가 버린다면 어떻게 하겠습니까? 그 다음엔 어떻게 됩니까? 어떻게 됩니까? 어떻게 됩니까? 모든 것이 너무 늦어버리게 됩니다.

간청하고 애원합니다. 사랑하는 젊은이 여러분! 여러분 장담컨대 더 복음에 대해서 들으면 들을수록, 그리고 그 복음의 초청을 거절하면 거절할수록 여러분의 마음은 더 강퍅해지고 그리스도로부터는 더욱더 멀어지게 됩니다. 당신이 마귀의 길에 점점 더 들어설수록 당신은 세상을 더 사랑하게 될 것입니다. 진심으로 간청하고 애원합니다. 젊은이 여러분!

오늘 본문의 마지막 구절은 "너는 청년의 때에 너의 창조주를 기억하라 곧 곤고한 날이 이르기 전에, 나는 아무 낙이 없다고 할 해들이 가깝기 전에"라고 말합니다. 이 말씀의 중요한 요점은 무엇입니까? 첫째로, 제가 생각하기엔, 성령께서 사람에게 요구하시는 것은 이것입니다. 사람이 특별히 젊은 사람들이 엄숙하고도 깊게, 진지하게, 전심으로 창조주가 있다는 것을 분명히 아는 것입니다. 이 세상의 모든 사람들은 자신이 창조되었다는 것을 압니다. 하지만 이런 수박 겉핥기식 지식은 충분하지 않습니다. 실제에 비교하면 중요성이 매우 떨어집니다. 성령께서는 우리가 피조물이고 우리에게 창조주가 있다는 것을 분명히 붙들기를 원하십니다.

우리 앞에 놓인 이 구절은 많은 것들을 의미합니다. 첫째로 이것은 "피조물은 창조주에게 속해 있다"는 것을 의미합니다. 우리는 이것을 아무리 마음에 담아도 충분하지 않습니다. 더 나아가 이것은 "피조물은 창조주에게 영광과 존귀를 돌리기 위해 창조되었다"는 것을 의미합니다. 우리 눈에 이것을 아무리 담아도 부족합니다. 더 나아가면 피조물이 창조주의 영광과 존귀를 위해 만들어졌기 때문에, 피조물은 창조주의 영광이 지켜질 수 있도록 살아야 한다는 것을 뜻합니다. 그렇다면 피조물인 사람은 모든 것 중에서도 창조주에게 영광을 돌리기 위해 어떻게 할 수 있습니까? 첫째로 가장 존귀한 그분의 선물인 주 예수 그리스도를 받아들임으로써 그렇게 할 수 있습니다. 그리스도를 받아들이지 않은 사람은 창조주에게 한 번도 영광을 돌린 적이 없는 사람입니다.

당신은 이것이 너무한 말이라고 생각할 수도 있습니다. 그럴 수도 있습니다. 그러나 저는 엄숙하게 다시 한 번 말합니다. 여기 있는 모든 사람들 중에서 그리스도를 영접하지 않은 사람은 그가 열다섯 살이던지, 스무 살이던지, 스물다섯 살이던지 상관없이 인생에서 한 번도 창조주에게 영광을 돌린 적이 없는 사람입니다. 창조주에게 영광을 돌리면서도 그가 많은 대가를 지불하고 준비하신 존귀하고, 가장 값진, 말할 수 없는 선물인 독생자를 영접하지 않는다는 것은 말이 되지 않습니다. 당신이 열다섯이고, 스무 살이고, 스물다섯 살인데, 당신 인생 전체에서 단 일 분도, 단 한 번도 창조주에게 영광을 돌린 적이 없다는 이 사실을 집에 갈 때 곰곰이 생각해 보십시오.

이것은 성급한 말이 아닙니다. 저의 신중한 확신입니다. 하나님의 사람으로서 여러분께 신중한 확신으로 말합니다. 여러분이 이제까지 했던 모든 것들, 모든 말들은 당신이 복음을 받아들이지 않았다면, 하나님께 영광을 돌리는 데에 사용된 적이 단 한 번도 없습니다. 그러므로 당신이 창조주이신 하나님께 영광을 돌린다면, 그분을 "기억한다"는 것이 무엇인지 깨닫는다면, 당신은 그리스도를 가까이 해야 합니다. 복음을 받아들여야 합니다. 자신이 패망하고 죄로 가득한, 패배한 죄인이라는 선고를 받아들이며 자신의 영혼 구원을 위해 주 예수 그리스도를 믿어야 합니다. 당신의 온전한 신뢰를, 모든 신뢰를 구주 예수 그리스도의 죄 사함의 죽음에 두어야 합니다. 이것만이 하나님께서 그를 기억하게 할 것입니다.

그리고 당신이 복음을 받아들이고 그리스도 안에 거한다면, 말씀으로 이 세상에 존재하는 모든 것들을 실재 되게 하신 예수를 기쁘게 하도록 구하십시오. 그는 이 우주를 지으신 분입니다. 그의 안에 거하십시오. 그분을 기쁘게 하는 법을 찾으십시오. 그의 마음에 따라 행동하는 방법을 찾으십시오. 이것이 그가 보시기에 당신의 창조주를 기억하는 가장 값지고 고귀한 방법입니다.

마지막으로 "곧 곤고한 날이 이르기 전에, 나는 아무 낙이 없다고 할 해들이 가깝기 전에"라고 합니다. 이것은 젊은이가 본능적으로 말하는 "나는 아주 젊어. 그리고 시간은 충분하지. 내가 나이가 들면 이런 일들에 관심을 기울일 거야"에 완전히 반대되는 말입니다. 이런 생각은 하나님의 말씀 "곧 곤고한 날이 이르기 전에"와 완전히 반대됩니다. 이 말씀은 주님의 뜻입니다. 사람이 삶을 살아갈수록 이런 일들에 관심을 기울이지 않을 위험은 더 커집니다. 왜냐하면 마음이 더욱더 강퍅해졌고 삶의 염려들은 그리스도를 막아서기 때문이고, 힘든 가족, 자리를 잡아야 하는 자녀의 숫자 등 여러 가지 문제들이 나타나기 때문입니다.

그러기에 모든 일들 중 가장 중대한 이 일은 절대 미뤄두면 안 됩니다.

하나님은 얼마나 무한하게 지혜로우신지요. 하지만 마귀는 언제나 하나님을 대적합니다. 마귀는 항상 정반대 쪽에다가 우리 마음을 놓게 합니다. 하나님께서 "날이 이르기 전에"라고 한다면, 우리 본능은 "내가 나이가 들 때까지 미뤄두어야지"라고 말합니다. 사탄은 "죽음에 이르기까진 아직 충분한 시간이 있어"라고 속삭입니다. 여러분은 자기 죽음에 이르기까지 얼마나 걸릴지 어떻게 압니까? 다음에 여행을 할 때, 예를 들어, 쾅 하고 열차 사고가 난다면, 다음 번 마차를 탈 때, 말이 갑자기 도망쳐서 마차에서 떨어져 버린다면, 다음 번 길에 나갔을 때 타일이 지붕에서 당신의 머리 위로 떨어져서 영원 속에 머무르게 된다면 어떡할 겁니까? 단 하루를 더 살 수 있다고 어떻게 장담하십니까? 늙을 때까지, 다음 언제까지 미뤄두는 게 얼마나 잘못된 것인지요. 지금 이 순간만이 주어진 시간이고, 지금 이 순간만이 우리의 것입니다. 우리는 시간에 대해서 아무도 호언장담할 수 없습니다.

다시 한 번 사랑하는 젊은 친구 여러분, 사랑하는 나이든 남성과 여성 여러분, 여러분께 모든 전심을 담아 간청하고 애원합니다. 그분을 찾을 수 있을 때 주님을 찾으시고 그가 가까이 있을 때 그분을 부르십시오. 사람의 길을 여러분이 좇아 한 걸음 나갈 때, 예수님은 열두 걸음도 백 걸음도 여러분을 향해 다가오신다는 것을 기억하십시오. 그분은 그 자리에서 양팔을 벌리고 당신을 맞으려 하십니다. 당신을 환영하는 것이 그분 마음의 큰 기쁨이고 즐거움입니다. 그러기에 지체하지 마십시오. 진심으로 간청하고 애원합니다.

하나님이
응답하시는
기도

# 18 광야에서 구원받은 자들[18]

"그의 사랑하는 자를 의지하고 거친 들에서 올라오는 여자가 누구인가?"(아 8:5)

그리스도를 따르는 사랑하는 여러분, 오늘 우리의 주제는 여러분이 알고 있는 것처럼 "광야에서 구원받은 자들"입니다. 이제 이 말씀의 첫 번째 요점은 다음의 질문에서 발견됩니다. 광야에서 구원받은 수많은 자들이 우리라는 사실을 알고 있습니까? 아마도 오늘 저녁 여기에 참석하여 어떻게 내가 광야에서 구원받은 자들에 속하여 있는지 내가 어떻게 알 수 있는가라고 말하는 그런 분들이 있을지 모릅니다. 이것은 다음과 같이 풀어 설명되어질 수 있습니다: 우리가 주 예수 그리스도를 우리의 영혼의 구원을 위해 믿는다면, 우리가 구원을 위해 오로지 그분만을 신뢰한다면, 우리가 우리 자신의 공로와 가치로부터 전적으로 눈을 돌린다면, 우리 자신이 본성상 죄인임을 확신한다면, 우리 영

---

18　1873년 10월 1일 수요일, 클리프톤에서 열린 여러 교단들의 회합에서 조지 뮬러가 선포한 설교.

혼의 구원을 위해서 주 예수 그리스도의 공로만 신뢰한다면, 우리가 그분을 우리를 대신할 자로 바라보고 그분의 보혈에서만 모든 우리의 수많은 범죄, 즉 행위, 말, 생각, 욕망, 느낌과 의도 속에서 지은 모든 범죄를 씻어버릴 힘을 발견한다면, 그렇다면 우리의 죄들은 용서됩니다. 그때 우리는 새롭게 됩니다. 다시 태어나는 것입니다. 우리는 주 예수 그리스도를 믿는 이 믿음을 통해서 재생되는 것입니다. 그때 우리는 사탄, 세상, 그리고 우리 자신의 악과 부패한 본성에 속박된 것으로부터 구원받았음을 알게 됩니다. 그렇게 우리는 애굽으로부터 구원받아 광야로 이끌려 갑니다.

이제 우리는 하나님 앞에서 다음의 질문에 답해야 합니다. 나는 내 영혼의 구원을 위해서 예수님만을 신뢰하는가? 나는 예수님을 제외한 모든 것들로부터 눈길을 돌리고, 그분만을 의지하고, 그분만을 신뢰하는가? 그때 내 죄들은 용서받습니다. 그리고 내가 그 정도로 가난하고 연약한 신자일지라도, 아직까지 거의 가르침을 받지 못했을지라도, 그럼에도 불구하고, 내가 구원을 위해서 실제로, 그리고 진정으로 그리스도에게 매달리면, 모든 것은 하나님 앞에서 괜찮을 것입니다. 그리스도에 의해서 우리는 용납되기 때문입니다. 우리는 그의 마음에 친밀해집니다. 우리가 사악하고, 가치 없고, 우리 자체가 죄 많은 존재들이라 할지라도, 그리스도께서는 자신을 위하여 우리를 깨끗하고 흠 없는 자들로 바라보십니다. 그 다음에는 하나님의 은혜로 우리는 애굽 같은 세상으로부터 구원받아 나와서 광야로 이끌려집니다. 그 다음에는 무엇이 올까요? 이 질문에 답하기 위해서 우리는 하나의 본문을 언급해야 합니다. 우리 앞에 계획되어 제공된 오직 한 본문을 언급하고자 합니다.

그것은 위에서 언급된 마지막 본문입니다.

아가서 8장 5절에서, 우리는 다음의 내용을 읽습니다: "그의 사랑하는 자를 의지하고 거친 들에서 올라오는 여자가 누구인가?" 우리가 사랑하는 이를 어제 저녁 계속 바라보았던 것처럼, 우리는 주 예수 그리스도를 이해할 수 있습니다. 그녀의 연약함, 무력함과 무의미함 속에서 그녀가 사랑하는 이를 의지하고 있는 그 사람을 보았던 것처럼, 그리스도의 교회는 주 예수 그리스도를 믿는 자들입니다. 왜냐하면 성령의 힘에 의해서 그들은 그들의 연약함과 무의미함을 배워왔기 때문입니다. 이것이 바로 우리가 해야 하는 일입니다. 하나님의 은혜에 의해서 세상으로부터, 그리고 애굽으로부터 구원받는 바로 그 일입니다. 이제 우리는 점점 우리의 연약함, 무기력함과 무지함을 인정해야만 합니다. 결코 피곤할 수 없는 그분의 팔을 의지하기 위해서, 세상을 창조하셨던 그 팔을 의지하기 위해서, 세상을 유지하고 지탱하고 계신 그 팔을 의지하기 위해서, 우리는 우리 연약함을 인정하고 의식하면서 우리가 사랑하는 이, 곧 주 예수 그리스도에게로 나아가야 합니다. 이것이 우리가 해야만 하는 일입니다. 그리스도를 사랑하는 여러분, 우리의 입장은 무엇인지 저는 묻습니다. 우리는 사랑하는 그분을 의지하고 있습니까? 하나님 앞에서 그 질문에 그저 대답해 보십시오. 당신 영혼의 습관은 무엇입니까? 당신은 다음의 어떤 것들을 신뢰하고 있습니까? 당신 자신을 신뢰하는 것, 당신의 지식, 당신의 육체적 힘, 당신의 돈, 사업에 있어 당신의 경험, 직업에 있어서 당신의 숙련됨, 또는 신성한 삶에서 당신이 겪었던 경험, 하나님의 말씀에 관한 당신의 지식 가운데서 어떤 것들을 당신은 신뢰하고 있습니까? 만약 그렇다면, 제가 당신에게 저의 애정을 담아 말할 수 있도록 허락하십시오. 당신은 "사랑하는 이를 의지하고" 있지 않습니다. 그리고 이 사실은 당신의 연약함을 입증할 것이고, 당신으로 하여금 당신이 잘못된 상태, 즉 당신이 해야만 하는 대로 실천하지 않는 상태에 있다는 것을 느끼게 할 것입니다. 제가 한 두 시간 전에 제 정원에서 산책하면서 이 본문을 묵상하고 있을 때, 저는 말했습니다. "주 예수님, 저는 당신의 연약한 자들 중의 하나이기에 저는 당신에게 의지하기 원합니다. 제가 오늘 저녁 말해야만 한다면, 당신의 가련한 종이 당신을 바라보는 것을 제외하고 무엇을 할 수 있겠습니까? 이제, 말할 수 없는 당신의 가련한 종을 당신께서 가르치소서. 이 종은 듣는 자들의 이익에 관해서 말해야만 하는 것처럼 말할 수는 없습니다. 그러나 그의 연약함 가운데서 그 종은 당신을 의지할 것이고 당신을 바라볼 것입니다. 이제 당신께서 당신의 종을 도우소서."

더할 나위 없이 그럴 것입니다. 우리가 우리 자녀들을 교육함에 있어서, 우리의 사업을 수행함에 있어서, 우울한 시간에도, 여러 가지의 실패들을 의식하면서도, 계속적으로 날마다 닥쳐오는 유혹들 속에서도, 이상과 같은 환경 속에서도 우리가 그분을 바라보는 것처럼, 우리는 주 예수 그리스도를 바라보아야만 합니다. 그리고 우리는 그분 안에 보배롭게 쌓여있는 충만함으로부터 믿음에 의해 이끌려 나와야 합니다. 예수님 그분은 그의 교회에 대하여서 선한 능력이십니다. 무한한 지혜의 힘이시고, 연민과 자비로 충만한 힘이십니다. 기도와 믿음의 실천을 통해서, 우리가 그렇게도 필요로 하는 그 힘을 예수님의 속성으로부터 우리의 영혼 속으로 끌어들일 수 있을 것입니다. 이제 이 약한 자에 관해서 "그녀가 사랑하는 이에게 의지하면서 광야로부터 나아온다"고 말합니다. 이것은 우리에게 바로 그녀의 운명이 광야에 남아 있게 되는 것이 아님을 제시해 줍니다. 이것은 그리스도의 교회가 가지는 바로 그 축복된 자리입니다. 우리가 광야에 있는 것에 관해 하나님께 감사할 충분한 이유가 있습니다. 저는 지난 48년 동안 광야에 있었습니다. 그리고 저는 제가 은혜의 광야에 있지 않았던 시간을 잘 기억하고 있습니다. 제가 세상적이었을 때가 제가 이 세상을 사랑했던 때였고, 그것이 저에게는 기쁨이었고 제 본성이 원했던 것이었습니다. 저는 광야로부터 나오게 된다는 바로 그 생각에 관해서, 그리고 이 사랑하는 분에 관해 듣는 일에 관해서 제가 웃었어야 했던 그때를 잘 기억합니다. 그러나 이제는 하나님의 은혜로 상황이 완전히 달라졌습니다. 여기에 참석한 모든 믿는 자들에 관해서도 그러합니다. 우리가 광야에 지금 있을지라도, 우리는 거기에 계속 머무르게 되지 않을 것입니다. 광야에 머무르는 일에 관한 앞으로의 전망은 주 예수 그리스도를 믿는 모든 이들, 즉 명목상이 아니라 진정한 그리스도인에게 밝고 복된 일이 될 것입니다. 하나님의 자녀들, 신적 속성을 부여받은 자들에게 그러하다는 것입니다. 하나님의 아들들의 현현이 아직 일어나지 않았을지라도, 그 일은 앞으로 일어날 것입니다. 미래에 주어질 축복을 기다리고 기다리십시오. 그러면 우리가 주 예수 그리스도를 이제 확실히 신뢰하는 것만큼, 우리 모두가 예수 그리스도의 제자로서, 그리고 하나님의 자녀들로서 전 우주 앞에서 예수 그리스도께서 나타나시는 그 날에 그렇게 확실히 드러날 것입니다. 오! 밝은 전망이여, 하나님의 아들들이 드러나는 전망이여! 하나님의 자녀가 드러날 수 있는 것과 "내가 하나님의 자녀로서 드러나게 될 그 날이 오고 있다"고 말하는 것에 비례해서, 이 세상은 세상의 탐욕들과 헛된 것들, 쾌락들과 부와 지위들과 더불어 지나갑니다. 우리가 하나님의 자녀들이라는 것을 깨닫게 될 때, 하나님의 자녀들이 드러나게 될 그 날을 고대할 때, 우리는 세상의 그 모든 것이 사라지도록 해야 합니다. 이것이 중요한 핵심입니다.

그래서 이 일들에 관해서 제 자신의 경험을 조금이나마 나눌 수 있는 사람으로서 제가 여러분들에게 애정을 담아 이 사실을 강조할 수 있도록 허락해주십시오. 당신이 하늘의 실재들을 부여잡을 수 있는 것에 비례하여서, 하나님의 아들들이 드러나는 그날을 고대함에 비례하여서, 주 예수 그리스도가 나타나시는 것을 고대하는 것에 비례하여서, 당신의 존재는 세상으로부터 하늘로 들려 올려질 것입니다. 그 날은 당신이 하나님의 나라를 예수님과 함께 공유하고 있을 때이며, 당신이 영원히 세상과는 분리되어서 아버지의 집으로 영접될 때이며, 육체뿐만 아니라 완전히 거룩함으로서도 하나님께 친밀한 아들, 축복받은 자로서 완전히 정해질 그때입니다. 우리가 무엇으로부터 구원받고, 우리가 이제 주 예수 그리스도 안에서 지금 어떤 모습이며 무엇을 향해 가고 있는지를 생각하는 것보다 우리를 이 세상으로부터 분리하고 우리 마음들을 바로 하늘로 올려놓는 것 그 이상의 복된 지렛대는 존재하지 않습니다. 오! 세상과 분리되어 하늘을 바라보는 것에 참여한 영혼은 주 안에서 기뻐하지 않을 수 없습니다. 우리가 여기에 머물러 있는 것이 아니라, "광야로부터 나아올 것"이란 사실은 밝고도 복된 전망입니다. 그러나 제가 세상에 대해 매우 싫증을 내고 세상으로부터 벗어나오기를 원하는 것처럼 오해하지는 마십시오. 사실은 결코 그렇지 않습니다. 주님께서 저에게 오로지 은혜를 주신다면, 저는 50년 더 주님을 섬기고자 할 것입니다. 그것이 주님의 뜻이라면 더욱더 그럴 것입니다. 그러나 이 모든 것과 더불어서, 분쟁과 그 길의 어려움들 때문에, 내 속에 악하고 부패한 속성 때문에, 아직 묶여 있지 않은 사탄 때문에, 그리고 발생하지 않은 교회와 세상 사이의 분리 때문에, 그리고 대부분 예수님이 아직 그의 영광 중에 드러나지 않으셨기 때문에, 하나님의 자녀들은 광야 상태가 끝날 것이라 전망하면서 기뻐합니다. 왜냐하면 광야 생활이 끝나는 때는 바로 그리스도의 우주적 교회에게 있어서 축복의 날이며, 주 예수 그리스도의 영광이 드러나는 날이기 때문입니다. 그러므로 우리는 우리의 광야 상태가 끝날 것이라고 전망하면서 기뻐하지 않을 수 없습니다.

이제 이 연약한 자는 "사랑하는 그분만을 의지하면서 광야로부터 나아온다." 이것이 무엇을 의미합니까? 그녀가 한 걸음을 더 내딛는 만큼 그녀는 약속의 땅에 더 가까이 나아갔다는 것을 의미합니다. 이 사실은 우리에게도 그러합니다. 태양이 한 번 더 지면, 우리는 하루 더 가까이 나아갑니다. 한 주가 마쳐지는 만큼, 우리는 한 주 더 가까이 주님께로 나아갑니다. 우리의 모임이 다시 돌아오게 되면, 우리는 한 해 더 가까이 나아갑니다. 오! 작년 10월에 우리가 그러한 행복한 모임들을 가졌을 때보다 우리는 한 해 더 주님의 날에 가까워집니다. 오! 밝고도 복된 전망이여. 우리는 더 가까이 더 가까이 누구에게 나아가고 있습니까? 우리는 예수님에게로 나아가고 있습니다. 그와 함께 있는 것을 기대하면서 우리는 기뻐하고 있습니까? 저는 댄스 파티나 극장들, 어떤 아주 특별한 잔치들, 그리고 그러한 것들에 참여하는 것에 관해서 말하지 않고 있습니다. 이 세상에서 부자가 되는 것과 위대한 명성을 얻는 것에 관해서도 말하지 않고, 이러한 것들 중 그 어떠한 것에 관해서도 말하지 않고, 오직 예수님과 함께하는 전망을 이야기하고 있습니다. 여기 있는 여러분들 중 얼마나 이러한 사실에 공감하고 있습니까?

당신이 전혀 이것에 공감하지 않는다면, 제가 당신에게 이것을 말하도록 허락하십시오. 여러분이 공감하지 않는다는 사실은 다음의 두 가지 것들을 증명합니다. 당신이 범죄와 죄악들 가운데서 죽은 상태이며 파멸로 이끄는 넓은 길을 걷고 있음을 의미합니다. 그렇지 않다면 적어도 한동안 당신의 마음이 하나님의 것들에 대하여 살아있지 않다는 것을 의미합니다. 영적인 온도계가 당신의 마음에 적용된다면, 당신이 거의 생명 없는 상태라고 사람들은 여길 것입니다. 이 사실이 주 예수 그리스도의 제자들과 연관된 사례여서는 결코 안 됩니다. 그들의 마음은 그 제자들을 위해서 그의 생명을 내려놓으신 예수님, 복된 그분을 향한 사랑으로 충만해야 합니다. 그때에 이 사실은 우리의 중요하고 복된 전망이 될 것입니다. 주를 위해서는 여기서 애쓰고 고통 받는 것이 필요하다고 할지라도 기쁘고, 예수님 복된 그분, 완전하게 사람이 되어 오신 그분의 영과 떨어져 한 계절의 시간을 보낼 필요가 있다고 해도 기쁠 것입니다. 그분과 우리는 지금부터 영원토록 함께 할 것이기 때문입니다. 그럼에도 불구하고 광야는 언제나 있지 않을 것이며, 오히려 우리는 광야로부터 나아올 것이란 전망을 하게 됩니다. 그리고 날들이 지나갈수록 그렇게 우리는 우리의 복된 집으로 가까이 가게 될 것이라고 전망합니다. 그러면 여기에 우리가 남아 있는 동안, 우리는 무엇을 해야만 할까요?

우리 모두는 다양한 직업들을 가지고 있습니다. 그러나 우리 모두가 복음을 설교하는 자는 아니며, 우리 모두가 지역 목사 보좌직을 맡지도 않습니다. 그러나 우리 모두는 다 주 예수 그리스도의 제자로서 해야 할 어떤 일을 가지고 있습니다. 우리 모두는 직면해야 할 어떤 어려움을 가지며, 통과해야 할 어떤 시험, 참아내야 할 어떤 고통을 가지고 있습니다. 우리 모두는 날마다 유혹에 노출됩니다. 이러한 상황 가운데서 우리는 무엇을 해야 합니까? 우리는 사랑하는 "그분에 기대어 의지"해야 합니다. 우리의 연약함과 무기력을 의식하면서, 예수님께로 나아가고 그분을 신뢰해야 합니다. 우리 자신의 자원을 바라보아서는 안 됩니다. 왜냐하면 우리는 아무것도 가지고 있지 않기 때문입니다. 우리 형제자매들, 친구들을 바라보아서도 안 됩니다. 왜냐하면 그들은 우리만큼이나 약하기 때문입니다. 대신에 우리는 주 예수님만을 바라보아야 합니다. 그 안에는 그치지 않는 충만함이 보배롭게 쌓여 있습니다. 우리가 기도와 믿음으로 주님의 힘을 부여잡는 만큼, 우리는 우리의 필요에 따른 위로와 혼란스런 시기에 가르치심을, 우울함 가운데 도우심을, 어려울 때, 가족의 시험들과 사업의 시험들과 연관된 어려움 속에서도 인도하심을 받을 것입니다. 모든 환경 가운데서 우리에게 생기는 단 하나의 시험만이 존재하는 것이 아닙니다. 오히려 우리는 차분하게 여러 가지 시험들을 기대해야 하고, 그 가운데서도 다음과 같이 말해야 합니다. "예수님은 이 모든 상황들을 넉넉히 직면하실 수 있고, 날 도우실 수 있다. 그분은 너의 입을 크게 벌리라고, 그러면 내가 채우겠다고 말씀하신다. 내가 내 입을 크게 벌리도록 하자. 그러면 복된 그분께서 어떻게 채우실 수 있으시며 채우시고자 하시는지를 알게 될 것이다."

그 복된 분의 팔에 의지하도록 하십시오. 그러면 당신은 결코 근심이 자라나지 않고 당신이 견뎌낼 수 있다는 것을 발견하게 될 것입니다. 당신은 결코 실패하지 않을 것입니다. 오! 시도하기만 하지 말고 실제로 행하여 보십시오. 그러면 당신은 알게 될 것입니다. 그리고 예수님께서 단지 팔을 잡으시지만 않는다는 것을 기억하십시오. 때때로 이와 같은 경우가 있습니다. 연약한 한 남편의 경우, 예의상 그의 팔을 그의 아내에게 내밀 수 있습니다. 그러나 그는 매우 약하고, 그 아내는 남편이 사랑함과 예의 바른 마음으로 그렇게 한 것일 뿐임을 압니다. 실제로 사실은 그녀의 팔이 그 남편보다 열 배나 강할 수 있습니다. 그 남편은 그 아내를 지탱할 힘을 가지고 있지 않습니다. 그러므로 그녀가 그녀의 팔을 내밀 때, 기대어 의지하지는 않습니다. 말하자면, 우리가 주 예수님의 팔을 잡는 것은 이와 같은 경우가 아닙니다. 오히려 실제로 그 팔에 의지하는 것입니다. 그를 신뢰하는 것이고, 시도만 하는 것이 아니라 실제로 행하는 것입니다. 그러면 우리는 그 팔이 얼마나 강한지 알게 됩니다. 우리를 전적으로 이끄실 수 있음을 알게 될 것입니다. 당신이 결코 시도하지 않았다면, 가장 나이든 형인 내가 당신이 그렇게 시도하도록 간청할 것입니다. 당신은 그 팔이 얼마나 강한지, 당신을 전적으로 이끄는 일에 얼마나 능력이 있으시고 준비되어 있다는 사실을 알게 될 것입니다. 그분의 팔은 결코, 결코 지치지 않으실 것입니다. 오! 그러한 친구 되신 예수님과 영원히 함께 한다는 밝은 전망을 생각할 때 감격하지 않을 수 없습니다.

저는 이제 다가올 그 주님의 해를 고대합니다. 또 하나의 모임에서 우리 모두가 만나지는 못할 것이라고 믿는 충분한 이유가 있습니다. 우리의 가는 길은 다양합니다. 우리는 시험들과 어려움들을 만날지도 모릅니다. 그러나 여기 있는 그리스도 안에서 사랑하는 이들이여, 우리 앞에 놓인 이 모든 어려움과 시험들로 인해서, 우리는 낙심하거나 내던져지거나 또는 또 한 해가 지나기 전에 우리에게 닥칠지도 모를 일에 대해 전망하면서 압도당하기도 합니다. 그러나 사실은 그렇지 않습니다. 왜냐하면 "형제보다 더 친밀히 붙어계신" 우리의 친구 되신 예수님의 팔이 우리를 이끌어 가시기 때문입니다. 그는 결코 우리를 없애 버리지 않으십니다. 그분은 그의 힘과 능력에 의해 우주를 받치고 계시고, 우리를 전적으로 이끌어 가고 계십니다. 주님께서 우리로 하여금 또 한 해를 맞이하도록 허락하신다면, 우리가 다시금 이 행복한 모임들에서 만날 수 있도록 허락받는다면, 그의 모든 선하심에 대해 하나님을 찬송하고 찬양할 다른 어떤 이유를 갖지 못할 것입니다. 모든 다른 이유들 속에서도 다른 어떤 이유를 찾지 못할 것입니다. 왜냐하면 우리가 주 예수 그리스도에게 돌아가는 일에 한 해 더 가까워지기 때문입니다. 또한 우리의 광야 길이 영원히 끝나게 되는 그 날에 한 해 더 가까이 가기 때문입니다.

하나님이
응답하시는
기도

## 19 여수룬의 하나님

"여수룬이여 하나님 같은 이가 없도다 그가 너를 도우시려고 하늘을 타고 궁창에서 위엄을 나타내시는도다."(신 33:26-29)

이 부분은 이스라엘의 지파들에게 모세가, 하나님께서 그를 불러가시기 전, 복을 빌어주던 것과 연관되어 있습니다. 각 지파에게 각각의 복을 빌어주고 나서, 이 구절에 나오는 복이 선지자 모세의 입을 빌어 성령을 통해 이스라엘 모든 지파를 향해 선포됩니다. 성령은 마지막에 와서 "여수룬이여 하나님 같은 이가 없도다"라고 시작하며 그 이전에 나왔던 모든 복에 더해 하나님의 도우심을 선포합니다.

### 전가된 의

여수룬은 "의로운" 또는 "의로운 자"를 뜻합니다. 그리고 이것은 이스라엘 백성들에게 주어진 이름이었습니다. 그런데 이 이름은 계속해서 이스라엘의 하나님을 화나게 하고 셀 수 없이 그분을 대적해 죄를 지은 목이 곧은 사람들에게 성령께서 주신 이름치곤 매우 이상한 이름 아닙니까? 놀랍게도, 그들이 목이 곧고 반역하던 자들이었을지라도, 그들은 "의로운 자"로 불렸습니다. 이 사람들을 부를 때, 성령께서는 "의롭다"라고 하셨습니다.

과거의 이스라엘과 정확히 동일하게 우리도 마찬가지로 의롭다고 불립니다. 본질적으로 우리는 죄인, 아주 큰 죄인입니다, 그뿐 아니라 심판을 받아야만 하는, 오직 심판만이 우리를 기다리고 있는 자들입니다. 하지만 이 불쌍한 죄인이 주 예수 그리스도를 믿는 순간 그는 의롭다함을 받게 됩니다. "다른 이들과 같이 본질상 진노의 자녀"였지만, 주 예수 그리스도를 믿는 믿음으로 인해서 우리는 하나님께 받아들여지고, 새롭게 생명을 얻어 다시 태어나게 되었습니다. 진노의 자녀가 되는 대신, 우리는 하나님의 자녀가 되어서 어둠에서 벗어나 그분의 놀라운 빛으로 들어가게 되었고, 어둠의 권세에서 건짐을 받고 그의 사랑하는 아들의 왕국으로 옮겨지게 되었습니다. 그리하여 우리 아버지의 집에서 누릴 밝고 복된 미래만이 우리 앞에 남게 되었습니다.

### 믿음으로 말미암아 은혜로 구원받음

주 예수 그리스도를 믿는 믿음으로 인하여 의롭다고 칭함을 받고 복된 빛의 나라로 이동하는 축복과 더불어, 복음이 주는 모든 다른 복들이 우리 것이 되었습니다. 두려움은 떠나가고 심판은 사라졌으며, 이 모든 부정적인 것들 대신에 우리는 즉각적으로 하나님의 자녀가 되었습니다.

즉시 우리는 우리 죄의 사함을 받았고 예수 그리스도 안에서 다시 살게 되었으며, "우리를 흑암의 권세에서 건져 내사 그가 사랑하시는 아들의 나라로" 옮겨졌습니다. 하지만 이는 오직 주 예수 그리스도를 믿는 믿음으로 얻게 된 것들입니다.

우리를 하나님의 자녀로 불리게 하는 영광스런 복음! 우리의 속을 들여다보면 그런 영광에 전혀 어울리지 않는 자라는 것을 확인할 수 있습니다. 의로운 자로 불릴 수 없는 존재라는 것이 분명합니다. 하지만 우리는 "의롭다"고 불리고, 주 예수 그리스도와 연합되었으며 오직 믿음으로 그분의 완벽한 의에 참예하게 되었습니다.

이스라엘 백성들에게 본문은 "여수룬이여 하나님 같은 이가 없도다"라고 말하고 있습니다. 그들의 하나님과 같은 신은 없습니다. 그들에겐 살아계신 하나님이 있었고 다른 이들에겐 죽은 우상만이 있을 뿐이었습니다.

### 분깃이신 주님

우리의 분깃은 이것입니다. 우리는 우리 주 예수 그리스도의 아버지시며 하나님이신 그분을 우리의 아버지와 하나님으로 가지고 있습니다. 이것은 우리가 살아계신 하나님을 우리 편에 두고 있는 것이며, 우리의 하나님이 되시고, 인도자가 되시며, 우리의 아버지와 친구 되신다는 것입니다. 하지만 이 모든 것은 우리가 주 예수 그리스도를 믿을 때에야 우리에게 실제가 됩니다. 우리가 그분을 우리 하나님이라고 말할 수는 있지만, 그분에 대해 읽어볼 수는 있지만, 그분에 대한 성경의 어떤 구절에 대해 설명할 수는 있지만, 그분에 대한 글을 많이 썼을 수도 있지만, 그리고 그분의 이름으로 설교했을 수 있지만, 우리가 진정 주 예수 그리스도를 믿지 않고, 우리의 영혼 구원하심을 믿지 않는다면 살아계신 하나님을 우리 아버지로 삼는 것은 절대 우리에게 일어날 수 없습니다.

하지만 우리가 예수님을 우리의 구세주로 영접한다면, 우리가 하나님을 우리의 아버지로 받게 되는 것이 우리에게 사실이 됩니다. 우리는 이스라엘 백성들이 받았던 그러한 복을 나누어 받게 됩니다. 우리에게도 "여수룬이여 하나님 같은 이가 없도다"라는 구절이 적용되는 것입니다.

### 힘 되시는 주님

그 뒤 구절에는 이렇게 나와 있습니다. "그가 너를 도우시려고 하늘을 타고 궁창에서 위엄을 나타내시는도다." "그가 너를 도우시려고 하늘을 타고"라는 표현을 보십시오. 이제까지 있었던 어떤 위대한 시인도 성경에서 차용하지 않고는 이러한 생각을 스스로 할 수 없었을 것입니다. 시에 담긴 모든 최고의, 고귀한 아이디어들은 성경으로부터 비롯되었습니다. 이 구절에 담긴 생각은 그 어느 누구도 하나님께 저항할 수 없다는 것입니다. 이 세상의 어떤 힘도 그분께 대항할 수 없습니다. 이 세상의 힘은 하늘 아래에 있고 그분 앞에서는 아무것도 아닙니다. 그분은 창조주이시고 이것들은 피조물이기에 모든 것 위에 계신 그분을 이길 수 없습니다.

### 구원자이신 주님

우리에게 주어진 평안은 이러한 하나님께서 우리를 도울 분이라는 것입니다. 그분은 하늘을 타시고 우리를 위해 싸우십니다. 그는 모든 것 위에 계시며, 사탄과 악한 자는 그를 만질 수도 없고, 그를 이길 수도 없습니다. 모든 만물 위에 계시며 만물은 그를 이길 수 없습니다. 어떤 창조물도 무엇보다 뛰어나신 그에게 저항할 수 없습니다. 그분은 우리를 위하시며 우리 편에 계십니다. 하나님께서 우리 편이라면 누가 우리를 대적할 수 있겠습니까? 그가 우리 편에 서 계신다면 우리에겐 모든 것이 평안합니다. 하지만 아아! 그가 우리를 대적한다면 우리는 어떻게 되겠습니까? 우리가 그분 안에 거한다면 우리는 완벽한 안전 가운데 있는 것입니다.

그렇지만 만약 이 책을 읽는 분들 중 누구에겐가 하나님이 그의 편에 있지 않다면, 그리고 주 예수 그리스도를 믿은 적이 없다면, 여러분께 간청합니다. 하나님과 평화를, 화목을 이루십시오. 그렇게 한다면 당신은 안전할 것입니다. 그러면 당신에게도 "그가 너를 도우시려고 하늘을 타고"라는 말씀이 적용될 것입니다. 우리가 해야 할 것은 우리가 연약하고 무력하고 속수무책인 상태임에도 그분의 팔에 안겨 "나의 아버지, 제가 당신의 자녀입니다. 당신의 불쌍하고 약하고 무력한 자녀입니다. 어둠에 있을 때 나에게 오셔서 날 도와주소서"라고 말하는 것입니다.

하늘을 타시는 우리의 아버지는 그럼 어떻게 하실까요? 확실하게 말하건대 그분은 당신의 불쌍하고 약한 자녀를 도우실 것입니다. 자녀의 필요가 무엇이던지, 영원하신 팔이 그를 감싸고 있음을 믿을 수 있습니다. 그의 아버지가 적들을 몰아내고 완전히 없애버릴 것입니다.

### 힘든 환경

이 복이 주어졌을 때 이스라엘 백성들은 가나안 땅으로 들어가려는 찰나였지만, 아직 약속의 땅에 들어간 것은 아니라는 것을 기억하십시오. 게다가 그들이 요단 강을 건넜다고 한들, 아직 가나안 족속의 강한 일곱 개의 나라가 그들 앞에 여전히 버티고 서 있었습니다. 그러므로 그들은 여전히 살아계신 하나님의 도움이 필요했고, 그런 도울 자가 있다는 것을 기억하게 하는 복을 받았습니다.

그래서 우리도 이스라엘의 하나님이 계심으로 언약의 상속자가 되었습니다. 우리 앞에도 많은 갈등이 있기에 이 말씀은 우리에게 격려가 됩니다. 하나님, 살아계신 하나님께서 우리의 처소가 되십니다. 성령께 감동받은 선지자가 "맞다. 너의 앞에는 싸워 이겨야 할 용맹하고 강한 적이 있다. 하지만 앞으로 나아갈 때 하나님께서 너의 편에서 너를 도우심을 기억해라. 여호와께 의탁하고, 그를 바라고, 그를 신뢰하고 그에게 기대면 그의 강한 손의 힘이 너를 구원하심을 보게 될 것이다"라고 말하는 것처럼 말입니다. 우리가 기억하고 용기를 내야할 근거는 영원하신 하나님께서 우리의 처소가 되실 것이란 사실입니다. 우리 모두가 이렇게 고백하길 원합니다. "하나님, 영원하시고 살아계신 하나님이 저의 처소입니다." 저에게 하나님은 유일한 처소이십니다. 지난 15년간 그래왔습니다. 여러분 중 얼마나 많은 분들이 이렇게 동일하게 고백할 수 있습니까? 아주 중요한 이 질문을 스스로에게 던져보십시오. 여러분 스스로 이렇게 고백할 수 있다면 여러분은 얼마나 행복한 사람인지 모릅니다. 하지만 이렇게 고백하지 못한다면, 그렇게 고백하지 못할 아무런 이유가 없다는 것을 알기 원합니다. 그분을 신뢰하는 것 말고는 아무것도 필요하지 않습니다. 자신을 그분의 손에 온전히 드리는 것 말고는 말입니다. 여러분의 영혼 구원을 위해 주 예수 그리스도만 의지한다면 구원은 여러분의 것이 됩니다. 불쌍하고 비참한 죄인이었던 저에게도 이것이 사실이었다면, 그리고 저와 같이 불쌍하고 비참한 죄인이었던 수많은 사람들도 이제 주님을 신뢰하게 되었다면, 당신에게도 동일하게 이런 일이 일어날 수 있습니다. 세상에 당신의 하나님같이 당신을 도우시려고 하늘을 타고 오시는 존재는 없습니다.

### 영원하신 하나님

그 뒤 구절에 보시면 "영원하신 하나님이 네 처소가 되시니 그의 영원하신 팔이 네 아래에 있도다"라는 말씀이 나옵니다. 영원한 친구를 가진다는 것이 저에게 뭔가 아주 특별한 다정함으로 다가옵니다. 살아 있고 모든 것 위에 있으며 모든 권세와 힘을 가진 친구가 내 편에 있다는 것 말입니다.

만약 여러분이 가난에 처했을 때 도와줄 수 있는 세상의 친구를 가지는 것도 좋습니다. 하지만 병이 찾아오면 그 친구는 죽게 되어 떠나가 버릴 수 있습니다. 그렇지 않다면 모든 가진 것을 잃게 되어 더 이상 도와줄 수 없게 될 수도 있습니다. 하지만 이런 것들은 살아계신 하나님께는 전혀 영향을 미칠 수 없습니다. 그분은 어제나 오늘이나 영원히 동일하십니다. 영원함이 여러분의 처소입니다. 50년 전에도 동일하셨고, 1,000년 전에도 동일하셨으며 10,000년 전에도 그는 계속 동일하셨습니다.

엘리야의 하나님이 오늘도 계시며 그는 선지자의 때와 완전히 동일하십니다. 그의 자녀를 돕기를 원하며 준비하고 계십니다. 힘이 절대 약해지지 않으며, 팔이 절대 지치지 않으며, 지혜는 무한하고 힘은 변하지 않는 살아계신 하나님이 우리와 함께 있습니다. 그래서 오늘, 내일, 다음 달, 이 삶이 계속되는 때까지도 그분은 우리의 도울 분이요 친구입니다.

여기에 더해서, 모든 시간을 초월하시는 그분은 모든 영원을 초월합니다. 영원하신 하나님을 우리 편에 두는 것이 얼마나 큰 복인지 모릅니다. 우리 편에 계신 것 뿐만 아니라, 우리는 강한 산성이신 그분께 기댈 수 있으며, 계속해서 처소로 삼을 수 있고 그분 안에서 완벽한 안전을 누릴 수 있습니다.

### 기독교에 대한 틀린 생각

만약 세상이 하나님을 우리의 처소로 삼게 되는 복에 대해 안다면, 당장 온 세상이 주님을 좇으려고 할 것입니다. 그들이 기독교인이 된다는 것은 비참한 일이라고 생각하고 하나님을 떠나 있는 것보다 그리스도인이 되는 것이 비교할 수 없이 값지다는 것을 알지 못하기 때문에, 구원받지 못한 상태에서도 만족하며 살아가고 있습니다.

이것은 왜 그들이 하나님의 것들을 즐기고자 하지 않는지 보여주는 가장 큰 이유입니다. 그리고 우리가 왜 완전한 기독교인이 되는 것에 마음을 다해야 하는지 보여주는 이유입니다. 우리가 세상에게 교회에서 본이 되는 삶을 살면서도 진정하게 행복한 기독교인이 될 수 있음을 보여줘야 합니다. 하지만 이 진짜 기쁨은 우리가 완전한 그리스도인이 되지 않고는 결코 가질 수 없습니다. 힘을 다해 이 세상의 것들을 움켜쥐는 것을 좇으면서 천국도 가고자 하는 것은 같이 할 수 없는 것입니다. 만약 우리가 이렇게 산다면, 우리는 우리를 괴롭게만 하는 많은 종교와 행복하게 하는 것들은 거의 없는 상태에서 살게 됩니다.

### 하나님이 원하시는 것

우리는 행복한 그리스도인이 되어야 합니다. 그리고 이것은 우리가 거룩한 그리스도인일 때만 그렇게 될 수 있습니다. 우리는 이 세상에서는 죄에서 절대 자유로울 수 없습니다. 우리가 본향으로 가기 전까진 말입니다. 하지만 우리는 거룩한 자녀가 되기를 목표로 삼아야 합니다. 우리가 원하는 것이 하나님의 뜻과 정반대 된다고 알게 된다면 절대 그렇게 행해서는 안 됩니다. 우리가 진짜 완전한 그리스도인이라면, 그리고 영원하시고 살아계신 하나님을 붙들고 있다면 우리는 행복한 그리스도인이 되어 "그렇지 않은" 사람들에게 간증을 전하는 은혜를 누리게 될 것입니다.

　이런 결과는 그들로 하여금 구주를 찾게 할 것입니다. 천 명의 기독교인이 살아계신 하나님을 위한 천명의 증인이 되는 것입니다. 그렇기에 사랑하는 형제자매 여러분, 완전한 그리스도인 되는 것을 우리 심령에 새겨서 이 세상 사람들에게 살아계신 하나님이 그들의 처소 되심을 알게 합시다.

　저는 약하고 부정한 죄인이지만 살아계신 하나님이 저의 편에 서시고 영원하신 하나님이 저의 처소가 되십니다. 이런 처소를 갖는 복이 얼마나 귀한지요. 세상 어떤 영광이 이에 비견할 수 있겠습니까? 어떤 높은 위엄이, 세상 어떤 왕관이 살아계시고 영원하신 하나님을 우리 편에 두고 그를 우리의 처소 삼도록 허락받은 이 축복에 비할 수 있겠습니까?

　이것이 하나님의 자녀가 처한 자리입니다: 사람이 생각할 수 있는 모든 것 위에, "그의 영원하신 팔이 네 아래에" 있는, 위대하신 하나님의 힘이 우리의 도움인 그 자리입니다. 우리의 무력함 중에서 이 사실은 얼마나 큰 위안이 되는지요. 우리가 원래는 약하고 부정하고 미약한 자이며 우리 스스로는 아무 것도 할 수 없는 자이지만, 이렇게 영원하신 팔이 우리 아래에서 우리를 지지하고 있다는 사실이 얼마나 큰 위안이 되는지 모릅니다. 우리는 무력하지만 우리에겐 기댈 수 있는, 누울 수도 있는 전능하신 팔이 있습니다. 이 팔은 우리 앞에 놓인 어려움들에서 우리를 헤쳐 나가게 하시며 우리의 무력함에서 우리를 건져내실 수 있습니다. "영원하신 하나님이 네 처소가 되시니 그의 영원하신 팔이 네 아래에 있도다." 여기 사용된 이 비유가 얼마나 복된지 모르겠습니다.

### 구원자

그 이후에는 "그가 네 앞에서 대적을 쫓으시며 멸하라 하시도다"라고 기록되어 있습니다. 이스라엘 백성이 받은 이 약속이 얼마나 복됩니까? 그들 앞에는 건너야 할 요단 강이 있었고, 만약 건넌다고 할지라도 그들 앞에는 여전히 정복해야 할 위대하고 강한 나라들이 있지 않았습니까? 자신들을 보며 그들은 당연히 두려움에 떨 수밖에 없었을 것입니다. 하지만 영원하신 팔이 그 아래에 있는 사람은 두려워할 것이 없습니다. 그들에게 더욱 힘을 주기 위해 여호와께서는 그 일곱 나라에 대해서 뚜렷하게 "네 앞에서 대적을 쫓으시며 멸하라 하시도다"라고 말씀하셨습니다.

이스라엘의 자녀들이 입장하는 것을 보십시오. 이 말씀이 어떻게 이루어졌는지 보십시오. 요단 강을 건너는 것과 여리고 성이 어떻게 무너졌는지를 보십시오. 적들과 가졌던 많은 전투를 보십시오. 왕들이 그들을 대적할 때, 그들이 얼마나 쉽게 대적들을 정복했는지요. 나라들이 그들을 대적해서 연합했을 때, 여호와는 여전히 그들의 편에 계셨고, 마침내 모든 원수들은 이스라엘 앞에서 쫓겨나고 멸절 되었습니다. 여호와의 힘으로 정복한 것입니다.

이 말씀은 우리에게 특별히 위안을 줍니다. 우리는 미약한 무리이며

"작은 양떼"이지만 우리 대적은 강하고 강력합니다. 이에 반해 우리는 "우리를 치러 오는 이 큰 무리를 우리가 대적할 능력이 없고"라는 말씀과 같습니다. 그렇다면 우리는 우리의 어려운 처지들을 이길 가망 없는 상황으로 받아들이고, "우리는 절대 천국에 갈 수 없습니다. 우리는 약하고 무력하며 죄로 가득 차 있기 때문입니다"라고 소리쳐야 합니까? 그 말이 사실이긴 하지만, 우리는 진짜 약하고 무력하며 우리를 대적하는 것들을 정복할 능력이 없지만, 우리를 도우시는 분은 위대하시고, 비록 우리의 적들의 수가 우리보다 백배 천배 많을 지라도, 우리의 힘으로 싸우면 우리를 쉽게 무너트릴 능력을 가지고 있을지라도, 여호와께서는 우리를 구하시며 우리 앞에서 우리 대적을 쫓아내시며, 멸하기까지 하실 것이라 약속하셨습니다. 때때로 그렇게 될 것처럼 보일지라도, 마귀의 모든 힘은 결국 승리하지 못할 것입니다. 그리고 우리 안의 죄된 본성도 절대 승리하지 못할 것입니다. 하지만 주 예수 그리스도를 통해 우리는 승리를 얻게 되며 어느 정복자와도 비교할 수 없는 큰 승리를 맛보게 될 것입니다.

그러므로 우리 앞의 미래가 얼마나 복된지요. 우리가 우리 자신을 바라본다면 낙심할만한 충분한 이유들을 보게 됩니다. 그렇지만 우리는 반드시 "우리를 대적하는 그 어떤 것보다 크신 그분이 우리를 위하시기에" 주 예수 그리스도를 통해 승리를 얻으리라는 말씀을 기억해야 합니다. 그리고 우리 주 예수 그리스도의 아버지, 하나님을 통해 우리는 마침내 승리를 가진다는 것을 기억해야 합니다.

### 하나님의 구원

이스라엘 백성에게 주신 약속이 그대로 이루어지고, 적이 멸하게 된 것은 자신들의 힘 때문이 아니었습니다. 하나님께서 그들을 도우셨기 때문에 멸할 수 있었습니다. 하나님께서 어떻게 몇 번이나 그들을 위해 싸우셨는지 기억하십시오. 어떻게 여호수아의 간구에 해가 하늘에 그대로 멈추어졌는지, 어떻게 하늘에 있는 것들이 그들을 위해 싸워주었는지, 어떻게 돌이 그 대적들에게 쏟아졌는지 기억하십시오. 왕벌도 적들을 멸하기 위해 여호와께서 사용하셨습니다. 다양한 방법으로 여호와께서는 그들을 위해 싸우셨고 당신의 위대한 힘을 그의 백성들이 그 땅을 정복하는 데에 보이셨습니다.

이스라엘의 하나님께 그들은 아무것도 하지 않고 연약함만 가졌지만 계속해서 하나님은 그들을 건지셨습니다. 그래서 이 땅에서 그들은 적들의 힘에서 완벽하게 구원받지 못했지만 그들의 하나님의 도우심을 계속해서 받을 수 있었습니다.

### "이스라엘이 안전히 거하며"

안전함이란 그들의 거하는 곳의 견고함 여부에 달려 있었습니다. 이스라엘의 안전함은 다른 나라에서 완전히 분리되어 있는 것에 달려 있었습니다. 다른 것으로부터 완전히 격리되어 있는 이 이상한 위치야말로 그들의 가장 안전한 곳이었습니다. 하나님께서는 그들이 따로 떨어져 있도록 의도하셨습니다. 하나님은 그들이 다른 나라 사람들과 혼인하는 것을 금지시키셨고, 어떤 관계라도 맺는 것을 금지하셨습니다. 그들은 주변 나라들을 멸하고 구별되게 살아야 했습니다.

만약 사랑하는 형제가 하나님의 마음대로 살기로 한다면 완전히 나와서 구별되어져야 합니다. 세상에서 완전하게 분리되는 것이 필요합니다. 본능적으로 우리는 경계의 선을 포기하는 것에 더 끌립니다. 그리고 "이건 너무 엄격합니다. 너무 까다로워요. 왜 내가 세상에서 이렇게 구별되어야 하죠? 저 형제를 보세요, 저 형제는 세상을 조금 즐기기도 하면서 세상과 조금씩 어울려 섞여가면서 양쪽 다를 경험하잖아요. 그리고 그 형제는 그리스도인이에요. 저는 왜 세상과 조금씩 어울려가면서 맛보고 나중에 천국에 가면 안 되나요?"라고 말합니다. 마음에 깊이 새기십시오. 새기십시오. 내 사랑하는 그리스도인 친구 여러분! 주님이 우리에게 요구하시는 것은 이 세상에서 구별되어 사는 것입니다.

물론 우리의 일터가 이곳에 있고 우리는 세상과 어울려 함께 살아가고 있습니다. 하지만 우리는 세상의 영을 따라서는 안 됩니다. 우리의 일을 조심스럽게 하면서 주님과 동행하면서 구별되어 살아가는 것이 가능합니다. 하나님께서는 우리가 완전히 세상을 떠나 있는 것은 좋지 않다고 여기셨습니다. 예수님께서는 우리를 위해 "내가 비옵는 것은 그들을 세상에서 데려가시기를 위함이 아니요 다만 악에 빠지지 않게 보전하시기를 위함이니이다"라고 기도하셨습니다. 바울 사도는 "그러므로 너희는 그들 중에서 나와서 따로 있고"라고 말했습니다.(고후 6:17) 그러므로 하나님과의 하나됨의 친밀함을 가지길 원한다면, 하나님의 영광과 존귀, 찬양을 위해 세상과 구별되어 살기를 원하며 세상과 교회 사이에 분명하게 그어진 경계의 선을 따라 살아야 합니다. 우리가 세상이 하는 대로 살고, 세상의 모습을 좇아 살기를 구한다면 절대 이렇게 될 수 없습니다. 그렇게 한다면 우리는 하나님의 이름에 불명예만 가져오게 되며, 우리에게는 고통만 얹어 놓게 됩니다. 사랑하는 그리스도인 친구 여러분, 많은 이들이 더욱더 세상과 같이 살기를 힘쓰는 것처럼 살지 말고, 세상을 향해 대열을 흐트러뜨리지 말고 세상의 관습, 언어와 규율에서부터 분리되어 살며, 주 예수 그리스도의 마음을 따르는 것을 목표로 삼시다.

### 우리는 "인치심 받은 사람"이 되어야 함

사람들은 우리가 주 예수 그리스도의 종이라는 것을 알아야 합니다. 우리의 복되신 주인께서도 서기관들과 바리새인들 같이 되기를 원치 않으시고 엄격하게 그들을 비난하셨습니다. 그는 그 스스로 "내가 내 아버지 집에 있어야 한다"라고 말씀하셨습니다. 그것이 그분의 위대한 목표였습니다. 그리고 그것은 우리가 좇아야 할 방향이기도 합니다. 이 땅에 있는 일터와 여러 일들 때문에 어느 정도는 우리가 세상과 같이 할 수 있지만, 우리는 반드시 날마다 시간마다 세상과는 다르게 살기 위해 노력해야 합니다. 그럴 때에만 우리는 주께 영광과 존귀와 찬양을 드리며 풍성하게 열매를 맺게 됩니다.

저는 제 형제자매인 여러분께 애정을 담아 물어보고 싶습니다. "여러분은 그런 제자, 완전한 그리스도인, 그런 하나님의 자녀가 되길 원합니까?" 기억하십시오. 이런 자녀가 하나님께서 찾으시는 자입니다. 주 예수님께서 같이 하길 원하신 제자이자 그분을 위해서만 살기를 소원하는 사람 말입니다. 이런 자녀, 제자는 요즘 매우 필요한 사람입니다. 세상의 눈은 우리가 우리의 고백대로 살고 있는지 지켜보기 위해 우리를 향하고 있습니다. 그러기에 우리는 마땅히 하나님께 영광을 돌리기 위해 살아야 합니다.

주를 위해 완전히 드려진 삶을 살게 되면 우리는 점점 더 용감해집니다. 주님께서는 우리에게 더 많은 은혜와 도움을 주시기에 우리는 결국 구원받을 것입니다. "이스라엘이 안전히 거하며"라고 하셨습니다. 그리고 "야곱의 샘은 곡식과 새 포도주의 땅에 홀로 있나니"라고 말씀하셨습니다. 이것은 결실이 많은 것을 뜻합니다. 곡식과 새 포도주의 땅에 홀로 있는 샘을 뜻합니다. 하지만 히브리어 본문에서는 여기에 표현된 "샘"이 "눈"을 뜻하기도 합니다. 그러기에 이 구절은 "야곱의 눈은 곡식과 새 포도주의 땅에 홀로 있나니"로 바꿔 볼 수 있습니다. 이스라엘 백성이 이끌려 들어간 땅은 풍요의 땅이었습니다. "젖과 꿀이 흐르는 땅"이었습니다. 그 땅에 들어갔을 때, 그들은 풍성함을 보았습니다. 그러기에 오늘날 우리도 안전함으로 옮겨지고 나서, 풍요로운 땅으로 들어가게 되었습니다. 우리 또한 주님의 일을 하는데 힘을 내고 격려 받기 위해 최고의 밀과 옥수수와 와인으로 먹어야 합니다.

"곧 그의 하늘이 이슬을 내리는 곳에로다." 우리는 영적으로 풍성한 나라로 들어가게 되었습니다. 그곳에는 가뭄이 없습니다. 하나님의 자녀는 물댄 동산과 같이 되며 풍성함에서 기뻐할 것이라는 약속을 받았습니다.

"이스라엘이여 너는 행복한 사람이로다 여호와의 구원을 너 같이 얻은 백성이 누구냐 그는 너를 돕는 방패시요 네 영광의 칼이시로다 네 대적이 네게 복종하리니 네가 그들의 높은 곳을 밟으리로다." 이 말씀은 그들이 약속의 땅으로 들어가기 직전에 주어진 말씀입니다.

### "이스라엘이여 너는 행복한 사람이로다"

그들은 이제 막 그 땅에 들어가려고 하고 있었고 그들 앞에는 강하고 큰 나라들이 있었습니다. 만약 이것이 이스라엘에게 그대로 이루어졌다면 이스라엘의 하나님에 대해선 얼마나 더 진실 되었겠습니까? 주 예수 그리스도 안에 있는 믿는 이들이여, 당신에게도 이 사실이 진짜입니까? "이스라엘이여 너는 행복한 사람이로다."

저는 제게 그 고백이 진짜라는 간증을 하고 싶습니다. 저는 비록 불쌍하고 비참한 죄인이지만, 지금 저는 아주 행복한 사람입니다. 비록 제가 지금 70세에 가까워졌고 50년 동안 신앙생활을 해왔지만 저는 아직도 불행하게 살고 있지 않습니다. 저는 아직도 매우 행복합니다. 저에게도 이것이 사실이 되었다면, 여러분께도 마찬가지일 것입니다. 왜 그렇게 되지 않겠습니까? 주 예수 그리스도의 뜻은 그의 모든 제자들이 행복한 제자들이 되는 것입니다. 그렇다면 우리 그것을 좇읍시다. 거룩하면서도 행복한 자녀가 될 수 있습니다. 확실한 그리스도인이면서 행복할 수 있습니다. 우리가 행복한 것이 아버지의 뜻입니다.

우리가 행복하지 않은 이유는 무엇입니까? 여러분 모두 한 사람 한 사람이 이 질문을 하고 하나님 앞에서 스스로 대답하시기 바랍니다. "왜, 왜, 왜 나는 행복한 하나님의 자녀, 행복한 주 예수 그리스도의 제자가 아닙니까?"라고 말입니다. 하나님의 진리를 놓고 보면 우리를 붙잡고 있는 것은 아무것도 없습니다. 하나님은 우리가 행복해 하는 것을 기뻐하십니다. "뮬러 씨, 당신이 내 고난과 짐을 가지고 있다면 행복하지 못 할 것입니다"라고 말하지 마십시오. 착각입니다. 그리스도인은 항상 행복한 사람입니다. 세상이 주변 환경들에서 행복을 찾으려 할 때, 그리스도인은 어떤 환경에 처해있던지 상관없이 하나님을 진정 신뢰하고 그분에게 만족을 얻으면 행복할 수 있습니다.

그러므로 사랑하는 그리스도인 친구 여러분, 자신의 짐을 절대 혼자 지려고 하지 마십시오. 주님께 그것을 맡기도록 하십시오. 그분과 모든 것을 해결하려고 노력하십시오. 어떤 시험, 난처한 일이 있더라도 그분께 맡기십시오. 그러면 그분이 얼마나 돕기 위해 준비하고 계신지 알 수 있게 됩니다. 그리고 모든 환경에서 "나는 행복합니다"라고 말할 수 있게 됩니다.

만약 우리가 행복하지 않다면, 그 잘못은 우리에게 있습니다. 우리가 행복한 자녀이지 않을 이유가 아무것도 없습니다. 우리의 아버지가 우리를 사랑하시고 우리를 안전하게 인도해내실 것입니다. 그런 아버지를 가지고 있기에 우리에게 "이스라엘이여 너는 행복한 사람이로다. 여호와의 구원을 너 같이 얻은 백성이 누구냐? 그는 너를 돕는 방패시요 네 영광의 칼이시로다"라고 말할 수 있습니다.

이스라엘 백성들은 이런 하나님을 소유했기에 행복했습니다. 그분께서 어떻게 그들을 건져내시고 구하셨는지 보십시오. 이집트인들에서 구하신 이도, 홍해에서 인도하신 이도, 바로의 군대를 멸하신 이도 하나님이십니다. 광야에서 인도하시고, 하늘에서 내리는 음식으로 먹이시며, 바위에서 물을 내시고 마침내 그들을 약속의 땅으로 이끄신 이도 그분이십니다.

### 행복의 이유

그분이 여러분과 저를 이집트보다 더한 권세에서 건져내셨다는 사실을 기억하십시오. 이집트의 군대보다 더 큰 대적에서 구원받았으며 그분으로 인해 우리는 이 삶의 많은 어려움에서 인도함을 받습니다. 저 위에 우리를 안전하게 도착시키는 그 날까지 날마다 그는 우리를 이끄십니다. 그렇기에 우리가 주 안에서 진정으로 기뻐해야 하지 않겠습니까? 여러분께 애정을 담아 질문합니다. "당신은 그러합니까? 당신은 행복한 그리스도인입니까?" 당신이 그분만을 바라본다면 그래야만 합니다. 어린아이와 같은 단순함으로 그분을 신뢰하십시오. 그러면 얼마나 그분이 여러분을 돕기 위해 준비하고 계신지, 복을 주기 위해 준비하고 계신지 알게 됩니다.

하나님이
응답하시는
기도

## 20　시편 23편

"여호와는 나의 목자시니 내게 부족함이 없으리로다. 그가 나를 푸른 풀밭에 누이시며 쉴 만한 물 가로 인도하시는도다. 내 영혼을 소생시키시고 자기 이름을 위하여 의의 길로 인도하시는도다. 내가 사망의 음침한 골짜기로 다닐지라도 해를 두려워하지 않을 것은 주께서 나와 함께 하심이라 주의 지팡이와 막대기가 나를 안위하시나이다. 주께서 내 원수의 목전에서 내게 상을 차려 주시고 기름을 내 머리에 부으셨으니 내 잔이 넘치나이다. 내 평생에 선하심과 인자하심이 반드시 나를 따르리니 내가 여호와의 집에 영원히 살리로다."(시 23편)

주님께서 우리를 도우실 것이기에, 오늘 저녁 우리의 묵상은 짧지만 귀중한 "여호와는 나의 목자시니 내게 부족함이 없으리로다"로 대표되는 시편 23편에 관한 것입니다. 이 시편은 다윗 왕이 말하고 쓴 것입니다. 사실 우리는 다음과 같이 자연스럽게 말하려는 경향이 우리 안에 분명히 있습니다: "예전에는 몇 안 되는 양을 돌보던 가난한 목동 소년이었던 그가 이제 왕이기 때문에, '나는 부족함이 없으리로다'라고 그가 말했다는 것은 별로 의심해 볼 여지가 없습니다." 그는 한 왕이었을 뿐만 아니라 대단히 힘 있는 왕이었습니다. 왜냐하면 그가 필요했다면, 수천의 군사들을 전장으로 보낼 수 있는 힘을 가졌었기 때문입니다. 그리고 다윗은 단지 매우 힘 있는 왕일 뿐만 아니라, 대단히 부유한 왕이었습니다. 그러므로 우리에게는 자연스럽게 "힘 있고 부유하다는 사실이 다윗 왕이 '내게 부족함이 없으리로다'고 말한 이유였다"고 말하는 경향이 있습니다. 물론, 다윗 왕은 성전 건축을 위해서 지금 우리 돈으로 90억 파운드에 해당하는 엄청난 금액을 한꺼번에 모을 수 있었던 걸로 보아서, 그는 정말로 매우 부유했습니다. 그 돈은 영국이 가지고 있는 어마어마한 모든 부채를 한 번에 청산할 수 있을 정도로 거대한 양의 돈이었습니다. 그는 자기 혼자서, 성전을 짓기 위해서 천 팔백만 파운드를 내놓았습니다. 이런 기부는 역사가 전해진 이래로 한 번도 없었던 일입니다.

그러나 이 사실이 그가 "내게 부족함이 없으리로다"라고 말한 이유는 아니었고, 여호와께서 그의 목자이셨기 때문이었습니다. 그분께서 다윗을 돌보셨고, 먹이셨고, 길러내셨습니다. 그래서 우리 자신들과 연관된 이 본문의 가장 중요한 핵심은 주 예수 그리스도께서 우리의 목자시라는 것이며, 우리는 그의 양이라는 사실입니다. 우리가 그분의 음성을 듣는다면 우리는 이 사실을 알고 있는 것입니다. 우리 자신에게 한 번 물어봅시다. "우리는 주 예수의 음성을 듣고 있는가? 우리는 그분께서 말씀하시는 것에 주의를 기울이고 있는가? 우리는 그분을 기쁘시게 하고 그분의 말씀을 우리의 삶과 행실 속에서 수행하기 위한 일에 마음을 다하고 있는가? 무엇보다도 우리는 당신의 생명을 그 양들을 위해 내어주신 그분을 신뢰하고 있는가? 비참한 죄인들을 위해 대신 죗값을 치르심으로써, 구원을 위해 그분을 신뢰하는 모든 이들이 구원받게 하신 그분을 신뢰하는가?" 이 질문들은 매우 중요하며, 이 질문들에 긍정적으로 우리가 대답하도록 준비하는 일에 목표를 두어야 합니다. 이 질문은 물론 저에게도 적용됩니다. 우리가 이 땅에서 가장 비참하고, 가장 무지하고, 가장 많이 시험을 당한 사람들일지라도, 우리는 "내게 부족함이 없으리로다"라고 고백하는 그리스도의 양이라는 사실을 통해서 우리 또한 이러한 고백을 할 것이 보증되어집니다.

여기서 특별히 이 내용에 주목하십시오. "내게 부족함이 없으리로다"는 단지 육체적 필요들에 관한 언급뿐만이 아니라, 우리가 이 땅 여기서 사는 동안 아마도 필요할 수 있는 모든 것에 관하여 언급하고 있는 것입니다. 우리가 영적 갈등이 크다고 여긴다면, 그리고 우리가 우리의 연약함과 무기력함, 공허함 속으로 더욱더 들어가려 하고, 그래서 도움을 구하기 위해 하나님께 전적으로 의지하려고 한다면, 부족함이 없다는 말은 단지 다윗에게만 해당되는 것이 아니라 우리에게도 해당되는 말이라는 것입니다. 개인적으로 우리가 우리의 목자로서 여호와 하나님과 예수를 소유한다면, 우리에게도 개인적으로 해당되는 우리를 위로하는 바로 그 말이 바로 여기에서 발견됩니다. 하나님 나라로 가는 길에 있는 동안 우리는 아마도 어떠한 것이라도 어떤 종류일지라도 특별한 부족함에 놓여 있을 수 있습니다. 그러나 우리 자신에게 "나의 하늘 아버지가 내 목자이시고, 나의 귀하고 사랑스러운 주 예수 그리스도께서 내 도울 자, 내 친구, 내 큰 형, 내 구원자이시기 때문에 내게 부족함이 없으리로다. 그분은 결코 나를 떠나지 아니하실 것이고, 저버리지도 않으실 것이다"라고 말하는 것은 다윗과 마찬가지로 우리가 소유하고 있는 특별하고 영광스런 특권입니다. 오! 가장 약하고, 가장 지혜롭지 못하고, 가장 배우지 못한 하나님의 자녀의 지위가 얼마나 말할 수 없을 정도로 축복된 것인가요. 그러므로 다시 한 번 가장 위대하고 중요한 질문은 다음과 같습니다: "우리가 개인적으로 그리스도의 양에 속해 있는가?" 제 마음의 갈망과 기도는 여기 있는 모든 사람들이 정직하게 성경에서 기록한 그 마음의 상태, 말할 것도 없이, "여호와는 나의 목자시니 내게 부족함이 없으리로다"라는 바로 그 상태에 들어가는 것입니다.

2절에서도 목자와 양의 모습은 계속 유지되고 있습니다. "그가 나를 푸른 풀밭에 누이신다." 그가 "나를 마른 잔디 잎들로 이끌어가는 것"이 아니라, 푸른 초장, 부드러운 풀로 이끄신다는 것입니다. 그때, 양들은 마른 풀들로 이끌려 가는 것이 아니라, 양들은 여유롭게 녹초와 부드러운 풀, "푸른 초장"을 먹을 수 있습니다. 그리고 양으로서 누워서 있다가 일어날 수도 있습니다. 이 본문에서 사용된 모습들은 하나님의 자녀의 축복된 모습을 우리 앞에 드러내 줍니다. 세상은 주님 안에서 누리는 우리의 행복에 관해 아무 것도 모릅니다. 그러므로 세상은 하나님의 자녀들로서 우리의 위치가 갖는 축복됨 속으로 조금이라도 들어갈 수 없습니다.

우리의 눈들은 속성상 우리가 처해 있는 비참한 상태를 보는 일에 열려 있습니다. 즉 마귀의 의지에 따라, 그에게 사로잡혀 하나님께 불쾌한 일들을 하도록 이끌리고 하나님의 마음에 완전히 반하는 일들을 하도록 이끌립니다. 그러나 이러한 잃어버리고 파괴된 상태를 우리에게 보여주는 일에 주님께서 기뻐하실 뿐만 아니라, 우리로 하여금 그분 앞에서 우리가 잃어버리고, 파괴된 자이고, 우리가 우리 자신을 구원할 수 없음을 고백하고 인정하는 일은 주님을 기쁘시게 합니다. 심지어 이것이 우리가 경험하는 축복의 전부가 아닙니다. 하나님은 우리를 성령으로 도우셔서 우리가 단순히, 오로지 전적으로 죄인들을 위해 주 예수 그리스도가 하신 일을 신뢰하게 하십니다. 주 예수 그리스도께서 하나님의 모든 법을 우리의 자리에서 대신 이행하시고, 우리의 수많은 범죄함 때문에 우리가 받아야 할 모든 처벌들을 감내하시면서, 그 결과로 우리가 하나님 앞에서 의로운 자들로 설 수 있게 하셨습니다. 그것은 우리가 부정의하고 불의할지라도 하나님 편에서 볼 때는 우리가 정의로우며 의로운 자로 여겨짐을 의미합니다. 주 예수 그리스도를 믿는 믿음으로 인해서 우리는 단지 하나님의 자녀, 하나님의 상속자, 그리스도와 공동 상속자가 되었을 뿐만 아니라, 여전히 육체 가운데 있지만, 이미 우리가 행한 모든 범죄들은 용서받았습니다.

우리의 모든 죄들로부터 용서를 얻기 위해서, 우리가 죽을 때까지 또는 주 예수 그리스도가 오실 때까지 우리가 기다릴 필요가 없습니다. 오히려 우리가 구원을 위해서 오로지 예수님을 신뢰하는 그 순간, 우리의 수많은 범죄가 용서받고 영원히 기억되지 않을 순간이 우리에게 있습니다. 오, 이 자리가 얼마나 말할 수 없이 복되며, 그 결과가 성령 안에서의 평강과 기쁨이 아닌가요. 공포와 두려움 없이, 우리는 지금 하나님에 관해서 생각합니다. 다시 말해서, 본래 우리가 영원히 거룩하신 하나님을 전혀 두려워하지 않고 죄를 범한 죄인이지만, 우리는 얼굴로 그분을 바라봅니다. 오! 얼마나 귀한 일인가요. 이 사실이 얼마나 말할 수 없이 귀한 일인가요.

하나님께서는 우리가 이 땅에서 순례를 하는 모든 기간 동안에, 우리가 겪는 모든 다양한 어려움들과 시험들과 혼란스런 상황들 가운데서, 그리고 우리의 연약함과 무기력함이 드러나는 가운데서 우리를 도우십니다. 이후에 우리를 하나님의 집으로, 하나님 자신에게로 데려가는 일로 인해 하나님께서 기뻐하실 때, 결국 죽음을 통과함으로써 하나님께서 우리를 하나님 자신에게로 데려가실 때, 또는 주 예수 그리스도께서 다시 오실 때 우리가 여전히 이 땅에 살아있다면, 바로 그때 우리는 하나님으로부터 오는 우리의 기업에 들어갈 것입니다. 그때에 우리가 받을 상속은 바로 우리의 하늘 아버지께서 그의 중재자로서의 섬김에 대한 상으로서 자신의 독생자에게 주신 것입니다. 아무도 셀 수 없을 만큼 수많은 비참한 죄인들이 구원받기 위해서 그의 아들이 이 땅에서 행한 모든 것에 대하여 하나님이 주신 상이고, 이 땅에서 그가 받은 모든 고난에 대하여, 어둠의 시간을 통과함에 대하여 주신 상입니다.

그분을 신뢰하는 우리는 우리의 하늘 아버지께서 이 모든 것에 대하여 영광과 상으로 그 아들에게 주신 것을 그 아들과 함께 공유할 것입니다. 주 예수님을 믿는 자들로서 우리는 스스로 다음과 같이 말할 수 있습니다: "지옥에 가는 것 말고는 아무 것도 받을 가치가 없는 나일지라도, 나는 하나님의 나라를 소유하고 하나님의 오른 손에 붙잡혀 기쁨의 강물을 맛볼 뿐만 아니라, 나는 아버지께서 그 아들의 중재자로서의 사역에 대해 그에게 주신 모든 영광을 나의 귀하고 사랑스런 주 예수 그리스도와 함께 공유할 것이다." 오! 이 사실에 담겨 있는 진리는 무엇입니까. 그리스도를 믿는 죄인이 그를 믿는 믿음을 통해 얻는 것을 세상이 알 수만 있다면, 모든 세상은 기쁨으로 그분을 구할 것입니다. 그러나 그 사실이 사람들의 눈에 의해서 파악되지 않고, 자연인에게 알려지지 않기 때문에, 부주의하고 무관심하게 세상은 지나갑니다. 그리고 때로 그것을 일깨우기에는 너무 늦은 때까지 세상은 그저 스쳐 지나갑니다.

"그가 나를 푸른 초장에 누이시며." 양에 관해서 여기에 사용된 주님의 모습은 넘치도록 큰 축복과 행복을 우리 앞에 가져옵니다. 그 축복들은 주 예수 그리스도를 신뢰함으로써 얻어지는 결과입니다. 그러므로 우리가 해야만 하는 것은 우리 자신과 관련하여 더욱더 그리스도를 신뢰하고 믿는 일의 결과를 깊이 생각하고, 그 결과에 이르도록 하는 것입니다. 그때, "푸른 초장"만이 언급되는 것이 아니라, "잔잔한 물/쉴만한 물가" 또한 언급된다는 것을 발견할 수 있습니다. "쉴만한 물가로 인도하시는도다." 양의 소심한 속성 때문에 목자들은 양을 고요한 물가로 인도합니다. 이 사실이 여기에 언급되는 데에는 특별한 이유가 있습니다. 물을 마시게 하기 위해서 양들을 두렵게 만들지도 모를 산의 급류로 인도하는 것이 아니라, 양의 속성에 맞게 고요하고 잔잔한 물가로 인도한다는 것입니다. 따라서 연약한 양들은 고요한 물가에서 두려워하지 않게 됩니다. "내 영혼을 소생시키시고 자기 이름을 위하여 의의 길로 인도하시는도다." 저는 여기서 다음의 사실을 언급할 것입니다 (제가 생각하기에 예전에도 한 번 언급했던 것 같습니다). 이러한 인도하심은 그분에게 신앙을 저버린 자들을 다시금 데려오는 것과는 상관이 없는 일입니다. 히브리어로 위의 말은 "그가 내 영혼을 소생시키신다." 또는 "그가 내 영혼에 생기를 불어 넣으신다"라는 의미입니다. 마치 한 밤 동안 정말 잘 쉼으로써 우리가 생기를 얻고 소생되는 것처럼, 또는 한 여름 날의 추수 때에 일꾼에게 주어진 시원한 냉수 같은 물이 그를 소생시키는 것처럼, 하나님의 자녀들인 우리는 우리의 존귀한 목자에 의해 영적으로 소생됩니다.

우리를 소생시키는 것은 우리의 존귀하신 주 예수 그리스도께서 기뻐하시고 즐거워하시는 바로 그 일입니다. 시험들과 어려움들로 인해서, 또는 우리가 직면해야만 하는 힘겨운 유혹들로 인해서 어느 때라도 우리가 내버려진다면, 그리고 우리가 소생되지 못하고 있음을 발견한다면, 우리가 해야 하는 일은 학식 있는 자의 혀가 그분에게 주어졌다는 사실을 주 예수 그리스도께 상기시켜 드리는 일입니다. 그리고 피곤해 하는 그들에게, 소생 될 필요가 있는 그들에게, 때에 따라 어떻게 이야기할지와 그들을 어떻게 위로하고 격려하고, 어떻게 하나님 안에서 그들의 기세를 어떻게 힘 있게 할 수 있는지를 주님께서 알고 계시다는 사실을 주 예수 그리스도께 상기시켜드리는 것입니다. 이사야 50:4에서 주 예수 그리스도에 관한 이 귀한 말씀을 우리는 우리 앞에 가져와 읽었습니다. 저는 그리스도 안에서 형제자매된 사랑하는 모든 이들에게 이 축복된 말씀을 그들이 이제까지 행하여 온 것보다 더욱더 사용하도록 권면합니다.

"내 영혼을 소생시키시고." 오! 우리가 이 말씀을 사용하도록 합시다. 오! 우리가 어린아이와 같이 단순하게 우리의 존귀하시고 또한 존귀하신 주 예수 그리스도를 신뢰합시다. 당신이 내버려질 때마다, 당신이 크게 영적으로 시험을 당할 때마다, 당신의 마음을 당신의 친구이신 존귀하신 예수께 여십시오. 저는 오랜 세월 동안 그렇게 해 왔습니다. 저를 지탱해주고, 저를 위로해 주고, 저를 행복한 사람으로 만들어 준 것이 바로 이것입니다. 저는 저의 존귀하신 예수님을 절친한 친구로 대합니다. 저는 저의 전심을 그분에게 쏟아내고, 그분에게 모든 것을 말합니다. 염려가 사라지고 제가 영적으로 소생되기 위해서 필요할 때마다, 저는 그분에게 제게 때에 맞게 한 말씀을 주시도록 간청합니다. 그러면 저는 그분이 저를 도울 준비가 언제나 되어 계심을 발견합니다. "내 영혼을 소생시키시고 자기 이름을 위하여 의의 길로 인도하시는도다." 우리는 곧 그분을 떠나 방황하고 다시금 우리의 어리석고 죄된 욕망 속으로 되돌아갈 것이기 때문에, 주님은 우리로 하여금 올바른 길로, 의의 길로 인도하십니다. 그래서 우리는 그분을 의지해서 의로운 길로 계속 걸어갈 수 있습니다. 이 구절의 두 번째 부분은 "내 영혼을 소생시키시고"가 의미하는 바를 여실히 보여줍니다. 즉 "내 영혼을 소생시키시고, 그가 나를 바른 길로 계속 이끄신다"는 것입니다.

"내가 사망의 음침한 골짜기로 다닐지라도 해를 두려워하지 않을 것은 주께서 나와 함께 하심이라 주의 지팡이와 막대기가 나를 안위하시나이다." 이 본문에서 우리는 시편 기자가 자신의 가장 큰 시험, 가장 큰 고통에 직면하게 되었다고 스스로 생각하고 있음을 발견합니다. 아니, 그가 생명의 바로 마지막까지 이끌려, 죽음의 시련을 통과하고 있다고 생각됩니다. 그러나 그의 언어는 "내가 사망의 음침한 골짜기로 다닐지라도 해를 두려워하지 않는다"입니다. 어떻게 이런 고백이 나올 수 있을까요? 우리가 그렇게 엄청난 의학적 힘을 가지고 있기 때문인가요? 분명히 아닙니다. 우리가 죽음의 바로 문턱에 놓이게 될 때, 우리가 그렇게 큰 육체적 능력과 힘을 가지고 있기 때문인가요? 그것도 아닙니다. 하지만 진짜 이유는 그와는 정반대입니다. 그 이유는 바로 이것입니다. 주 예수가 우리와 함께 하시기 때문입니다. "내가 사망의 음침한 골짜기로 다닐지라도 두려워하지 않을 것은 주께서 나와 함께 하심이라." 오! 이 얼마나 귀한 일입니까. 주님은 우리의 눈물의 골짜기를 우리와 함께 걸어가심으로써 우리를 돌보시는 생명의 주인이십니다.

어느 때보다도 더욱 우리가 그분을 우리의 친구로, 도울 자로, 지지자로 필요한 상황으로 우리를 이끌도록 신뢰할 때, 그분은 결코 우리를 떠나지 않으시고 저버리지도 않으십니다. 우리에게 가장 과중하고 커다란 시험이 찾아오고, 심지어는 우리가 죽음의 문턱까지 이끌릴 때, 그리고 영과 육이 무너질 때, 우리가 개인적으로 스스로에게 말해야 하는 것은 바로 이것입니다: "당신이 나와 함께 하십니다. 나의 존귀한 주 예수님, 당신이 나와 함께 하십니다. 당신은 나를 저버리지 않으셨습니다. 당신은 가장 연약하고 무기력한 지금에도 나와 함께 하십니다. 나는 당신을 나의 전능한 친구이자 지지자, 위로자이고 힘으로 둡니다." 오! 이 얼마나 존귀한 사실입니까? "내가 사망의 음침한 골짜기로 다닐지라도 해를 두려워하지 않을 것이다." 하나님의 사랑받는 자녀들, 하나님의 진정한 실제 자녀들 중 어떤 이들은 죽음의 때에 관하여 두려움을 갖고 있습니다. "내가 죽게 될 때는 어떠할까?"라고 그들은 걱정합니다. 그러니 이제 당신 스스로에게 말하십시오. "나는 해를 두려워하지 않을 것이다." 우리 자체가 중요한 사람이거나 우리 스스로 어떤 중요한 일을 할 수 있기 때문이 아니라, 단순히 성경에 기록되어 있기 때문에 우리는 이 고백을 할 수 있습니다: "주께서 나와 함께 하심이라 주의 지팡이와 막대기가 나를 안위하시나이다."

이제 본문의 마지막 두 구절은 또 하나의 모습, 즉 손님들을 초대하는 주인의 모습으로서 우리 앞에 하나님과 그의 자녀 사이의 친밀한 관계를 놓아둡니다. "주께서 내 원수의 목전에서 내게 상을 차려 주시고 기름을 내 머리에 부으셨으니 내 잔이 넘치나이다." 이 구절을 취해 읽는다면, 그 의미는 무엇일까요? 그 의미는 두 가지 의미들로 구성됩니다. 주 예수 그리스도, 우리의 영적 양식이신 바로 그분을 신뢰하는 것입니다. 율법의 성취자, 우리 죄의 대속자, 그리고 우리의 영적 양식이신 바로 그 예수님 안에서 하나님께서 우리에게 주신 것 속으로 참여하고자 하는 것입니다. 그것은 하나님께서 우리를 위해 예비하신 상(테이블)입니다. 두 번째, 성경에 기록된 그 테이블에서 하나님의 말씀과 하나님의 계시된 뜻을 우리가 소유하기 때문에, 그 약속이 가리키는 바는 우리의 양식을 위해 하나님께서 우리에게 주시는 것입니다. 우리를 향한 사탄의 모든 증오에도 불구하고, 우리의 원수들의 모든 반대에도 불구하고, 이 양식은 하나님께서 우리에게 예비하신 것입니다. "주께서 내 원수의 목전에서 내게 상을 차려 주시고 기름을 내 머리에 부으셨으니 내 잔이 넘치나이다."

그러나 이제 곧 실제적인 질문이 등장합니다. "우리는 실제적으로 그리스도를 먹는가? 우리는 일반적으로 주 예수 그리스도가 우리에게 어떤 분이신지를, 우리의 구원자 우리의 대제사장으로서 우리를 자신에게로 데려가기 위해서 다시 오실 분으로서 숙고하고 있는가? 그래서 그가 계신 곳에 우리 또한 있는지 숙고하는가? 우리의 친구, 우리의 상담자, 우리의 힘이 되시는 분으로서 주 예수 그리스도가 우리에게 어떤 분이신지를 숙고하고 있는가? 이제 그분에 관하여 우리는 관심을 갖고 있는가? 우리는 날마다 (성경에서 사용된 모습을 이용하여서) 구원의 투구를 쓰고 있는가? 즉 주 예수 그리스도의 다시 오심과 연관된 일에 관여하고자 하는가? 우리는 날마다 이 모든 주님에 관한 진리의 말씀으로 우리 자신을 위로하고 있는가?" 우리가 성령 안에서 평강과 기쁨을 가질 수 있도록, 세상이 하나님의 자녀가 된다는 것이 얼마나 축복된 일이지를 알 수 있도록, 그래서 우리가 하나님을 영화롭게 해 드릴 뿐만 아니라, 우리 동료들의 기세를 치켜세워주기 위해서, 예수님이 어떤 분이신지에 주목하는 것이 매우 중요한 일이 아니겠습니까.

"기름을 내 머리에 부으셨으니 내 잔이 넘치나이다." 동방에서는 한 중요한 인물이 그의 친구 중 어떤 이를 초대해서 자신과 식사를 하고 하루를 함께 보내려고 할 때, 첫 번째 하는 일 중 하나는 그 종들이 손님에게 그의 발을 씻을 물을 건네는 것뿐만 아니라, 그의 머리에 부을 기름을 건네는 일을 하게 됩니다. 상대방에 대한 존경과 존중의 한 표시로서 이 일이 행해졌습니다. 다시 말해서, 머리에 부어진 기름은 주인의 집에 왔던 중요한 손님들에게 주어진 환영이었습니다. 이제 우리는 더 이상 그런 풍습을 따라 행동하지 않지만, 우리에게도 그 의미는 대단히 존귀한 일로 간주가 됩니다. 왜냐하면 기름이란 모습으로 다시금 대표되어지는 성령, 그 성령이 우리에게 주어지기 때문입니다. 우리에게 주어진 성령을 우리가 확실히 소유하고 있는 만큼, 우리는 그처럼 확실하게 하늘에 이르게 될 것이고, 그렇게 확실히 그리스도의 영광에 이르게 될 것이며, 우리는 그렇게 확실히 그리스도처럼 될 것이고, 우리는 영광의 육체를 소유하게 될 것입니다. 이것들이 바로 성령의 선물이 의미하는 바입니다. 그러니까 기름 부음으로 예표되는 이런 일들이 얼마나 존귀할까요.

우리가 이러한 것들에 으레 마음을 쓴다면, 우리 마음은 기쁨으로 가득 찰 것입니다. 따라서 우리는 대단히 행복해야 합니다. 그러므로 제가 사랑하는 동료 신자들에게 제가 애정을 담아 주는 조언과 충고는, 당신의 기쁨이 더욱 풍성하게 증가하도록 당신의 마음에 이 모든 것들을 적용하여 더욱더 숙고하라는 것입니다. 그러면 결국 그것으로부터 나오는 결과는 무엇이겠습니까? 이 시편 기자와 더불어 당신은 말할 수 있게 될 것입니다. "내 잔이 넘치나이다." "그 행복을 거의 참을 수 없을 정도로 저는 행복한 사람입니다. 저는 제 컵에 무엇인가를 가지고 있고 제 잔이 꽉 차 있을 뿐만 아니라, 제 잔이 흘러 넘칩니다." 하나님의 자녀의 자리가 얼마나 복 된 자리입니까. 그 이유는 돈 때문도 아니고, 많은 집을 소유해서도 아니고, 수백만 평의 많은 땅을 소유해서도 아니고, 어마어마한 양의 자금을 가지고 있기 때문도 아닙니다. 우리의 복됨은 이 모든 것들 때문이 아닙니다. 우리의 복됨은 우리의 소유에서 발견된 모든 것과의 관련성은 거의 없거나 전혀 없을 것입니다. 오직 그 복됨은 성령 안에서 우리가 누리는 평강과 기쁨에 관한 것이고, 그의 마음 속에 그 평강과 기쁨을 갖는 것과 깊은 관련이 있습니다. 오! 나의 친구들이여, 이것이 얼마나 존귀한가요.

이제 마지막 구절이 등장합니다. "내 평생에 선하심과 인자하심이 반드시 나를 따르리니 내가 여호와의 집에 영원히 살리로다." 가난한 자가 부자에 의해서 손님으로 초대되었습니다. 그는 초대에 응했고, 그 자리가 매우 기쁘다는 것을 발견하고는 행복해 합니다. 이 모든 것은 그가 자연스럽게 원하는 것입니다. 이제, 그는 어떤 결론에 이르게 되는 가요? "나는 여기에 있는 것이 매우 즐겁다. 나는 여기에 머무를 것이다. 나는 더 이상 떠나가지 않을 것이다." 이것은 그리스도와 교제하는 가운데 하나님의 자녀가 발견하는 것을 우리 앞에 드러내어줍니다. 이 본문의 말씀은 예수 그리스도 안에서 그 사람에게 하나님께서 주신 것의 풍성함을 잘 드러내어 줍니다. 그리고 "내 잔이 넘치고, 나는 행복으로 가득 차 있다"라고 말합니다. 또한 "나는 내가 품을 수 있는 것 이상을 소유하고 있다. 나는 이렇게 지내는 것이 기쁘고 너무나 기뻐서, 나는 더 이상 또 다른 자리로 결코 나아갈 수 없다. 나는 하늘 아버지의 집에 영원히 머무를 것이다"라는 고백을 하게 합니다.

그리스도를 믿는 자로서 우리가 참여하는 자리가 바로 이것입니다. 우리가 확실하게 주님의 길로 정직하게 걸어가는 것만큼, 그리고 진정으로 마음을 하나님께 굴복하는 것만큼, 이것이 우리가 도달하게 되는 신앙 여정의 종착점입니다. 우리가 주님의 길에서 떠나고 싶어 하지 않는다는 사실이 심지어 이생의 삶에서도 우리에게 그렇게 기쁘고 귀한 것입니다. 자연적인, 그리고 세속적인 상황에서 우리는 행복을 추구합니다. 그러나 우리는 행복을 얻지 못합니다. 우리가 직면하는 결과는 오로지 실망뿐입니다. 왜냐하면 몇 시간 후에 이 세상의 모든 행복은 사라지기 때문입니다. 그러나 주 예수 그리스도를 믿는 믿음에 의해 참여하게 된 자리는 우리에게 며칠 동안, 몇 달 동안, 또는 몇 해 동안의 행복을 우리에게 보장해 줄 뿐만 아니라, 영원히 그 행복을 보장해 줍니다. 그래서 우리의 마음은 "나는 이렇게 남아 있을 것이다. 이렇게 나는 아주 행복하다. 나는 결코 이 길을 내버리지 않을 것이다"라고 소리치게 됩니다.

뿐만 아니라, "내 평생에 선하심과 인자하심이 반드시 나를 따를 것이다. 나는 이제로부터 영원히 행복한 사람일 것이다. 그리고 나는 내 아버지의 임재 가운데 머무를 것이다. 나는 그의 집으로부터 더 이상 떠나지 않을 것이다. 왜냐하면 나는 하나님의 자녀로 있는 것이 얼마나 귀한 것인지를 알았기 때문이다"라고 우리의 마음이 고백합니다. 하나님의 자녀로 산다는 것은 칠십 육년 하고 또 반 년 동안 저 자신의 행복한 경험이었습니다. 그러므로 저는 성경의 약속에 따라서 이 경험을 아직 가져보지 못했던 누구에게나 강권합니다. 그 축복은 여기 이 한 사람을 위하거나, 또 다른 한 사람을 위한 것만이 아닙니다. 하나님은 그것을 소유하기 원하는 사람이라면 누구나 어느 사람이든지 그 사람에게 축복을 부여하시고자 합니다. 우리가 해야만 하는 모든 것은 단지 "걸인"처럼 우리의 손을 벌리고 하나님이 우리에게 주시고자 하는 것을 받는 것입니다. 우리는 우리가 하나님으로부터 처벌 밖에 받을 자격이 없는 자들임을 인정해야 합니다. 우리의 본래적인 죄성 때문에 하나님께서 우리에게 부여하시고자 하는 모든 축복에 대해 우리가 전적으로 무가치한 죄인들이라는 사실을 인정해야 합니다. 이것을 인정하고 나서 구원을 위해 주 예수 그리스도를 신뢰하면 우리에게 이러한 선물을 보증해 줍니다. 여러분은 그 선물들을 아직도 받아들이지 않을 것입니까? 아직 예수를 신뢰하지 않는 여러분 모두 이제 이 축복의 초대를 받아들이겠습니까? 오! 이루 말할 수 없을 정도로 이 약속에 존재하는 축복됨이여. 저는 주님과의 대화 이후 저의 죄들이 사해졌음과 하늘은 제 집이고, 저는 이제 새롭게 태어났으며, 하늘을 향해 가는 길로 이끌리고, 제 마음은 기쁨으로 뛰어오를 준비가 되어 있다는 사실을 알게 된 채로 침대에 평화롭게 누워있던 회심 후 바로 그 첫 번째 저녁을 생생하게 기억합니다. 모든 인간의 삶의 상황이 똑같은 방식으로 계속 이어져 왔기에, 아직 하나님의 자녀가 되지 못한 모든 이들을 위해 제가 갈망하는 축복이 바로 이것입니다. 하나님께서는 그리스도를 통해 축복을, 풍성한 축복을 주시기를 원하십니다.

 # 행복한 삶을 사는 법[19]

"주 안에서 항상 기뻐하라 내가 다시 말하노니 기뻐하라. 너희 관용을 모든 사람에게 알게 하라 주께서 가까우시니라. 아무 것도 염려하지 말고 다만 모든 일에 기도와 간구로, 너희 구할 것을 감사함으로 하나님께 아뢰라. 그리하면 모든 지각에 뛰어난 하나님의 평강이 그리스도 예수 안에서 너희 마음과 생각을 지키시리라."(빌 4:4-7)

여기에 기록된 네 구절들은 여기 참석한 그리스도 안에서 형제자매된 사랑하는 이들에게 성령에 의해 쓰여진 것입니다. 여기에서 우리에게 주어진 상담, 조언, 권면을 우리 모두는 거의 다 필요로 합니다. 그 교훈들 안에서 성령 하나님의 음성을 우리가 지금 듣게 하여 주소서.

"주 안에서 항상 기뻐하라"(4절). 이 권면은 신자들에게 주어졌습니다. 왜냐하면 어떠한 자연인도 그처럼 주님 안에서만 기뻐할 수 없기 때문입니다. 이 완전한 기쁨을 이루기 위해서, 우리는 먼저 우리의 실패하고 파괴된 상황을 직면해야만 했습니다. 우리는 하나님 앞에서 이 사실을 인정해야 했습니다. 그리고 나서 우리는 우리의 유일한 신뢰를 주 예수 그리스도께만 두어야 했습니다. 그렇게 함으로써, 우리는 의

---

19 "칠십 여 년 동안 나는 평화로 가득차고 행복한 사람이었다"라고 말했던 브리스톨의 조지 뮬러에 의해 선포된 설교.

롭다 여김을 받게 되었고, 우리는 새롭게 태어났고 용서받았습니다. 우리는 하나님의 상속자, 그리고 그리스도와 공동의 상속자가 되었습니다. 하나님 나라를 향한 길로 이끌리고, 하나님 나라는 결국 우리의 집이 될 것입니다.

하나님 나라에 들어가는 것은 주 안에서 시작되는 것이며, 하나님을 향한 우리 여정의 단지 시작을 의미합니다. 왜냐하면 하나님 나라에 들어가는 것이 오로지 영광 가운데서만 최고 수준에 이를 수 있기 때문입니다. 그러나 작은 정도로나마 하나님 나라의 기쁨은 회심의 바로 그때부터 시작됩니다. 예수 그리스도를 믿음으로써 얻게 되는 것을 우리가 붙잡으면 붙잡을수록, 하나님 안에서 우리가 누리는 실제적이고 진정한 평강과 기쁨은 더욱더 커질 것입니다.

### 아직 육체 가운데 있지만 누리는 행복

주님 안에서 누리는 이 기쁨이 지속되기 위해서, 우리는 특별히 또한 성경을 주의 깊게 부지런하게 습관을 들여 읽어야 합니다. 특별히 우리는 위 본문 말씀의 권면의 두 번째 부분, "내가 다시 말하노니 기뻐하라"는 것에 주목해야 합니다. 그러기 위해서 우리는 하나님의 귀중한 말씀 속에서 하나님께서 우리에게 알려주신 것을 우리 삶 속에서 실천하기 위해 애쓰려고 노력해야 합니다. 우리는 다음의 내용에 특별히 주목할 필요가 있습니다. 기쁨은 우리가 언급했던 것에 주목함으로써 시작됩니다. 그러나 우리가 믿음으로써 주 예수의 일하심을 숙고한다면, 그것을 우리 스스로에게 적용한다면, 이 기쁨은 우리에게 지속되고 우리는 언제나 행복할 것입니다.

주 안에서 누리는 이 기쁨에 관해서 얼마나 많은 것들이 이야기되어 졌는지 우리는 압니다. 특별히 빌립보서는 이 기쁨에 관한 것들로 가득 차 있습니다. 빌립보서 3장 첫 부분에는 다음과 같은 말씀이 있습니다. "끝으로 나의 형제들아 주 안에서 기뻐하라." 그 후에 기쁨이 우리의 현재 본문에서 반복되어 나타납니다. 그러나 특별히 무게가 실린 첨언으로써 "주 안에서 항상 기뻐하라", 그 후에 이 모든 것이 충분하지 않은 것처럼, 다시 한 번 더 반복됩니다. "내가 다시 말하노니 기뻐하라." 이처럼 엄청난 강조가 기뻐하라는 말에 놓여 있습니다. 왜냐하면 주 예수 그리스도를 믿는 신자로 사는 것이 헛된 일이 아님을 세상에 증언하기 위해서, 기뻐한다는 것은 하나님을 너무나 영화롭게 하고자 하는 일이기 때문입니다. 또한 우리가 예수 그리스도에 관한 이 믿음을 통해서 우리가 얼마나 많은 것을 얻었는지를 세상에 보여주기 위해서, 기뻐하는 것입니다. 그리고 그 믿음에 주목함으로써, 우리는 우리의 동료 신자들의 기세를 강화시켜줍니다.

그 이후에 두 가지 다른 가장 먼저 있는 구절들이 나옵니다. "아무 것도 염려하지 말고"(6절). 우리 모두가 잘 아는 것처럼, 그 구절은 "당신의 가족의 일들, 사업의 일들, 주님을 위한 사역과 노동에 관해서 전혀 신경 쓰지 않고 무관심 하라"는 의미를 담고 있지 않습니다. 그러나 우리가 다시 또 다시 듣는 것처럼, 그것은 "어떠한 것에도 근심하지 말라"는 의미입니다. 근심하지 않는다는 것은 하나님의 자녀가 갖는 커다란 특권입니다. 심지어 이 땅의 삶에서도 이것을 이루는 일은 가능합니다. 그렇습니다. 커다란 어려움 한 가운데서도, 커다란 시험들 한 가운데서도 근심하지 않을 수 있습니다. 이 축복은 꽤 많은 하나님의 자녀들에 의해서 이루어질 수 있고, 이루어지는 것입니다. 하나님의 은혜를 받은 자로서, 저는 오랜 세월동안 근심하지 않고 살아온 사람들 중의 한 사람입니다.

### 70년 이상 동안 저는 근심하지 않고 살아왔습니다

저는 저의 짐들을 주님께 맡겨왔고, 주님은 그 짐들을 저를 위해서 짊어져 주셨습니다. 그 결과 모든 지각을 뛰어넘으시는 하나님의 평강이 저의 생각과 마음을 지켜주었다는 것입니다. 우리가 근심한다면, 그것은 우울한 모습을 불러일으킬 것입니다. 그 우울한 모습은 하나님에게 대단히 불명예를 끼칠 것이고, 개종하지 않은 자들로 하여금 하나님을 찾는 일에 아주 단념하게끔 할 것입니다. 왜냐하면 그들은 그들 자신에게 다음과 같이 말하기 때문입니다: "저 남자, 저 여자는 내가 어려운 문제에 처해 있을 때만큼이나 비참하다." 그러나 우리가 심한 시험과 심한 고통 가운데 처해 있지만 우리에 관해서 기쁨이 넘치는 모습이 발견되어질 때, 우리의 바로 그 모습은 개종하지 않은 자들에게는 하나의 격려가 되고 또한 하나님을 믿는 동료 신자들의 믿음을 강화시켜줍니다. 그러므로 사랑하는 이들이여, 우리가 근심하지 않는 일을 목표로 삼아봅시다. 제가 기술한 것처럼, 근심하지 않을 수는 있겠지만, 우리가 우리 자신만의 해결책으로서-우리가 우리 자신에게 "나는 용감하게 그것을 이겨낼 수 있을 거야"라고 말함으로써-근심하지 않을 수는 없습니다. 우리는 우리의 연약함과 무기력함 속에서 우리의 짐들을 하나님에게 맡겨야만 합니다. 그때 우리가 하나님의 평강을 소유하게 될 것이기 때문입니다.

　제가 그리스도 안에서 형제자매된 저의 사랑하는 이들의 마음에 이 사실을 애정을 담아 자꾸 권하게 하십시오. 왜냐하면 우리가 우리 자신의 시험들과 우리 자신만의 짐들을 우리 스스로 맡으려고 하면 비참한 삶이 발생하기 때문입니다. 심지어 가장 가벼운 시험들과 짐들도 그것들을 자신의 힘으로 짊어지려 하면, 그것들은 우리에게 너무나 무거운 것으로 여겨질 것입니다. 그리고 우리는 우리의 하늘 아버지께서 개입해서서 그 짐을 더 무겁게 만드시도록 강요합니다. 우리의 어리석음과 자만감으로 인하여 우리가 우리 스스로 그 짐들을 짊어지려고 한다면, 그때 사람의 방식을 따라 말하면서 그 짐들을 짊어지려고 한다면, 십 킬로 무게는 오십 킬로 무게가 될 것입니다. 우리의 거만함으로 우리가 그것을 스스로 짊어지려 하면, 하나님께서는 그것을 백 킬로가 되게 만드실 것입니다. 어리석게도 우리가 그때에도 그 짐을 짊어지려 하면, 하나님께서는 우리가 얼마나 약한 존재인지, 그리고 우리가 스스로 그 짐을 질 수 없다는 사실을 알게 하시려고 그 짐을 훨씬 더 무겁게 만드실 것입니다.

　당신의 영혼을 위해서 제가 제 마음을 담아 다음으로 추천하고자 하는 것은 기도에 관한 조언입니다: "모든 일에 기도와 간구로, 너희 구할 것을 감사함으로 하나님께 아뢰라"(6절). 이 구절은 시험이 매우 커서 오로지 그때 기도하는 것뿐만 아니라, 아주 작은 일들, 삶의 일상적 일들에 관하여 기도하는 것, 즉 하나님 앞에 모든 것을 가져 나오는 것을 의미합니다. 이러한 기도의 결과는 "모든 지각에 뛰어난 하나님의 평강이 그리스도 예수 안에서 너희 마음과 생각을 지키시리라"입니다. 설혹 우리가 눈물의 골짜기로 다닐지라도, 그렇게 기도함으로써 우리는 세상을 기쁨으로 이겨낼 수 있습니다. 하나님 앞에 작은 일들을 가져가는 일은 제가 작은 일들에 관하여 저의 삶의 습관으로 실천한 것입니다. 저는 결코 제 스스로 어떠한 짐일지라도 제 스스로 짊어지려고 하지 않았습니다. 저는 그것들을 하나님께 맡기고 그것들에 관하여 하나님에게 말하였습니다. 사랑하는 라이트 씨와 저, 우리가 아침에 만날 때 처음 하는 일은 우리 사역의 일들에 관하여 기도하는 것입니다. 우리는 모든 것을 우리의 하나님 앞에 가져 나옵니다. 우리는 하나님 앞에 가장 사소한 일들을 가져 나오고, 하나님께 그것들을 맡기고, 결코 우리 스스로 그 짐들을 짊어지려고 시도하지 않습니다.

"너희 관용을 모든 사람에게 알게 하라"(5절). 여기에 참석한 대부분의 사랑하는 형제자매들은 '관용'이란 단어의 의미가 '양보함'이라는 사실을 잘 알고 있습니다. 이 사실은 우리가 하나님의 일들에 있어서 도를 넘어설 수 있다는 것을 의미하진 않습니다. 이것은 결코 그와 같은 사례가 아닙니다. 우리의 기도함에 지나침이 있을 수 없고, 하나님을 신뢰함에 있어 지나침이 있을 수 없으며, 사랑함에 있어서 지나침이란 있을 수 없습니다. 그리고 그리스도의 마음을 수행하는 일에도 지나침이 있을 수 없습니다. 그럴 수는 없습니다. 그러나 제가 말한 것처럼, 관용의 의미는 '양보함'입니다. 설혹 우리가 그리스도를 믿는 신자일지라도, 우리는 우리 자신의 권리들을 주장해서는 안 되며, 대신에 세상과 그리스도 안에서 형제 된 이들에게 양보할 준비가 되어 있어야만 합니다. 이렇게 온순하고 양보하는 정신을 드러냄으로써, 우리는 하나님을 영화롭게 합니다. 자연스럽게 우리는 "내가 그렇게 한다면, 세상의 사람들은 나를 많이 이용해 먹을 것이다"라고 말하려는 경향이 있을지 모릅니다. 우리를 돌보시는 하늘 아버지가 계시지 않는다면, 주 예수 그리스도가 우리의 친구이자 도울 자가 아니라고 한다면, 이것은 사실일 것입니다. 그런데 앞의 구절을 읽자마자 다음의 구절이 등장합니다: "주님께서 가까우시니라." 당신의 문제들을 하나님의 손에 맡기십시오. 그분의 손에 당신 자신을 남겨두십시오. 그러면 그분은 당신을 보살피시고, 돌보실 것입니다. 그분은 세상 사람들이 당신을 압도하지 않을 것이라는 것과 당신을 심하게 이용해 먹지 않을 것이란 사실을 아십니다. 당신에게는 하늘의 아버지께서 계시기 때문에, 그리고 주 예수 그리스도가 당신의 친밀한 친구이자 도울 분이시기 때문에 그러한 일은 있을 수 없습니다.

### 고아들을 구하는 것

여기에서 저는 어떤 사람들이 제 입으로부터 들어보지 못했을 하나의 실례를 제시하려 합니다. 62년 전에 하나님께서 절망적인 상황에 놓인 고아들을 돌보라는 마음을 저에게 주셨을 때, 제가 한 첫 번째 일은 제가 이 사역에 참여해야만 하는 것인지 하나님의 마음을 확인하는 것이었습니다. 그래서 상당한 시간 기도한 후에 저는 그것이 하나님의 뜻이라고 결정하게 되었습니다. 저는 이 사역에 대한 저의 동기들을 찾으려고 했고, 그 동기를 확실하게 결정하게 되었습니다. "내가 이 일에 참여하고자 하는 것은 하나님의 영광을 위한 것이다." 그 이후에 하나님의 도움을 필요로 했던 다양한 일들에 관해서 기도하기 시작했습니다. 저는 하나님께 돈을 구했습니다. 또한 집을 구했고, 아이들을 돌보아 줄 도우미들을 구했습니다. 그러자 하나님께서는 저에게 이 모든 것들을 주셨습니다. 다양한 종류의 가구들에 관해서도 저는 하나님께 저를 인도하시고 저에게 명령하시도록 구했습니다. 저는 제 스스로가 그것들을 얻을 수 있을 만큼 충분히 영리하거나 충분히 현명하다고 생각하지 않았습니다. 이제 모든 것이 고아들을 위해 준비되었고, 저는 고아 신청서를 받기 위해서 제의실(祭衣室)에 있을 두 시간을 고정시켜 놓았습니다. 저는 거기에 두 시간을 앉아 있었지만, 아무도 오지 않았습니다. 그래서 저는 제의실을 떠나서 집으로 걸어갔습니다. 집으로 가는 도중에 제 마음에 바로 이 구절, "모든 일에"라는 이 구절이 떠올랐습니다. 저는 제 자신에게 다음과 같이 말했습니다. "너는 돈을 구했고, 돈을 얻었다. 너는 도우미들을 구했고, 그들을 얻었다. 너는 알맞은 집을 구했었고, 너는 그것을 얻었다. 네가 집을 가구로 채워 넣는 동안, 너는 단계적으로 하나님께 모든 일에 관해 구하였다. 하나님께서 인도하시고 명령하시길 구했다. 그러나 너는 결코 하나님에게 고아들을 구하지 않았다." 이 일이 의지적으로 또한 의도적으로 제외되어 있었던 것은 아니었지만, 고아들을 구하여야 한다는 생각은 제 마음에 떠오르지 않았습니다. 저는 저 자신에게 "수만의 절망적인 상태에 처해 있는 고아들이 있고, 그들을 얻는 일은 전혀 어려운 일이 아니다"라고 말했습니다. 그러므로 저는 결코 그 일에 관해 기도하지 않았습니다. 그러나 이제 저는 제가 이 문제에 관해 얼마나 죄스럽게 행했는지를 알게 되었습니다. 제가 집에 돌아왔을 때, 저는 제 방의 문을 걸어 잠그고 마룻바닥에 스스로 엎드려 제 죄를 고백했습니다. 제가 이 문제에 있어서 특별히 하나님의 말씀을 고려하지 않은 죄를 고백했습니다. 저는 바닥에 두 세 시간을 엎드려 하나님 앞에서 고백하면서 스스로를 낮추었습니다. 결국, 제가 다시 한 번 제 마음을 점검한 이후에야 저는 다음의 사실에 도달했습니다. "제가 이 일을 시작한 것은 당신의 영광, 주님을 위한 것입니다. 모든 것을 무효화시킴으로써, 제 동료들과 동료 신자들 앞에서 제게 치욕을 줌으로써 당신이 더욱 영광을 받으실 수 있다면, 이 일을 무효로 하소서. 그러나 이 일이 당신의 영광을 위한 것이라면, 저를 기쁨으로 용서하시고 저에게 고아들을 보내 주소서." 그리고 저는 제가 기도와 간구로 엎드려 있었던 바닥으로부터 기쁨으로 일어났습니다. 다음날 아침 열 한 시에 첫 번째 고아가 지원했습니다. 한 달이 끝나기도 전에 42명의 고아들이 왔습니다. 그때 이래로 만 이천 명의 고아들이 제게 왔습니다. 이것은 섬겨야 할 너무나 많은 고아들이 있다는 분명한 증거였습니다.

저는 모든 일에 있어서 우리의 문제들을 하나님 앞에 가져오고 우리 자신의 짐들을 결코 짊어지려고 하지 않음으로써, 우리가 이해해야만 하는 것을 보여주기 위해서 이러한 구체적인 사례들을 드러내었습니다. 그리고 저는 하나님께 저의 모든 짐을 맡기고 나서 결코 제가 스스로 짊어지려하지 않는 것, 그것이 저에게 얼마나 큰 축복이 되어왔는지 도저히 말로 다 표현할 수 없습니다. 저는 이것을 예전부터 시작해왔고, 이 작은 상황은 제게 이 교훈을 너무도 완벽하게 가르쳐주었습니다. 그 결과 저는 그때 이래로 결코 이 기도에 관한 교훈을 놓치지 않았습니다.

"기도와 간구로"(6절). 일상의 기도와 종종 반복되는 기도는 충분하지 않습니다. 우리는 반드시 한 걸인이 구호품을 구하듯이, 그가 우리에게 50미터를 때때로 같이 가자고 설득하듯이 간구해야 합니다. 그리고 그 걸인은 그에게 그것이 주어지기 전까지는 우리로 하여금 떠나가지 못하게 할 것입니다. 이와 같은 방식으로, 우리는 하나님의 축복을 누리기 위해서 우리의 문제들을 하나님 앞에 가지고 나와야만 합니다.

당신이 저로 하여금 다시금 제 자신의 경험을 언급하도록 허락한다면, 저는 당신에게 이렇게 말할 것입니다. 저는 칠십 년 동안 그토록 평강을 누리고 행복한 사람으로 살아왔습니다. 늘 계속되는 평강을 아직은 누리지 못하는, 그리스도 안에서 형제자매된 제 사랑하는 모든 이들 또한 하나님의 평강을 누리게 될 것을 저는 믿습니다. 그러므로 저는 아주 계속해서 이 기도의 비밀에 관해서 언급할 것입니다. 모든 지각을 뛰어넘으시는 하나님의 평강이 단지 지금 여기에서만 누리는 것이 아니라, 또한 몇 달이 지나도, 몇 해가 지나도, 오랜 연수가 지나가도, 심지어 제가 그 평강을 이제 칠십 년 이상 동안 누렸던 것처럼 누리게 될 것입니다. 하나님으로부터 주어지는 계속되는 선물과 축복으로서 이 평강을 아직 누리지 못하고 있는 이들, 그리스도 안에서 형제자매된 내 사랑하는 이들이 그 평강을 찾도록 하십시오. 그러면 그들이 얻게 될 것입니다. 저는 저처럼 하나님의 평강을 누리는 이들이 우리 가운데 많다는 사실을 조금도 의심하지 않습니다. 그러나 단지 몇 사람이어서는 안 되고 모든 사람이 그러해야 합니다.

하나님께서는 이 사실이 우리의 묵상의 결론임을 인정하시고 승인하십니다.

# 하나님을 영화롭게 하기 위해 어떻게 살 것인가?

"너희가 열매를 많이 맺으면 내 아버지께서 영광을 받으실 것이요 너희는 내 제자가 되리라."(요 15:8)

존귀한 주 예수 그리스도여, 이제 당신의 종의 입을 사용하소서. 당신의 불쌍한 종을 당신의 영으로 가르치셔서 사랑하는 제자들이 그들을 특별히 도울 필요가 있다는 바로 그 사실들을 이끌어내어 실천하게 하소서. 당신의 종을 도우소서, 그리고 당신의 말씀이 말로만이 아니라, 성령의 힘으로 나타나게 하소서. 이곳에서 사랑받는 이 제자들의 삶의 마지막까지 그 말씀이 잊히지 않을 것입니다. 당신의 종이 당신의 소중한 이름으로 기도합니다.

"좋은 것으로 네 소원을 만족하게 하사 네 청춘을 독수리 같이 새롭게 하시는도다."(시 103:5)

깃털을 휘날리는 나이든 독수리들, 그 형상을 주목해 보십시오. 날개

짓을 하는 동안, 그들의 힘은 참으로 새로워지고 그들은 다시금 강하고 힘이 생깁니다. 몇 해에 걸쳐 앞서 나아갔던 사람들은 이와 같은 경우였습니다. 이처럼 자기 자신을 지켜보던 시편 기자는 그에게 주님이 행하신 일에 감탄했습니다. 모든 빵 조각과 물방울에 대해서 우리가 대단히 감사해야 하기 때문에, 그리고 우리에게 주어진 음식을 통해서 육체는 강해지고 활기차게 되기 때문에 음식이 포함되어 언급되어야 하지만, 시편 기자는 육적인 음식에 관해 말하지 않습니다. 마치 독수리의 입이 그러한 것처럼, 좋은 음식이라는 수단을 통해서 그의 입은 좋은 것들로 만족스럽게 채워졌다고 시편 기자는 표현하고자 합니다. 그러나 이것을 넘어서서, 그는 영적인 음식을 언급했습니다. 그 영적인 음식을 통해서 그의 영적 힘은 새로워졌습니다. 이제, 그리스도를 믿는 믿음을 가진 사랑하는 친구 여러분, 이것은 매우 중대한 사실임을 깨달아야 합니다. 나이든 신자들은 점점 더 생기가 없고 부주의해지기에 세상에 마음을 둘 필요가 없습니다. 시편 기자가 나이를 먹게 되었지만, 그는 바로 세상에 마음을 두지 않았습니다. 그러나 그는 생기가 없어지지 않았고, 차갑거나 육욕에 빠지지 않았습니다. 이와 달리 그의 영적 힘은 날로 새로워졌습니다. 그러므로 이 사실은 우리에게도 적용될 수 있을 것입니다. 개종을 하고 나서 2-3년이 지나서 우리가 건강하고 활기찬 상태에 있을 것이라 막연히 여기는 것은 실수입니다. 주님을 알고 5년 또는 10년이 지난 후에 우리가 차갑고 죽어 있는 것 같고 형식적이 되고, 조금씩 다시 예전의 모습으로 돌아갈 것이라고 예상할 수도 있습니다.

그러나 우리의 상황은 이와는 크게 다를 수도 아니 크게 달라야만 할 것입니다. 그런데 우리의 나이든 상황이 실제로 크게 다르지 않다면, 우리는 하나님께 찬양하고 영광을 돌리기 위해 사는 것이 아닙니다. 그의 앞서 간 시간 속에서 시편 기자는 주님 안에서 더욱 행복했고, 더욱 영적으로 마음이 정해졌습니다. 그가 처음에 가졌던 것보다도 더 그는 인생의 종국에 더 많은 영적인 힘과 활기를 가졌습니다. 오! 나의 사랑하는 젊은 형제자매들이여, 당신은 당신 앞에 지루하고 비참한 날들을 바라보고 있는 것이 아니라, 더 밝고 더 행복한 날들을 바라보고 있습니다.

저는 여기서 하나님께 존귀와 영광을 돌리기 위해서 제 자신의 간증을 하고자 합니다. 저의 40년 전 모습보다 신자가 되어 거의 51년을 보낸 지금 저는 더 행복합니다. 과거 40년 전 제 모습보다, 30년 전 제 모습보다, 20년 전, 10년 전 제 모습보다 지금 저는 훨씬 더 행복합니다. 시간이 흘러감에 따라서, 주님 안에서 제가 누리는 평강, 기쁨과 행복은 더욱더 사라져 가는 것 대신에 더욱더 증가해왔습니다. 왜 제가 이러한 사실을 언급할까요? 하나님의 은혜를 통해서 모든 것이 이루어지기 때문에 제 자신에 관하여 자랑하려는 것이 아닙니다. 오히려 저의 젊은 믿음의 친구들을 격려해서 주님으로부터 더 위대한 것들을 기대하게 하려는 것이 저의 의도입니다. 우리의 주님은 풍성하게 허락하시는 일에 있어 기뻐하시는 분이십니다. 그리고 당신이 때때로 "더욱더, 더욱더"라고 찬양할 때, 아직 이루어질 것은 더 남아 있습니다. 우리가 그것만을 생각하도록 합시다. 왜냐하면 하나님은 더 많은 은혜를 주시는 것을 즐거워하시기 때문입니다. 더욱더 많은 것을 주시는 것이 하나님 마음의 기쁨이고 즐거움입니다. 왜 그래야만 하나요? 왜 우리는 삶의 마지막 부분에서 가장 최고의 것들을 가져서는 안 되는 것인가요?

하나님이 변하셨나요? 진실은 그것과는 거리가 멉니다. 성경이 변하였나요? 아닙니다. 우리는 동일한 축복의 말씀을 가지고 있습니다. 성령의 힘이 작아졌나요? 진실은 그것과는 상당히 다른 이야기입니다. 그런 종류의 것이 아닙니다. 주 예수 그리스도께서는 언제나 축복할 준비가 되어 있으십니다. 우리가 지금 가진 말씀은 전체적인 계시입니다. 우리 하늘 아버지께서는 그의 자녀들에게 동일한 마음을 가지고 계십니다. 그러므로 우리와 더불어 시간이 흘러갈 때, 우리 존재가 더 행복하지 못하도록 방해할 어떤 것도 존재하지 않습니다. 우리가 더 행복하지 않다면, 무슨 이유일까요? 거기에는 분명히 이유가 있을 것입니다. 그렇기에 우리는 우리 자신에게 질문해 보아야 합니다. 왜 우리는 더욱더 행복해지지 않는 것일까?

이제 형제의 사랑과 애정을 담아 제가 믿음의 젊은 친구들에게 영적인 기쁨을 유지하는 방법에 관하여 몇 가지 힌트를 드리겠습니다. 주님 안에서 누리는 행복이 지속되기 위해서는 성경을 규칙적으로 읽는 것이 절대적으로 필요합니다. 성경의 말씀들은 인간에게 내적인 자양분을 공급하기 위해서 하나님께서 정하신 수단들입니다. 만약 하나님의 말씀이 경시된다면, 당신은 영적인 진보를 이룰 수 없고, 영적인 아기로 그렇게 남아 있게 될 것입니다. 그것이 전부가 아닙니다. 당신은 영적인 난장이들이 될 것입니다. 다시 말해 당신은 영적인 난장이들이 될 것입니다. 영적인 난장이들 말입니다. 하나님을 영화롭게 하는 삶 대신에, 당신은 하나님에게 불명예를 끼치며 살 것입니다. 우리가 개종한 이후에 세상의 이익을 위해 살도록 여기에 남겨진 것을 당신은 압니다. 몇 안 되는 하나님의 자녀들만이 그들의 개종 바로 이후에 하늘로 이끌려집니다. 그러나 대부분의 성도들은 하나님의 영광을 위해서 이 세상에 한동안 남겨집니다. 우리가 규칙적으로 우리 자신을 말씀에 드리지 않는다면 하나님께 영광을 돌려드리는 것은 있을 수 없는 일이 됩니다. 우리가 매일매일 말씀 앞에 나아가고 말씀을 따라 기도하지 않는다면 하나님을 기쁘시게 할 수 없습니다. 우리는 말씀을 깊이 묵상하면서 우리 자신의 부족함에 관하여 깨닫고 기도해야 합니다. 특별히 우리는 말씀을 규칙적으로 순서에 따라 읽어야만 합니다. 여기저기서 말씀 한 장을 뽑아 읽어서는 안 됩니다. 우리가 말씀 읽는 것을 이런 식으로 한다면, 우리는 영적인 난장이에 머무를 것입니다. 저는 당신들에게 매우 많은 애정을 가지고 말합니다. 제가 개종한 이후 처음 4년 동안은 저는 영적인 진보를 이루지 못했습니다. 왜냐하면 제가 성경을 경시했었기 때문입니다. 그러나 제가 규칙적으로 제 마음과 영혼을 담아서 전체 말씀을 계속 읽어나갔을 때, 저는 곧바로 엄청난 영적인 진보를 이루게 되었습니다. 그렇게 하고나니 제 마음에 평강과 기쁨이 더욱더 지속될 수 있었습니다. 이제 저는 47년 동안 이렇게 해왔습니다. 저는 전체 성경을 약 백 번 정도 관통해 읽어 왔고, 언제나 다시 읽기 시작할 때 말씀은 늘 새로웠습니다. 그래서 제 마음에 평강과 기쁨은 더욱더 증가했습니다. 특별히 사랑하는 젊은 형제자매 여러분, 이제 말씀 읽는 것에 관하여 심각하게 생각해 보십시오. 그리고 제가 하나님의 영광을 위해 살겠다고 말해보십시오. 당신이 중년의 나이에 이르게 되었으면서 하나님의 말씀 읽는 것을 이처럼 경시해 왔다면, 정직하게 말씀 읽는 것을 지금 시작하십시오. 당신이 기도함으로 말씀을 읽고 그것을 마음에 적용하면서 읽는다면, 그리고 당신이 발견한 것을 실천하려고 한다면, 당신의 마음에 평강과 기쁨은 더욱더 증가할 것입니다. 당신은 "네 청춘을 독수리 같이 새롭게 하시는도다"라고 듣게 될 것입니다. 그러므로 우리가 이 귀한 성경 말씀을 붙잡을 때, 영원을 바라본다는 것은 얼마나 행복한 일일까요? 우리 모두가 개인적으로 그렇게 행할 수 있도록 은혜 주시길 기도합니다.

그러나 아직 용서함을 받지 못한 친애하는 친구들이 이곳에 있습니까? 그렇다고 한다면, 그런 분들은 자신에게 선고를 하십시오. 그런 분들은 자기 자신에게 죄를 범한 죄인이라고 지금 선고하십시오. 그리고 오로지 그분을 통해서만 얻을 수 있는, 예수 그리스도 안에서 누리는 구원을 전적으로 신뢰하십시오.

# 23 실패하지 않는 신뢰[20]

어느 늦여름의 따뜻한 날, 나는 브리스톨 시의 그늘진 숲들을 걸어 올라가고 있었습니다. 나의 목적지는 조지 뮬러 목사님에 의하여 세워진 유명한 고아원이었습니다. 숲 정상에 도착해서 이천 명 이상을 수용하고 있는 거대한 건물들을 바라보았습니다. 이 건물들 대부분은 고아원으로서, 믿음에 관한 가장 놀라운 교훈을 세상에 보여준 한 사람에 의해서 세워졌습니다.

내가 처음 들어간 건물은 우측에 서 있는 건물이었습니다. 여기 그가 돌보는 많은 사람들 속에서, 이 평범하고 꾸미지 않은 아파트에 살고 있는 사람은 기독교에서 너무도 잘 알려진 성자 같은 고아의 아버지입니다.

---

20 찰스 R 파슨스가 한 시간에 걸쳐서 조지 뮬러 목사와 행한 인터뷰.

숙소의 입구를 지난 후, 나는 잠깐 멈추어 서서 내 앞에 서 있는 이 위대한 3번 건물을 쳐다보았습니다. 그러나 이 건물은 약 200억 원을 들여서 세워진 전체 건물 다섯 개들 중 하나에 불과했습니다.

내가 벨을 울리자 그곳에 거하는 고아들 중 하나가 나와서 나를 맞이하고는 높게 위치한 돌계단 위로 나를 인도해 올라갔습니다. 긴 통로의 끝에서 나는 존경스러운 창시자가(뮬러) 사용하는 개인적인 방들 중 하나로 인도되었습니다. 뮬러 목사는 놀랍게도 91세였습니다. 내가 그의 존재 앞에 서자, 고풍스러운 경외가 내 마음을 가득 채웠습니다. "너는 센 머리 앞에서 일어서고 노인의 얼굴을 공경하며 네 하나님을 경외하라 나는 여호와이니라"(레 19:32). 그는 나를 친절한 악수로 영접하며 환영하였습니다.

하나님께서 놀라운 일을 행하게 하신 그런 인물을 본다고 하는 것은 특별한 경험이었습니다. 그러나 그의 목소리의 톤을 직접 듣는 것은 더 특별했습니다. 그렇지만 이 두 가지보다도 더 특별한 경험은 그의 영과 직접적으로 접촉하고, 나의 영으로 들어오는 그의 영의 부드러운 호흡을 느끼는 것이었습니다.

그와 함께 교제하고 대화한 시간은 영원히 내 기억 속에 각인될 것입니다. 이 하나님의 종은 그의 마음을 내게 열어 조언하고, 나와 함께 기도하며, 또 내게 그의 축복을 허락하였습니다. 뮬러 목사가 내게 말한 대부분은 시온으로 향하는 수많은 나의 동료 순례자들에게 유익한 간절한 기도와 함께 여기 기록됩니다. 그때는 마치 그가 뿔라의 땅으로부터[21] 온 전령이거나, 아니면 천국의 향기를 마실 천국의 문으로 인도해 갈 사자로 느껴졌습니다.

그 시간에 뮬러 목사의 위대한 영적인 강건함의 원천이 내게 명백하게 보였습니다. 이 나이 드신 성자는 어디 아프신 곳이 하나도 없으신 채, 인터뷰 내내 말씀을 잘하셨습니다. 그 중에서도 특별히 한 가지 주제에 대해서 매우 열정적으로 말씀하셨는데, 그 주제는 그 백성들의 기도들에 대해서 듣고 응답하시는 여호와 하나님에 대한 찬양이었습니다.

그에게 드려진 내 질문은 그리 길지 않았습니다. "당신은 주께서 그의 약속에 항상 신실하시다는 것을 발견하셨습니까?" 그는 즉각적으로 대단한 열정을 가지고 대답하셨습니다. "항상 그랬습니다." "그는 결코 저를 실망시킨 적이 없습니다. 거의 70여 년 동안 저의 이 사역과 관련된 모든 필요들이 다 채워졌습니다. 첫 번째 고아원부터 현재까지 9,500여 명을 수용했습니다. 그럼에도 불구하고, 그 아이들이 굶었던 적은 단 한 번도 없습니다. 결단코 없습니다. 수백 번도 넘게 우리는 손에 한 푼도 없이 하루를 시작했지만, 우리의 하늘 아버지께서는 필요할 때마다 모든 필요들을 다 공급해 주셨습니다. 우리가 일용할 양식이 없었던 적은 한 번도 없었습니다. 이 모든 시간동안 저는 하나님, 살아계신 하나님, 그 하나님만을 신뢰할 수 있었습니다. 저의 기도에 대한 응답으로 2천 5백억 정도가 제게 보내어졌습니다. 한 해에 90억 정도가

---

21 존 번연의 천로역정에 등장하는 땅. 이 평화로운 땅에서 순례자들은 천도로부터의 부름을 기다린다.

필요했습니다. 정말로 필요한 그 순간에 필요한 돈이 채워졌습니다. 이 지구상 그 어느 누구도 제가 그에게 돈을 요청했다고 말할 수 없을 것입니다. 우리는 위원회도, 기부금 징수자들도, 투표도, 물려받은 기부금도 없습니다. 모든 것이 다 우리 믿음의 기도에 대한 응답으로 왔습니다. 저의 신뢰는 오직 하나님 한 분 뿐이었습니다. 그는 많은 방법으로 전 세계의 사람들의 마음을 움직여 우리를 돕게 했습니다. 제가 기도할 때, 그는 이 대륙 혹은 저 대륙의 이 사람 혹은 저 사람에게 말씀하여 우리에게 도움을 보내게 합니다. 지난밤에 제가 설교하는 도중에 한 신사가 고아들을 위해서 쓰라고 큰 액수가 담긴 수표를 제게 보냈습니다. 예배가 끝났을 때, 그는 그 수표를 제게 건넸습니다."

"뮬러 목사님, 제가 당신의 생애에 대해서 읽었습니다. 그리고 얼마나 많이 당신의 믿음이 시련 가운데 처했는지에 대해서 알게 되었습니다. 당신의 믿음이 지금도 과거처럼 당신과 함께 하고 있습니까?"

"제 믿음은 항상 시련 당했습니다. 그리고 제가 처한 어려움들은 어느 때보다도 더 강력합니다. 우리의 재정적인 책임들 외에도, 합당한 조력자들이 항상 필요하고, 합당한 장소들이 가정을 떠나야 하는 수많은 고아들을 위해서 제공되어야 합니다. 종종 우리의 기금은 바닥을 치곤합니다. 우리는 거의 아무 것도 없는 지경에 처하곤 합니다. 저는 저의 사랑하는 동역자들을 함께 불러 모아 그들에게 말합니다. '형제들이여 기도합시다. 오직 기도합시다.' 그러면 즉각적으로 천만 원이, 그리고 이천 만원이, 그리고 며칠 후에 이억 원이 들어옵니다. 그러나 우리는 항상 기도하고 항상 믿어야 합니다. 아, 살아계신 하나님을 신뢰하는 것은 너무도 좋은 일입니다. 왜냐하면 주께서 이렇게 말씀하셨기 때문입니다. '내가 결단코 너를 떠나지 않을 것이다. 내가 결코 너를 버리지 않을 것이다.'"

"하나님으로부터 위대한 일들을 기대하십시오. 그러면 당신은 위대한 것들을 소유하게 될 것입니다. 하나님이 하실 수 있는 일에는 제한이 없습니다. 그의 영광의 이름을 위하여 영원히 찬양합시다. 모든 것에 대해서 그를 찬양합시다. 모든 것을 위해서 그를 찬송합시다. 하나님이 제게 천 원을 보내어주셨을 때 저는 그를 많이 찬양했습니다. 그가 제게 이천 만원을 보내주셨을 때도 저는 그를 찬양했습니다."

"당신은 예비금을 준비하시는 것에 대해서 한 번도 생각해 보시지 않으셨겠네요?"

뮬러 목사님은 강조하며 말씀하셨습니다. "그것은 아주 큰 실수입니다. 제가 예비금이 있다면 어떻게 기도하겠습니까? 하나님은 말씀하실 것입니다. '그것들을 가져 오라; 예비금을 가져 오라, 뮬러야.' 결코 아닙니다. 저는 결코 그런 것에 대해서 생각해 보지 않았습니다. 우리의 예비금은 천국에 있습니다. 하나님, 우리의 살아계신 하나님이 우리의 충분한 자금입니다. 저는 일 파운드짜리 금화를 위해서 그를 신뢰했습니다. 천 파운드짜리 금화를 위해서도 그를 신뢰했습니다. 하나님을 향한 저의 신뢰는 한 번도 헛된 적이 없었습니다. '그를 신뢰하는 자는 복이 있을 것입니다.'"

이 대화는 저로 하여금 다음과 같이 질문하게 만들었습니다. "그렇다면, 목사님은 한 번도 자신을 위해서 저축해보신 적이 없으시겠네요?"

저는 이 믿음의 거인이 제게 답하신 그 고결한 매너에 대해서 잊지 못할 것입니다. 그때까지 뮬러 목사님은 그의 무릎이 제 무릎에 거의 닿을 정도로 가까이 제 반대편에 앉아 계셨습니다. 손은 깍지를 끼고 있었고, 눈은 조용하고 평화로우며 사색하는 영을 보여주었습니다. 대부분의 시간동안 그는 앞으로 몸을 기대며 바닥을 응시하곤 했습니다. 그러나 이 질문을 받자 그는 몸을 꼿꼿이 세우고, 제 영혼을 관통할 것 같은 절실함으로 제 얼굴을 여러 번 응시하였습니다. 영적인 비전들과 하나님의 깊은 것들을 응시하는데 익숙한 그의 총명한 눈들에는 위엄과 장엄함이 깃들어 있었습니다. 저의 질문이 그에게 하찮은 질문이었는지, 아니면 그가 자신의 설교들 속에서 종종 언급하던 자신의 옛 자아를 자극하는 질문이었는지 잘 모르겠습니다. 어쨌든 제 질문은 그의 전 존재를 흔들 어떤 의심의 구름도 일으키지 않았습니다. 잠시 동안 그의 얼굴은 장엄했고 그의 맑은 눈에 담긴 거룩함과 진실함이 불을 뿜었습니다. 그는 자신의 외투 단추들을 열고, 그의 안쪽 호주머니에서 동전들을 구분하는 고리들이 중간에 설치된 오래된 지갑을 꺼냈습니다. 그는 그 지갑을 제 손에 놓고, 말하였습니다. "제가 소유하고 있는 모든 것은 이 지갑이 전부입니다. 제 자신을 위해서 저축을 한다고요? 결코 그런 일은 없습니다. 돈이 저 자신의 개인적인 용도로 제게 보내오면, 저는 그것을 하나님께 드립니다. 한 번에 이억 원의 돈이 제게 보내진 적이 있습니다만, 저는 이런 선물들이 제게 속한 것이라고 간주하지 않습니다. 이것들은 저의 주인이시고 제가 섬기는 하나님께 속한 것입니다. 저 자신을 위해서 저축한다고요? 저는 결단코 그렇게 하지 않을 것입니다. 그것은 저의 사랑하는 은혜가 풍성하신 아버지를 모독하는 행위입니다."

저는 그 지갑을 뮬러 목사님께 돌려 드렸습니다. 그러자 그는 제게 그 안에 얼마가 들어 있는지에 대해서 말씀해 주셨습니다.

여기서 저는 뮬러 목사님이 고아원 사역과 연관하여 수십 년 동안 운영해온 7-8개의 기관들을 관장하는 "성경 연구 기관"에 대해서 설명해 드리고자 합니다. 이 기관은 150여 명의 선교사들을 후원했고, 117개의 주중, 그리고 주일 학교들을 운영했으며, 거의 2백만 권의 성경책과 신약 성경을 보급했습니다. 그리고 수백 만 권의 소책자들을 나누어 주었습니다. 이러한 사역들을 위하여 거의 500억 정도가 모금 되었고, 이 중에 한 푼도 누구에게 요청하여 모금되지 않았습니다. 전 액수가 다 간절한 믿음의 기도에 대한 응답으로 주어졌습니다.

또 뮬러 목사님이 지구상 42개 나라들에 걸쳐서 행한 그의 설교 사역들에 대해서 설명할 때, 이 나이 들고 신실한 목사님의 얼굴에 거룩한 열정의 빛이 발산되었습니다. 이 곳 저 곳으로 여행하면서, 때로는 수천 킬로미터 떨어진 장소들을 돌면서, 어떻게 그의 모든 필요들이 채워졌는지에 대해서 설명해 주셨습니다. 거의 모든 나라의 수십만 명의 사람들이 그의 설교를 들으려 몰려왔습니다. 그가 어디를 가든지 그의 위대한 설교들의 주제들은 항상 구원의 단순한 메시지였고, 살아계신 하나님을 신뢰하라는 성도들을 향한 격려였습니다. 그는 말씀하시기를, 다른 모든 것들보다도 더 그는 그의 설교들을 위해서 기도했다고 합니다. 종종 그가 설교단에 오르기 전까지도 설교의 본문들이 주어지지 않았다고 합니다. 비록 그가 한 주 내내 그 설교를 위해서 기도했음에도 불구하고 말입니다.

저는 또 그가 무릎을 꿇고 오랫동안 기도하는지 물어 보았습니다.

"거의 날마다 기도합니다. 그러나 저는 기도의 영 안에서 삽니다. 걸어 다니면서 기도하고, 누워 있을 때, 그리고 일어날 때도 기도합니다. 그러면 기도의 응답들은 항상 옵니다. 수천 번, 아니 수십만 번 저의 기도들이 응답되었습니다. 일단 제가 어떤 일이 옳고, 또 하나님의 영광을 위한 것이라고 확신이 들면, 저는 응답이 오기까지 계속해서 그 일을 위해서 기도합니다. 조지 뮬러는 결코 포기하지 않습니다."

계속되는 저희의 대화는 크게 고조된 톤으로 진행되었습니다. 대화들 주변에는 승리의 반지가 둘러싸고 있었고, 그의 얼굴은 거룩한 기쁨으로 빛을 발했습니다. 말씀하면서 그는 자신의 자리에서 일어나, 탁자 주변을 걸었습니다. 그리고 계속해서 말했습니다. "조지 뮬러의 기도들에 대한 응답으로 수천 명의 영혼들이 구원을 얻었습니다. 그는 수천 명의, 아니 수만 명의 영혼들을 천국에서 만날 것입니다."

이 말씀 후, 잠깐 정적이 흘렀습니다. 그러나 저는 아무런 말도 하지 않았습니다. 그리고 그는 계속해서 말했습니다. "기도에서 가장 중요한 점은 대답이 올 때까지 결코 포기하지 않는 것입니다. 저는 제 젊은 날 친구의 두 아들들을 위해서 날마다 52년 동안 기도해 왔습니다. 그들은 아직까지 회심하지 않았습니다만, 반드시 회심할 것입니다. 어떻게 회심하지 않을 수 있겠습니까? 여호와 하나님의 변하지 않는 약속이 있기에 저는 그 약속을 의지합니다. 하나님의 자녀들의 가장 심각한 실수는 그들이 기도를 지속하지 않는다는 것입니다. 그들은 계속해서 기도하지 않습니다. 인내하고 참으며 기도하지 않는다는 말입니다. 그들이 만약 하나님의 영광을 위하여 무엇인가를 갈망한다면, 그들이 그것을 받을 때까지 기도해야 합니다. 아, 우리가 관계 맺은 분은 얼마나 선하고, 친절하고, 은혜롭고, 겸손하신지요. 하나님은 저처럼 보잘 것 없는 사람에게 제가 구하거나 생각하는 것과는 비교할 수 없을 정도로 풍성하게 주셨습니다. 저는 단지 가난하고, 연약하고, 죄악된 인간에 불과하지만, 그는 수만 번에 이르도록 저의 기도를 들어주셨습니다. 그는 저를 수만 명의 영혼들을 진리의 길로 인도하는 도구로 사용하셨습니다. 이 나라와 다른 많은 나라들에서 수만 명의 영혼들이 주님께 돌아왔습니다. 저의 보잘 것 없는 입술이 허다한 군중들에게 구원을 선포했습니다. 그리고 많은, 아주 많은 영혼들이 믿고 영생을 얻었습니다."

저는 뮬러 목사님께 그가 처음 사역을 시작했을 때, 그 사역이 어디로 향해갈지에 대해서 어떤 생각들이 있었는지에 대해서 물었습니다. 윌슨 가에서 시작된 그의 사역에 대해서 언급하면서, 그는 말했습니다. "저는 단지 하나님께서 그 사역 안에 계시고, 그가 자신의 자녀를[22] 한 번도 시도되지 않았고 밟아보지 못한 길들로 인도하고 있다는 것만 알았습니다. 그의 동행하시는 임재에 대한 확신만이 저의 의지였습니다."

---

22  여기서 하나님의 자녀는 뮬러 목사님을 가리킨다.

저는 말했습니다. "저는 당신이 스스로에 대해서 말씀하실 때 취하시는 태도에 대해서 언급하지 않을 수가 없군요." 이 말을 하면서 저는 섬세하고 거룩한 주제, 즉 그의 가장 깊은 영적인 분위기와 하나님과의 개인적인 관계와 밀접하게 연관된 주제를 다루기 시작했다는 것을 자각했습니다. 그래서 저는 이 말을 내뱉자마자, 제 자신을 절반쯤 비난했습니다. 그러나 뮬러 목사님은 다음과 같이 소리치면서 저의 모든 두려움들을 제거해 주셨습니다. "조지 뮬러가 받아야 마땅한 것은 단지 하나입니다. 그것은 지옥입니다. 형제여, 이것이 제가 마땅히 받아야 할 유일한 것임을 당신께 고백합니다. 저는 정말로 지옥에 가야할 죄인입니다. 본성상 저는 잃어버린 자이지만, 하나님의 은혜로 구원받은 죄인입니다. 비록 저는 본성상 죄인이지만, 저는 죄 가운데 살지 않습니다. 저는 갈수록 더 죄를 미워하고 거룩함을 사랑하게 됩니다. 그렇습니다. 저는 갈수록 더 거룩함을 사랑합니다."

또 저는 뮬러 목사님께 질문했습니다. "당신이 하나님을 위해서 사역하셨던 이 오랜 기간 동안에 당신을 낙심시켰던 많은 일들도 만나셨겠지요?"

그는 답하기를, "사실 저는 수많은 낙담을 경험했습니다. 그러나 저의 소망과 확신은 항상 하나님께 있었습니다. 여호와의 약속의 말씀에 저의 영혼이 안식했습니다. 아, 그를 신뢰하는 것은 정말 좋습니다. 그의 말씀은 결코 헛되이 돌아오는 법이 없습니다. 그는 약한 자들에게 힘을 주시고, 능력이 없는 자들에게는 강함을 주십니다. 이 사실은 저의 대중 목회에도 역시 적용됩니다. 62년 전에 저는 비루하고 건조하며 무의미한 설교를 했습니다. 제 자신에게도 아무런 위로가 되지 않았고, 확신하건데 다른 이들에게도 아무런 위로가 되지 않았을 것입니다. 그러나 오랜 시간이 흘러간 후에 저는 그 설교를 통해서 성취된 19건의 다른 축복들에 대해서 듣게 되었습니다."

저는 그에게 저를 계속해서 낙심시켰던 몇 가지 일들에 대해서 간략하게 말씀 드리고, 그럼에도 불구하고 종국에는 어느 때보다도 더 하나님께 사용되고 싶다는 희망을 표현했습니다.

그러자 그는 소리치기를, "당신은 하나님에 의하여 사용될 것입니다. 예, 나의 형제여, 하나님은 당신을 축복할 것입니다. 수고하기를 멈추지 마세요. 계속해서 수고하세요."

"그렇다면 하나님을 위한 제 자신의 사역에 관하여 약간의 특별한 조언을 제가 감히 부탁드려도 될까요? 영혼의 위대한 추수 밭에서 수고하는 다른 크리스천 사역자들에게 그 조언을 전달할 수 있도록 말입니다."

그는 답하기를, "모든 것에 대해서 전적으로 하나님께 의지하기를 구하십시오. 당신 자신과 당신의 사역을 그의 손에 맡기십시오. 어떤 새로운 사역에 대해서 생각할 때, 질문하십시오, '이것이 하나님의 마음에 합합니까?' '이 일이 당신의 영광을 위한 것입니까?' 그 사역이 하나님의 영광을 위한 것이 아니라면, 그것은 당신의 선을 위한 것도 아니며, 당신은 그 일과 아무 관련이 없습니다. 이 사실을 기억하십시오. 일단 어떤 일이 하나님의 영광을 위한 것이라는 확신이 들면, 그 일을 하나님의 이름으로 시작하여 끝까지 계속 하십시오. 기도와 믿음으로 그 일을 하고, 결코 포기하지 마십시오. 기도하고, 또 기도하고, 또 기도하십시오. 당신의 마음 안에 죄를 품지 마십시오. 만약 죄를 마음에 품는다면, 주님께서 당신의 기도를 듣지 않으실 것입니다. 이 사실을 항상 기억하십시오. 그리고 하나님을 신뢰하십시오. 오직 하나님만 의지하십시오. 그를 섬기고 그를 믿으십시오. 그로부터 위대한 것들을 기대하고, 설혹 축복이 지연된다 할지라도, 낙담하지 마십시오. 기도하고, 또 기도하고, 또 기도하십시오. 그리고 무엇보다도 우리의 아름다우신 주, 구원자의 공적들만을 의지하십시오. 그리하면 당신 자신의 공적이 아니라, 그의 무한한 공적들을 따라 당신이 드리는 기도들과 당신이 하는 일이 받아들여질 것입니다."

그의 말에 저는 어떤 말로도 대답할 수 없었습니다. 제가 거기서 할 말이 무엇이 있었겠습니까? 제 눈들은 눈물로 가득 채워졌고, 제 마음은 감동으로 차고 넘치기 시작했습니다. 거기에는 움직이지 않는 말 없는 경외가 있었고, 침묵의 사랑의 천국이 있었습니다.

뮬러 목사님은 다른 방으로 가서 자신의 생애에 대한 기록이 담긴 문서를 가지고 왔습니다. 그리고 그 안에 저의 이름을 기록하였습니다. 그가 잠시 동안 부재한 동안에 저는 그의 아파트를 둘러볼 기회를 얻었습니다. 저는 그 아파트의 가구들이 사용의 편의를 위하여 가장 단순하고 평범하게 장식되어 있는 것을 보았습니다. 모든 가구들이 저와 대화하던 하나님의 사람과 완벽한 조화를 이루는 듯 했습니다. 옷 입는 스타일, 약속, 그리고 삶의 방식에서 하나님의 자녀들은 결코 과시해서는 안 된다는 것이 뮬러 목사님의 대원칙이었습니다. 사치나 풍요는 머리 두실 곳이 없으실 정도로 낮아지셨던 온유하신 인자의 제자들 가운데서 발견되서는 안 되는 것들입니다. 책상에는 어떠한 노트나 참고 자료들이 기록되지 않은 깨끗하게 인쇄된 성경이 펴진 채 놓여 있었습니다.

그때 저의 마음에는 이곳이 현대의 가장 위대한 영적 거성, 냉정하게 계산하는 시대에게 하나님에 관한 것들의 실체를 보여주고, 교회에게 전능하신 팔을 의지하기만 한다면 얼마나 많은 것들을 얻을 수 있는지를 가르쳐주기 위하여 특별하게 세워진 영적 거성의 처소라는 생각이 들었습니다.

저는 이 기도의 왕자와 거의 한 시간을 함께 보냈습니다. 그 시간 동안에 단 한 번 문을 두드리는 소리가 있었습니다. 뮬러 목사님이 문을 열자, 거기에는 그의 고아들 중 하나, 이 지구상에서 가장 큰 가정들 중 하나인 그의 가정에 속한 한 금발의 소녀가 서 있었습니다. 그는 말하기를, "아가야, 나는 지금 너를 돌볼 수 없단다. 잠시 후에, 너를 돌보도록 하마." 이처럼 저는 어떠한 방해도 받지 않고 뮬러 목사님과 함께 시간을 보낼 수 있는 특권을 얻었습니다. 이 이스라엘의 아버지, 하나님과 함께 하는 승리자, 전쟁의 현대판 승리자, 인생의 거친 항해를 거쳐 온 91살의 여행자, 모세처럼 하나님과 대화하던 사람과 함께 있는 특권을 누리게 되었습니다. 그 시간은 마치 제게 하늘의 시간들 중 한 시간이 땅으로 내려온 것과 같았습니다.

그의 기도는 매우 짧고 단순했습니다. 무릎을 꿇고 납작 엎드린 채, 그는 말했습니다. "오 주여, 당신 앞에 서 있는 이 당신의 종을 더욱더 축복하소서. 더욱더, 더욱더! 당신의 사역과 오늘 이 대화를 기록할 그의 펜을 은혜롭게 지도해 주소서. 저는 당신의 고귀한 아들, 우리 주 구원자 예수 그리스도의 은혜를 통해서 간구합니다. 아멘."

뮬러 목사님은 1805년에 프러시아의 크로펜스테트에서 태어났습니다. 그가 다섯 살 때, 그의 아버지는 세금 징수원으로 임명되었고, 그의 가족은 하이머슬레벤이라는 도시로 이사했습니다. 그의 소년 시절에 목사님은 루터교회의 목회를 하도록 길이 정해지고, 할버스타트라는 도시의 고전 교양 학교로 보내어졌습니다. 그곳에서 목사님은 소설을 읽으면서 대부분의 시간을 보냈습니다. 그러나 대부분의 그의 젊은 시절은 경박하고 경솔했습니다. 목사님은 아무 생각 없이 돈을 썼고, 1821년에는 호텔에서 요금을 지불하지 않고 떠난 죄목으로 감옥 신세를 지기도 했습니다. 이 사건 이후로 목사님은 좀 더 신중해졌고, 하루에 열일곱 시간씩 공부하는 부지런한 학생이 되었습니다. 그는 곧 큰 도서관을 소유하게 되었으나, 성경은 한 권도 소유하지 않았습니다. 1825년에 목사님은 할레대학교에 입학하였고, 거기서 한 복음 집회에 초청을 받았습니다. 그 집회에서 목사님의 마음은 성령에 의하여 심각하게 감동을 받았고, 그 순간부터 그의 인생의 방향은 완전히 뒤바뀌게 되었습니다. 다음 해에 그는 설교자로서 첫 번째 말씀을 전했습니다. 1828년에 그는 대학을 떠났고, 1829년에 유대인들을 위한 복음 전파 운동과 연관하여 런던으로 오게 되었습니다. 결국 데본셔 도시에서 짧게 머무른 후에, 1832년에 브리스톨 도시로 오셨습니다. 그리고 브리스톨에서 현재까지 사시며 사역해 오고 계십니다(1897).

(뮬러 목사님은 1898년 3월 10일 날 돌아가셨습니다)